21 世纪旅游专业系列规划教材编委会名单

学术顾问：（按姓氏笔画排列）

　　　　张永安　　　傅汉章

主　　编：梁明珠

编　　委：（按姓氏笔画排列）

　　　　王　华　　文　吉　　文　彤　　刘　益　　汪会玲

　　　　胡欣悦　　郭淳凡　　黄　向　　梁彦明　　傅云新

　　　　温碧燕　　蒲　阳　　廖卫华

21世纪旅游专业系列规划教材

旅游景区管理

主　编　傅云新

副主编　尹　兰　吴彬彬

The Management

of Visitor

Attractions

暨南大学出版社
JINAN UNIVERSITY PRESS
中国·广州

图书在版编目（CIP）数据

旅游景区管理／傅云新主编. —广州：暨南大学出版社，2010.10（2014.8 重印）
（21 世纪旅游专业系列规划教材）
ISBN 978 - 7 - 81135 - 650 - 2

Ⅰ.①旅…　Ⅱ.①傅…　Ⅲ.①旅游点—经济管理　Ⅳ.①F590.6

中国版本图书馆 CIP 数据核字（2010）第 181182 号

出版发行：暨南大学出版社

地　　址：中国广州暨南大学
电　　话：总编室（8620）85221601
　　　　　营销部（8620）85225284　85228291　85228292（邮购）
传　　真：（8620）85221583（办公室）　　85223774（营销部）
邮　　编：510630
网　　址：http：//www. jnupress. com　http：//press. jnu. edu. cn

排　　版：暨南大学出版社照排中心
印　　刷：佛山市浩文彩色印刷有限公司

开　　本：787mm×1092mm　1/16
印　　张：15.25
字　　数：368 千
版　　次：2010 年 10 月第 1 版
印　　次：2014 年 8 月第 2 次
印　　数：3001—4000 册

定　　价：29.80 元

总　序

"21 世纪旅游专业系列规划教材"正在暨南大学管理学院旅游管理系广大教师的共同努力下逐步推出。这是作为国家特色专业、广东省名牌专业以及省级重点学科建设的重要成果之一，也是暨南大学旅游管理专业开办二十多年来，由本科、硕士到博士点发展历程及专业积淀的展示。

旅游活动是当今世界参与人数最多、规模最大的社会活动之一，旅游业也是世界最大的产业之一。自 20 世纪 70 年代末以来，中国旅游业快速增长，在 20 多年的时间里，我国实现了从旅游资源大国向世界旅游大国的历史性跨越，今后还将由世界旅游大国向世界旅游强国迈进。在旅游业快速增长的同时，我国旅游教育和旅游科研蓬勃开展。截至 2007 年年底，全国共有高、中等旅游院校 1 641 所，其中高等院校 770 所。在校生达 70 多万人，其中旅游高等院校里的学生近 40 万人。中国旅游教育方兴未艾，源源不断地为旅游业输送着大批专业人才。

旅游教育的发展壮大需要教材建设的支持。我国旅游教育界在过去的 20 年间出版了多套专业教材，为旅游学科发展奠定了基础，为旅游教育作出了贡献。但随着旅游业的快速发展，旅游科研不断有新的突破，旅游教材必须吸收、反映这些成果，把最新的知识奉献给读者。面对旅游学科日新月异的大好局面，特别是最近几年形势的重大变化，我们处在高校旅游专业教学与科研第一线的教师既感到兴奋，同时也有要不断更新教学内容，补充新知识的压力。鉴于教材建设紧跟形势发展，反映旅游最新实践动态和最新研究成果的需要，我们组织了一批长期从事旅游专业相关课程教学和科研的教师编写了这套"21 世纪旅游专业系列规划教材"。

本套教材选题广泛，涵盖了旅游管理专业的各门课程，并且紧密结合国际、国内旅游活动，旅游业和旅游科研发展的实际，从较高的理论起点阐述了现代旅游管理和经营的一般规律，总结学科、行业、产业的经验教训，以最新的实际材料和旅游研究成果展现旅游学科体系的理论知识和实践技巧。在编写风格上，我们参阅和借鉴了国内外旅游学科及其他学科教材的经验，力图使本套教材呈现出理论全面、知识丰富、结构合理、形式活泼、内容科学及文字生动的特色。这套教材既可供高校旅游管理专业教学使用，亦可作为高等职业教育、自学考试以及旅游行业中、高级管理人员的培训教材。

旅游学是一门发展中的学科，丰富的理论内涵和综合的知识结构，飞速发展的社会实践，均需要进行不断深入研究和精心归纳。我们希望通过这套教材的出版，能与同仁共同推进与提高旅游教材的编写水平，为中国旅游教育贡献绵薄之力。

21 世纪旅游专业系列规划教材编委会
2008 年 10 月

前　言

　　旅游景区是旅游者产生旅游动机的吸引因素所在，也是展示旅游目的地形象的重要窗口，在旅游业中处于支柱地位，其经济意义和社会作用日益显现。我国正在从旅游大国向旅游强国迈进，旅游景区的开发建设、管理和保护得到了广泛重视，出现了一大批高品位、高水平的旅游景区。旅游景区管理离不开高素质人才，而高素质人才的培养有赖于旅游教育和旅游研究的发展，需要科学而规范的教材建设。旅游景区管理与旅游饭店管理、旅行社管理一样，属于旅游管理专业的核心课程。编撰教材是高校教师的重要工作，国内外学者已经作出了不懈努力，出版了多种版本的教材。旅游业实践在快速发展，高校教学体系的改革也在逐步深化，更新教材的工作也应不断推进，基于这一点，我们承担了本教材的编撰工作。

　　编撰本教材，首先要把握教学内容整合的理论基础，明确旅游景区管理的专业定位、课程教学目标，然后选定恰当的视角，对这门课程进行教学内容的构建。相对于饭店管理、旅行社管理，旅游景区管理的理论还不完善，在高校课程设置中，这门课最不统一，相关的教材也各有偏重。我们试图把千差万别的旅游景区当作一个统一的对象，借鉴前人研究的经验和成果并结合教学实践编撰这本教材。

　　在具体工作中，我们思考了以下几个具体问题：

　　第一，关于管理层次的问题。旅游景区管理涉及行业管理和企业管理的层次，本书选择企业管理角度进行阐述。当然，旅游景区企业管理和行业管理不能分离，对此，书中也有所阐述。至于旅游景区管理的产品层次，本书认为应该是旅游景区企业管理之下的层次，其内容包含在旅游景区企业管理的相关要素之中。

　　第二，关于书名问题。高校相关的教材有旅游景区管理、旅游区管理、景区经营管理、风景区经营与管理、旅游景区开发（规划）与管理、旅游风景区管理、景区运营管理等，它们阐述的内容虽然各有偏重，但知识结构框架大体相似，可以认为它们的目标是相同的。我们用什么书名确实斟酌了一番。本书最后选定"旅游景区管理"作为书名，一是与国家标准定义用词"旅游景区"一致；二是考虑到旅游景区本身是一级"单位"，它的管理当然是经营管理，且书中包括了旅游景区建设管理，也部分涉及了行业管理的内容，很显然"超出"了经营管理范畴。

　　第三，关于内容选取的问题。实际上，旅游景区所涵盖的对象差别很大，旅游风景区、旅游度假区、主题公园、自然保护区、森林公园、风景名胜区等的名称、设置目标、包含内容都不一样，确实难以用一个统一的模式。这一方面给我们提供了广阔的研究空间，另一方面也给教学带来了相当大的压力。如何在有限的授课时间内把千差万别的旅游景区介绍清楚考验着教师的智慧，如何在有限的篇幅里把内容丰富的旅游景区管理理清条理也在考验着编者的能力。本书在内容编排上，首先概述旅游景区和旅游景区管理的知识框架，接着阐述旅游景区开发建设管理，然后介绍战略管理、组织机构和管理体制、人力资源管理等旅游景区管理"支持平台"的内容，后面用多章篇幅阐述环境和卫生管理、设施设备管理、景区安全管理、节庆与演艺活动管理、景区形象与营销管理、景区质量管理、财务管理等经营管理功能要素。

第四，关于特色的问题。在教材具体编写过程中，我们根据课程教学的要求和管理实际的发展，注重对国内外新知识的引入，使教材内容具有科学性、完整性和前瞻性；注重理论联系实际，使教材体现对行业实践的针对性、实用性；在体系编排上，每章的开头设置了学习目标、学习要点，后面设置了本章小结、拓展阅读、思考与练习，注重规范性、新颖性和系统性。

本书是集体劳动的成果，由傅云新负责统一规划并统稿，各章节的编写者分别是：第一章傅云新、曾荣，第二章杜轶凤、许雪花，第三章尹兰、滕琳，第四章聂方园、滕琳，第五章王果，第六章尹兰，第七章房佳宁、曾荣，第八章房佳宁，第九章吴彬彬，第十章关芳芳，第十一章尹兰、许雪花、聂方园，第十二章吴彬彬、杜轶凤。

本书参考了国内外大量的相关教材及其他研究成果，书后列出了主要参考文献，在此对原作者表示衷心的感谢。鉴于编者的水平有限，书中难免有错误或不妥之处，敬请专家学者批评指正。

编　者

2010 年 9 月于暨南大学

目 录

内容简介

　　本书基于管理学的理论，从旅游景区企业管理角度并结合旅游景区行业管理和旅游景区产品管理层次的知识，全面系统地阐述了旅游景区管理的基础理论和基本方法。首先，概述旅游景区和旅游景区管理，让读者对相关知识有一个框架性认识；其次，介绍旅游景区开发建设管理，这是旅游景区经营管理的前奏；再次，介绍有关旅游景区战略管理、旅游景区组织机构和管理体制、人力资源管理，由此构建经营管理支持平台；最后，阐述旅游景区有关经营管理功能要素内容，包括环境和卫生管理、设施设备管理、景区安全管理、节庆与演艺活动管理、景区形象与营销管理、景区质量管理、景区财务管理等内容。本书注重对国内外旅游景区管理新知识的甄别与吸收，重视理论联系实际，力图使之具有针对性和实用性，使其既可作为高等院校旅游专业的教科书及旅游景区管理的培训教材，亦可供旅游从业人员和社会读者阅读。

第一章　旅游景区管理概论

【学习目的】

通过本章的学习，熟悉旅游景区的概念和旅游景区管理的基本内容与方法，掌握旅游景区的等级划分和类型划分，了解旅游景区的发展历史，对旅游景区和旅游景区管理有一个初步的认识。

【学习要点】

1. 旅游景区的概念
2. 旅游景区的特点
3. 旅游景区的等级与类型
4. 旅游景区管理的内容
5. 旅游景区管理的方法

【关键词】

旅游景区　旅游景区管理　旅游景区的等级　旅游景区的类型

旅游景区是旅游活动的主要场所，是整个旅游产业系统的核心，是区域旅游业发展的重要依托和动力之源，也是吸引和刺激旅游者出游的主要因素。运用现代管理理念对旅游景区实施科学管理，是保障旅游景区良性运营的基础。本章从介绍旅游景区的概念入手，概述旅游景区管理的基本理论与内容，以使读者对旅游景区和旅游景区管理有一个初步的认识。

第一节　旅游景区

一、旅游景区的概念

（一）关于"旅游景区"概念的表述

旅游景区（Visitor Attraction）是旅游业的重要组成部分，是旅游活动的主要载体和对象。但长期以来，人们对旅游景区概念的表述各不相同，有简称为"景区"（Attraction）的，亦有表述为"旅游区"的，对其中的部分区域表述为"旅游景点"、"景点"或"旅游点"。由于旅游景区的概念涵盖或交叉了世界遗产、风景名胜区、国家公园、森林公园、自然保护区、地质公园、文博馆院、旅游度假区、风景区等概念，并且对这一对象的表述和理解存在差异，所以归纳出一个统一的定义并不容易，但实践需要我们对这一概念有一个明确的界定。

本书沿用"旅游景区"概念，一是尊重约定俗成的表述，方便理解；二是遵照中华人民共和国国家标准《旅游景区质量等级的划分与评定》（GB/T 17775—2003）中的定义；三是强调其旅游功能，即旅游景区主要为旅游者服务；四是强调其效益功能，即或是经营性的，或是公益性的。

（二）旅游景区的界定

关于旅游景区的定义，国内外学者有多种表述，在认识上存在一定的差异。

苏格兰旅游委员会定义：旅游景区是"一个长久性的游览目的地，其主要目的是让公众得到消遣的机会，做感兴趣的事情，或受到教育"。

英国学者 T. C. 密德尔敦（Middleton，1988）所作的定义则强调旅游景区的功能和场所，他认为：旅游景区是一个指定的、长久性的、有专人经营管理的，为旅游者提供享受、消遣、游乐、受教育机会的地方。

约翰·斯沃布鲁克认为：旅游景区应该是一个独立的单位、一个专门的场所，或者是一个有明确界线的、范围不可太大的区域，交通便利，可以吸引大批的游人短期休闲游览，景区应是能够界定能够经营的实体。

史蒂文斯（Stevens，1990）作了比较详细的概括，他认为：旅游景区应该是有特色活动的地点、场所或集中地，应该具备以下特点：①吸引旅游者和当地居民来访，并为此而经营；②为顾客提供获得轻松愉快经历的机会和消遣的方式，使他们度过闲暇时间；③尽量发掘其潜在需求，并满足这种潜在需求的开发；④按旅游需求进行管理，使顾客得以满足；⑤按游客的要求、需要和兴趣，提供相应水准的设施和服务；⑥可以是收费或免费的。

美国著名旅游学家 C. R. 戈尔德耐指出：对于一个综合性的景区，重要的是向旅游者提供观光、购物、娱乐、博彩、文化和康乐的机会。

美国学者 C. A. 冈恩认为：旅游景区可以是地球上任意一个独具特色的地方，这些地方的形成可能是自然力量的使然，也可以是人类活动的结果。

此外，美国学者沃尔什·赫伦给出了一个相当简短的定义：景区应该是具有特色活动的地点、场所或集中地。朱卓仁则认为：景区是因天气、风景、文化或活动而满足一个特定游客群的欲望和喜爱的区域。

我国学者对旅游景区也提出了许多定义，以下选取几个具有代表性的定义。

岳怀仁（1998）强调旅游景区的内容，他认为：旅游景区是指一定区域范围内，旅游资源、旅游服务设施和机构、旅游交通设施等相互作用而形成的旅游地域系统。

王德刚（2000）认为：旅游景区是指以旅游资源或一定的景观、娱乐设施为主体，开展参观游览、娱乐休闲、康体健身、科学考察、文化教育等活动和服务的一切场所和设施。在实践中，它们往往作为一个独立的事业或企业单位，从事经营和管理活动。

张凌云（2003）认为：旅游景区是可以进行管理的吸引旅游者出游的吸引物，包括各类有限定地域的、永久存在的各类景区及暂时性的各类节事庆典，但不包括大多数体育运动项目和购物场所。

彭德成（2003）认为：旅游景区是具有较为明确范围边界和一定空间尺度、设施或活动项目的场所。

禹贡、胡丽芳（2005）认为：旅游景区景点是由具有某种或多种价值、能够吸引游客前来观光、游览、休闲、度假的自然景物、人文景观以及能够满足游客需要的旅游设施构成的，具有明确的空间界线的多元环境空间和经营实体，这一实体可以通过对游客进出的管理和相关服务达到盈利或保护该环境空间的目的。

马勇（2006）认为：旅游景区是指由一系列相对独立景点组成，从事商业性经营，满足旅游者观光、休闲、娱乐、科考、探险等多层次精神需求，具有明确的地域边界，相对独立的小尺度空间旅游地。

杨桂华（2006）认为：旅游景区是指以其特有的旅游特色吸引旅游者前来，通过提供相应的旅游设施和服务，满足其观光游览、休闲娱乐、度假康体、科考探险、教育和特殊旅游的需求，有专门的旅游经营管理的旅游管理地域综合体。

董观志（2007）则从功能和空间角度对旅游景区进行了定义：景区是指具有满足旅游者需求的特定功能，空间边界明确的游乐活动场所。

1999年6月14日，我国发布了国家标准《旅游区（点）质量等级的划分与评定》（GB/T 17775—1999）。之后，根据三年的实施情况，于2003年2月24日修订发布并于当年5月1日实施了《旅游景区质量等级的划分与评定》国家标准（GB/T 17775—2003），这是目前我国旅游景区管理的重要依据。

2003年修订的《旅游景区质量等级的划分与评定》（GB/T 17775—2003）将旅游景区定义为："旅游景区是以旅游及其相关活动为主要功能或主要功能之一的空间或地域。本标准中旅游景区是指具有参观游览、休闲度假、康乐健身等功能，具备相应旅游服务设施并提供相应旅游服务的独立管理区。该管理区应有统一的经营管理机构和明确的地域范围。包括风景区、文博院馆、寺庙观堂、旅游度假区、自然保护区、主题公园、森林公园、地质公园、游乐园、动物园、植物园及工业、农业、经贸、科教、军事、体育、文化艺术等各类旅游景区。"并在之后对传统的"旅游景区"概念作了统一表述。

综合以上关于旅游景区的概念和定义，我们认为：旅游景区是指以旅游资源或一定的景观、设施为依托，开展参观游览、娱乐休闲、康体健身、科学考察、文化教育等活动和提供旅游服务的场所。它具有明确的法定范围，设有独立管理机构从事经营和管理活动。旅游景区业是旅游业的四大支柱之一，旅游景区有多种功能，但主要是供人们开展旅游活动，许多类型的旅游景区专为旅游服务。可以说，旅游景区（企业）基本上是完全意义上的旅游企业。

（三）与旅游景区相关的概念

由于旅游景区的概念涵盖或交叉了世界遗产、风景名胜区、森林公园、自然保护区、地质公园、主题公园、旅游度假区等概念，且涵盖于旅游地之中，因此，有必要了解这些概念，明确有关概念之间的关系。

1. 风景名胜区

《中华人民共和国风景名胜区条例》（以下简称《风景名胜区条例》）认为：风景名胜区是指具有观赏、文化或者科学价值，自然景观、人文景观比较集中，环境优美，可供人们游览或者进行科学、文化活动的区域。

截至 2009 年 12 月，我国公布的国家级重点名胜风景区有 208 处，如八达岭—十三陵风景名胜区、庐山风景名胜区、井冈山风景名胜区、三亚热带海滨风景名胜区、西藏雅砻河风景名胜区等。按《旅游景区质量等级的划分与评定》的界定，风景名胜区是旅游景区的一种类型，源于我国对景观环境质量较佳的名胜地的管理名称，在管理归口上隶属于建设部门。风景名胜区是一种资源保护性的社会公益场所，建设的主要目的是保护自然和文化遗产，在此前提下，积极开展旅游活动。

2. 自然保护区

《中华人民共和国自然保护区条例》认为：自然保护区（Nature Reserve）是指对有代表性的自然生态系统、珍稀濒危野生动植物物种的天然集中分布区、有特殊意义的自然遗迹等保护对象所在的陆地、陆地水体或者海域，依法划出一定面积予以特殊保护和管理的区域。

1956 年，我国在广东省肇庆市建立了第一个自然保护区——鼎湖山自然保护区。截至 2009 年，已建立国家级自然保护区 319 个，其中的 28 处国家级自然保护区已被联合国教科文组织发起的"人与生物圈计划"列入国际生物圈保护区。我国的自然保护区可分为生态系统类、野生生物类和自然遗迹类自然保护区三种类型。在布局上，自然保护区可以分为核心区、缓冲区和实验区。自然保护区是旅游景区的一种类型，在管理归口上隶属于环境保护行政主管部门。自然保护区的建设是为了保护自然本底、贮备物种、开辟科研和教育基地、保留自然界的美学价值，在保护的前提下，有条件地开展旅游活动。

3. 森林公园

中华人民共和国林业行业标准《中华人民共和国森林公园总体设计规范》（LY/T 5132—95）认为：森林公园是以良好的森林景观和生态环境为主体，融合自然景观与人文景观，利用森林的多种功能，以开展森林旅游为宗旨，为人们提供具有一定规模的游览、度假、休憩、保健疗养、科学教育、文化娱乐的场所。

我国第一座森林公园是张家界国家森林公园，截至 2009 年年底，我国共建立各级森林公园 2 458 处，其中，国家级森林公园达 730 处、国家级森林旅游区 1 处（白山市国家级森林旅游区）。森林公园是旅游景区的一种类型，《中华人民共和国森林公园管理办法》规定森林公园在管理归口上隶属于林业部门。森林公园建设的主要目的是开展旅游活动，在开展森林旅游的同时，重点保护好森林生态环境，遵循开发与保护相结合的原则，应充分利用原有设施，进行适度建设，切实注重实效。

4. 水利风景区

《中华人民共和国水利风景区管理办法》（以下简称《水利风景区管理办法》）认为：水利风景区是指以水域（水体）或水利工程为依托，具有一定规模和质量的水利风景资源与环境条件，可以开展观光、娱乐、休闲、度假或科学、文化、教育活动的区域。水利风景资源是指水域（水体）及相关联的岸地、岛屿、林草、建筑等能对人产生吸引力的自然景观和人文景观。

水利风景区是旅游景区的一种类型，它以培育生态、优化环境、保护资源为目标，强调社会效益、环境效益和经济效益的有机统一。我国水利部于 2001 年 7 月成立了水利风景区评审委员会，开展水利风景区评审。据有关专家研究，全国的旅游景区中涉水的，即属于水利风景区或水利旅游项目审批管理范畴的至少占一半以上。截至 2009 年，我国已建立国家级水利风景区 370 个，如十三陵水库旅游区、江都水利枢纽旅游区等。

5. 地质公园

地质公园（Geo Park）是以具有特殊的地质科学意义、稀有的自然属性、较高的美学观赏价值，具有一定规模和分布范围的地质遗迹景观为主体，并融合其他自然景观与人文景观而构成的一种独特的自然区域。

建设地质公园既是为人们提供具有较高科学品位的观光旅游、度假休闲、保健疗养、文化娱乐的场所，又是地质遗迹景观和生态环境的重点保护区，还是地质科学研究与普及的基地。地质公园是旅游景区的一种类型，在管理归口上隶属于国土资源部门。截至2008 年，全球分 5 批建立了 64 家世界地质公园，其中，中国有 22 家世界地质公园，如安徽黄山、江西庐山、河南云台山、云南石林、广东丹霞山等。中国分 5 批建立了 182 家国家级地质公园。

6. 世界遗产地

世界遗产地是指被联合国教科文组织和世界遗产委员会确认的人类罕见的、目前无法替代的财富，是全人类公认的具有突出意义和普遍价值的文物古迹及自然景观所在地。狭义的世界遗产包括世界文化遗产、世界自然遗产、世界文化与自然双重遗产和文化景观四类。广义的世界遗产分为文化遗产、自然遗产、文化和自然双重遗产、记忆遗产、人类口述和非物质遗产（简称非物质文化遗产）、文化景观遗产。

1972 年，联合国教科文组织在法国巴黎通过《保护世界文化和自然遗产公约》。世界遗产管委会归口管理。截至 2010 年 8 月 1 日，中国已有 40 处世界遗产，其中，世界文化遗产 26 处，世界自然遗产 8 处，世界文化与自然双重遗产 4 处，文化景观 2 处，如周口店北京猿人遗址、九寨沟自然遗产、泰山文化和自然双重遗产、庐山文化景观等。

7. 主题公园

主题公园（Theme Park）是以某一主题或综合几种主题于一体为内容，采用现代科学技术和多层次空间活动设置方式，用高投资打造人造旅游资源，集诸多娱乐活动、休闲要素和服务接待设施于一体的现代旅游景区。

一般认为主题公园起源于荷兰。1952 年，荷兰马都拉家族的一对夫妇为纪念在第二次世界大战中牺牲的独生子，兴建了一座微缩了荷兰 120 处风景名胜的公园，开创了世界微缩景区的先河。1955 年，美国的华特·迪士尼在加利福尼亚州兴建了世界上第一个现代大型主题公园——迪士尼乐园，将迪士尼电影场景和动画技巧结合机械设备，以主题贯穿各个游戏项目，让游客得到了前所未有的体验而风靡全球。现在主题公园已经遍及全世界，如东京迪士尼乐园、美国迪士尼乐园、美国迪士尼好莱坞影城、加拿大魁北克海洋梦幻乐园、巴黎迪士尼乐园、西班牙的冒险港、英国的奥尔顿塔及意大利的加达云霄乐园等。

我国第一个主题公园是 1989 年开业的深圳锦绣中华微缩景区。从 20 世纪 80 年代至今，全国已累计开发主题公园式旅游点 2 500 多个。著名的有深圳的世界之窗、广州的长隆欢乐世界、香港的迪士尼乐园、北京的欢乐谷、台湾桃园的小人国、大连的发现王国、青岛的极地海洋世界，以及筹划中的天津环球影城和上海迪士尼乐园。

8. 旅游度假区

旅游度假区是旅游景区中的一种。旅游度假区的主要功能是度假，是以闲暇为目的，为满足游客娱乐、休憩需求而提供相关设施与服务的有机组合体，用以为游客创造一种特殊的环境和经历。

1992 年，经国务院批准，我国建成北海银滩、昆明滇池、三亚亚龙湾、武夷山、青岛石老人、西双版纳旅游度假区等 12 个最早的国家级旅游度假区。

9. 旅游目的地

旅游目的地又称旅游地或旅游胜地，是相对于客源地而言的，是指一定地理空间上的旅游资源和旅游专用设施、旅游基础设施及相关条件有机结合起来所形成的旅游者停留和活动的地域综合体。旅游目的地是吸引旅游者短暂停留、开展旅游活动的地方。旅游目的地一般需要完善的旅游服务功能，具有旅游景区或旅游资源等吸引物，具有住宿、餐饮、娱乐、购物及其他辅助服务等配套设施与服务，具有内外联系的交通体系，即可以满足旅游者的吃、住、行、游、购、娱等旅游活动需求。

旅游目的地的空间范围是分层次的，可以是一个城市、一个省，甚至一个国家、一个大洲，旅游景区也是旅游目的地。有时，地理学者将旅游目的地按一定的空间规模来划分"旅游区"，如长江三峡旅游区、粤东潮客文化旅游区等，更大范围的如把全世界划分为欧洲、非洲等几大旅游区，把中国划分为东北、华北、华中、华东、华南、东南、西南、西北等几大旅游区。另外，"旅游区"曾在《旅游区（点）质量等级的划分与评定》（GB/T 17775—1999）中被作为一个表述"旅游景区"的概念。

二、旅游景区的特点

旅游景区是具有旅游功能和管理职能的空间场所、旅游设施及服务。旅游景区概念包含以下几个方面的内容：①旅游景区具有明确的区域范围，可以设置管理机构进行专门管理；②旅游景区拥有审美、康健、文化等价值的旅游资源，能够激发人们的旅游动机；③旅游景区具有科研、教育、休闲、游览等功能。依照上述定义，可以明确旅游景区具有以下特征：

1. 资源的吸引性

旅游景区以自然景观和人文景观等旅游资源为依托，对游客产生广泛的吸引力，其资源的吸引性是旅游景区存在的前提条件。旅游景区的旅游资源可以是自然天成的，也可以是人类历史遗留下来的，还可以是人工专门建造的，以此对人们产生吸引力。

2. 设施的专用性

旅游景区不仅仅拥有吸引游客的旅游资源，还须具有必要的旅游设施，包括基础设施、接待服务设施和游乐设施，并依托这些设施提供相应的旅游服务。没有相应的设施，仅有旅游资源的空间是不可能成为旅游景区的，旅游设施是旅游景区专有的内容。

3. 功能的多重性

旅游景区具有参观游览、休闲度假、康乐健身、教育科考等功能。当然，核心功能还是旅游，这里涉及对旅游的界定问题。旅游功能是旅游景区吸引力的最终体现，是旅游景区作为一种旅游产品的价值基础。旅游景区依托旅游资源及旅游设施为游客提供开展游乐活动的场所，游客把它作为旅游目的地。不同的旅游景区类型具有不同的旅游功能，旅游景区的主体功能取决于景区的旅游资源类别和服务形式，多样化的旅游功能使得旅游景区活动丰富多彩。

4. 产品的体验性

旅游景区提供的产品是综合产品，包括物质产品和服务产品，主要是依托旅游资源、设施设备和一定的物质产品向游客提供相应的旅游服务，游客获得的是一种体验和经历。旅游资源、设施与服务共同构成旅游景区产品的基础，这种产品是旅游景区功能的载体。没有旅游设施与服务，旅游资源仅仅只是资源，不能成为供旅游者消费的完整的景区产品，游客的体验就不是完全的。

5. 地域的法定性

旅游景区是一个地理空间或地域范围，具有明确界线的独立区域，即拥有固定的参观游览和经营服务场所。旅游景区空间范围常表现为它的大门门票所涵盖的范围，一般由政府部门或相应机构确定其法定范围。当然，也有人认为社会旅游景区不一定要用围墙圈起来，即不一定需要明确的范围。

6. 管理的独立性

旅游景区是有统一的经营管理机构的独立单位，即在职能方面是独立的。也就是说，每个旅游景区有且仅有一个经营管理主体，对景区内的资源开发、经营服务进行统一的管理。旅游景区要有专门的人、财、物、场所提供经营服务，同时还要具备独立的经营条件，能独立承担经营风险和责任。在实践中，旅游景区的管理主体可以是政府机构或具有部分政府职能的事业单位，也可以是独立的法人企业。

三、旅游景区的分级

旅游景区分等级的目的主要是为了根据旅游景区资源吸引力和保护的级别进行分级管理，这是国内外旅游景区管理的共性特征。由于旅游景区的类别、所在国家、主管部门不同，其分级形式也会有差异，一般根据旅游资源、服务情况、规模大小等条件来划分等级。旅游景区有二级、三级、四级和五级等几种分级体系。

（一）旅游景区的五级管理

1. 我国旅游景区的等级

1999 年的《旅游区（点）质量等级的划分与评定》（GB/T 17775—1999）把旅游区（点）划分为四个等级。2003 年修订的《旅游景区质量等级的划分与评定》（GB/T 17775—2003）相对 1999 年的标准新增加了 AAAAA 级旅游景区，即按照旅游景区旅游交通、游览、旅游安全、卫生、通信、旅游购物、综合管理、年旅游人数、旅游资源与环境保护、旅游资源吸引力、市场吸引力、年接待旅游者人数、游客抽样调查满意率等条件将旅游景区质量等级划分为五级，以 AAAAA、ΛΛΛΛ、AAA、AA 和 A 表示。旅游部门作为行业主管部门对旅游景区实施综合管理。

（1）AAAAA 级旅游景区：旅游交通、游览、旅游安全、卫生、邮电服务、旅游购物、经营管理、资源和环境的保护极好，旅游资源吸引力、市场吸引力极强，具有世界影响，年接待海内外旅游者 60 万人次以上，其中海外旅游者 5 万人次以上。游客抽样调查满意率很高。

（2）AAAA 级旅游景区：旅游交通、游览、旅游安全、卫生、邮电服务、旅游购物、经营管理、资源和环境的保护良好，旅游资源吸引力、市场吸引力很强，具有全国影响，年接待海内外旅游者 50 万人次以上，其中海外旅游者 3 万人次以上。游客抽样调查满意率高。

（3）AAA级旅游景区：旅游交通、游览、旅游安全、卫生、邮电服务、旅游购物、经营管理、资源和环境的保护较好，旅游资源吸引力、市场吸引力较强，具有全省影响，年接待海内外旅游者30万人次以上。游客抽样调查满意率较高。

（4）AA级旅游景区：旅游交通、游览、旅游安全、卫生、邮电服务、旅游购物、经营管理、资源和环境的保护一般，旅游资源吸引力、市场吸引力一般，具有地区影响，年接待海内外旅游者10万人次以上。游客抽样调查满意率较高。

（5）A级旅游景区：旅游交通、游览、旅游安全、卫生、邮电服务、旅游购物、经营管理、资源和环境的保护基本满足需求，旅游资源吸引力、市场吸引力较小，具有地方影响，年接待海内外游客3万人次以上。游客抽样调查基本满意。

2. A级旅游景区评定办法

中国国家旅游局组织设立全国旅游景区质量等级评定委员会，负责全国旅游景区质量等级评定工作的组织和管理。

AAA级、AA级、A级旅游景区由全国旅游景区质量等级评定委员会委托各省级旅游景区质量等级评定委员会负责评定。

AAAA级旅游景区由省级旅游景区质量等级评定委员会推荐，全国旅游景区质量等级评定委员会组织评定。

AAAAA级旅游景区从AAAA级旅游景区中产生。被公告为AAAA级旅游景区一年以上的方可申报AAAAA级旅游景区。AAAAA级旅游景区由省级旅游景区质量等级评定委员会推荐，全国旅游景区质量等级评定委员会组织评定。

（二）旅游景区的四级管理

中国的地质公园根据其旅游资源吸引力及其重要性分为四级：县市级地质公园、省地质公园、国家地质公园、世界地质公园。由联合国教科文组织组织专家实地考察，并经专家组评审通过，经联合国教科文组织批准的地质公园称世界地质公园（Global Geopark, GGP）。

中国还有学者根据旅游资源吸引力、规模、重要性等因素，将旅游景区分为四个级别。

（1）世界级旅游景区：其旅游资源的吸引力是世界范围的，包括一国境内的世界遗产和联合国生物圈人与自然保护区。从旅游的角度来看，它们开发后就形成了世界级景区，如四川的九寨沟、北京的故宫、云南的丽江古城等。

（2）国家级旅游景区：其旅游资源的吸引力比世界级的低，如中国的国家级风景名胜区、国家级森林公园、国家级旅游度假区和国家级自然保护区等。

（3）省级旅游景区：其旅游资源的吸引力比国家级的低，如中国的省级风景名胜区、省级森林公园和省级自然保护区等。

（4）县市级旅游景区：其旅游资源的吸引力比省级的低，包括县市级森林公园等。

（三）旅游景区的三级管理

三级系统是一些国家旅游景区分级的特色，其分级的基础是纵向行政管理的三级管理体系，中国的森林公园就是这种分级体系。以前中国的风景名胜区、自然保护区等也按照其质量分为国家、省、市（县）三级。

《中华人民共和国森林公园管理办法》将森林公园分为以下三级：

（1）国家级森林公园：森林景观特别优美，人文景物比较集中，观赏、科学、文化价值高，地理位置特殊，具有一定的区域代表性，旅游服务设施齐全，有较高的知名度。

（2）省级森林公园：森林景观优美，人文景物相对集中，观赏、科学、文化价值较高，在本行政区域内具有代表性，具备必要的旅游服务设施，有一定的知名度。

（3）市（县）级森林公园：森林景观有特色，景点景物有一定的观赏、科学、文化价值，在当地知名度较高。

日本的《自然公园法》将自然公园分为三级①：

（1）国立公园：其自然景观非常优美，在全国范围内有一定代表性。根据《自然公园法》，由自然环境保全审议会（由地理、环境、历史等方面的专家组成）提出意见，最后由环境厅长官指定。

（2）国定公园：其自然景观优美，但风景质量水平比国立公园略差。根据《自然公园法》，首先由都、道、府、县提出书面申请，再由自然环境保全审议会审查，最后由环境厅长官指定。

（3）都道府县立自然公园：其自然景观美丽，具有地域代表性。根据《自然公园法》及都道府县有关条例，在听取都道府县自然环境保全审议会意见的基础上，分别由都、道、府、县知事指定。

加拿大自然保护区亦分为三个层次：

（1）国家级保护区：有国家公园、国家海洋保护区、国家野生动植物保护区、国家候鸟禁猎区、国家首都保护地、加拿大遗产河流系统等。国家级保护区系统的选择和建立都基于科学研究，以自然生态环境的保护为主要目标。

（2）省级保护区：有省立公园、荒野保护区、省立自然保护区、鸟类禁猎区和生态保护区等。省立公园系统的管理有 4 个具体的发展方向，即保护、遗产欣赏、娱乐和旅游。

（3）地区级和地方级层次的保护区：有许多市级公园和用于户外娱乐的私人土地，严格地说这类保护区不属于自然保护区的范畴。

另外，南部非洲野生动物保护区也分为自然公园、国家野生动物保护区、私营野生动物保护区三个层次。自然公园主要以美丽的风景、远足步道而闻名，以高度个性化的服务吸引游客来观赏野生动物。

（四）旅游景区的二级管理

国务院于 2006 年颁布的《风景名胜区条例》将风景名胜区划分为国家级风景名胜区和省级风景名胜区，实施二级管理。

（1）设立国家级风景名胜区，由省、自治区、直辖市人民政府提出申请，国务院建设主管部门会同国务院环境保护主管部门、林业主管部门、文物主管部门等有关部门组织论证，提出审查意见，报国务院批准公布。

（2）设立省级风景名胜区，由县级人民政府提出申请，省、自治区人民政府建设主

---

① 有关国外旅游景区分级管理的资料参考：邹统钎．中国旅游景区管理模式研究．天津：南开大学出版社，2006

管部门或者直辖市人民政府风景名胜区主管部门，会同其他有关部门组织论证，提出审查意见，报省、自治区、直辖市人民政府批准公布。

中国自然保护区分为国家级自然保护区和地方级自然保护区。

（1）在国内外有典型意义、在科学上有重大国际影响或者有特殊科学研究价值的自然保护区，列为国家级自然保护区。

（2）除列为国家级自然保护区的外，其他具有典型意义或者重要科学研究价值的自然保护区列为地方级自然保护区。

《水利风景区管理办法》按照水利风景资源的观赏、文化、科学价值和水资源生态环境保护质量及景区利用、管理条件将水利风景区划分为两级，即国家级和省级水利风景区。

（1）国家级水利风景区，由景区所在市、县人民政府提出水利风景资源调查评价报告、规划纲要和区域范围，省、自治区、直辖市水行政主管部门或流域管理机构依照《水利风景区评价标准》进行审核，经水利部水利风景区评审委员会评定，由水利部公布。

（2）省级水利风景区，由景区所在地市、县人民政府依照《水利风景区评价标准》，提出水利风景资源调查评价报告、规划纲要和区域范围，报省、自治区、直辖市水行政主管部门评定公布，并报水利部备案。

另外，我国旅游度假区也分为国家级旅游度假区和省级旅游度假区两个等级。

以美国为代表的一些国家的国家公园也是二级分级管理，美国国家公园的纵向管理"联邦政府—州"二级体系，根据其质量分为国家公园或州立公园，如美国黄石国家公园和尼亚加拉大瀑布州立公园。

四、旅游景区的分类

划分旅游景区的类型，是为了充分认识旅游景区的特点，把握旅游景区的发展和管理方向。旅游景区的内涵比较丰富，涉及自然、社会和人文等多个方面。目前，旅游学术界对旅游景区尚未形成比较统一的分类，多数学者是从多元化的角度把旅游景区分为若干类型的。下面介绍几种依据不同角度来划分的具有代表性的分类系统。

（一）按旅游景区景物的成因和内容分类

根据旅游景区景物或旅游资源的成因和内容分类是旅游景区类型划分中常用的方法。学者们根据这一分类标准，将旅游景区分为不同类型。

1. 三分法

根据旅游景区内的景物内容特征或者根据旅游景区内的旅游资源特点，把旅游景区大致分为以下三大类：

（1）自然型旅游景区：旅游景区内的吸引物以自然景观或者自然旅游资源为主，故也有人称之为以自然景观为主的旅游景区。自然型旅游景区根据旅游资源的属性分为以自然山川风景为主的旅游景区、以湖泊风景为主的旅游景区、以海滨风景为主的旅游景区、以森林风景为主的旅游景区、以石林溶洞瀑布为主的旅游景区等①。

（2）人文型旅游景区：旅游景区内的吸引物以人文景观或者人文旅游资源为主，故也有人称之为以人文景观为主的旅游景区。人文型旅游景区根据旅游资源的属性分为以历史名胜或宗教名胜为主的旅游景区、革命历史纪念地型旅游景区、民俗风情为主的旅游景区、现代人文吸引物为主的旅游景区等。

（3）复合型旅游景区：实际上，在具体划分中很难将旅游景区划分成自然型旅游景区或人文型旅游景区。大多数旅游景区同时拥有自然旅游资源和人文旅游资源，且无法判断是以哪一种旅游资源为主，因此，有人将拥有自然旅游资源和人文旅游资源的旅游景区称之为复合型旅游景区或综合型旅游景区。

2．四分法

英国学者约翰·斯沃布鲁克（2001）根据景物景点的成因或内容将旅游景区大致分为以下四类②，但这种分类与其说是旅游景区分类，不如说是景物景点分类：

（1）自然环境，如海滨、瀑布、溶洞、野生动植物等。

（2）最初并非为游客而建造的人造景观，如宗教场所、古代建筑、战场等。

（3）专门为游客而建造的人造景观，如游乐园、主题公园、艺术中心、博物馆等。

（4）特殊活动，如观看体育比赛、艺术节、市场、宗教仪式等。

3．五分法

美国学者C. R. 戈尔德耐、J. R. 布仑特·里奇和罗伯特·麦金托什根据旅游景区形成的原因将其划分为五种类型。这种分类方法被人们称为旅游景区类型的五分法。图1-1反映了五分法的基本思想。

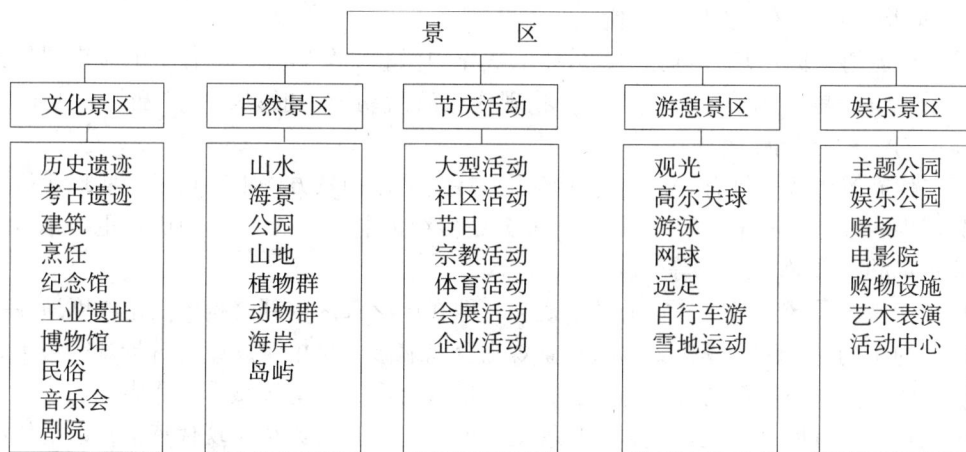

景 区				
文化景区	自然景区	节庆活动	游憩景区	娱乐景区
历史遗迹 考古遗迹 建筑 烹饪 纪念馆 工业遗址 博物馆 民俗 音乐会 剧院	山水 海景 公园 山地 植物群 动物群 海岸 岛屿	大型活动 社区活动 节日 宗教活动 体育活动 会展活动 企业活动	观光 高尔夫球 游泳 网球 远足 自行车游 雪地运动	主题公园 娱乐公园 赌场 电影院 购物设施 艺术表演 活动中心

图1-1 旅游景区类型的五分法

资料来源：C. R. 戈尔德耐等．旅游业教程——旅游业原理、方法和实践（第八版）．贾秀海译．大连：大连理工大学出版社，2003

① 陈瑛．旅游风景区管理．西安：陕西旅游出版社，1997
② 约翰·斯沃布鲁克．旅游景区开发与管理（第二版）．龙江智，李森译．北京：旅游教育出版社，2006

另外，也有学者根据旅游景区内的旅游资源特点，把旅游景区分为五类：自然类旅游景区、人文类旅游景区、复合类旅游景区、主题公园类旅游景区、社会类旅游景区①。还有学者按照景点所依赖的吸引因素，将旅游景区分为自然资源旅游景点、人文旅游景点和人造旅游景点；或者按其展示内容，将旅游景区分为单一性的旅游景点和集合性的旅游景点。

（二）按旅游景区的目标分类

按旅游景区的建设和管理目标将旅游景区分为资源保护型和经济开发型两类。

1. 资源保护型旅游景区

建设这类旅游景区的主要目的是为了保护自然资源和贮备物种，保护人文景观和文化古迹，开展科研和教育，以取得社会效益和环境效益为主要目标，在保护的前提下，有条件地开展旅游活动，如风景名胜区、自然保护区、森林公园、文物保护单位等。

2. 经济开发型旅游景区

投资者开发这类旅游景区的目的就是为了获取旅游经济效益，旅游景区一般按公司制运作，如旅游度假区、主题公园等。

另外，也有人按照旅游景区设立的性质目标，将旅游景区分为纯商业性的旅游景区和公益性的旅游景区。

（三）根据旅游景区的构景特点和建设水平分类

根据旅游景区的构景特点和建设水平分类，也是旅游景区分类的方法之一。

1. 按旅游景区发展时间分类

有学者根据旅游景区景观的构景特点和文化内涵（主要指以人文景观为主的旅游景区），一般将旅游景区分为以下四代：

第一代旅游景区：具有历史的或传统的文化内涵和文化特点，以传统的城市园林为代表。其景观特征是"园小"、"景小"，在现代旅游活动中一般只具有"游"的功能，如一些城市的"中山公园"。

第二代旅游景区：具有一定的现代特征，特别是在构景方法上使用了一些现代科技手段，景观内容以复制和移景为主，但仍未突破传统园林的局限，如中山市的"长江园"和河北正定的"西游记宫"等。

第三代旅游景区：具有一定的环境观念，即在旅游景区内部结构上一定程度地注意了生态环境的布局与匹配，其构景手法和景观内容以缩微、移植景观或仿古景观等为主，以深圳锦绣中华、中华民俗村、世界之窗、北京世界公园、无锡唐城等为代表。

第四代旅游景区：是现代生态、环境观念的产物，具有典型的现代特征，以现代主题公园为代表，如迪士尼乐园、新加坡城郊结合部绿地主题公园、广州长隆乐园等。

2. 按开发程度分类

根据旅游景区开发、利用的程度一般分为深度开发的旅游景区和轻度开发的旅游景区。

还有学者根据旅游景区开发的程度，将旅游景区分为完全开发的旅游景区、部分开发

---

① 马勇，李玺. 旅游景区管理. 北京：中国旅游出版社，2006

的旅游景区、正在开发的旅游景区和待开发的旅游景区。

（四）根据旅游景区的功能分类

根据旅游景区的功能特征进行旅游景区的分类，也是一些学者采用的分类方法。不同的学者分析的角度不同，所得到的分类结果亦不同，总结起来主要有三种，即"七分法"、"五分法"和"三分法"①。

1. 七分法

有学者按照景点的内容和功能形式将旅游景区分为以下七种类型：观光型游览旅游景区；历史古迹旅游景区；民俗风情类旅游景区；娱乐游憩旅游景区，此类景区可以进一步分为康体疗养型、运动健身型、娱乐休闲型旅游景区；文学艺术类旅游景区；科考探险类旅游景区；综合型旅游景区。

2. 五分法

根据旅游景区的功能特征将旅游景区分为五类：供参观、游览的旅游景区；供科研、学习的旅游景区；供休假、疗养的旅游景区；供探险、猎奇、从事体育运动的旅游景区；供娱乐、游玩的旅游景区。

3. 三分法

根据旅游景区的功能将旅游景区分为三大类：观光体验型旅游景区，此类景区可以细分为观光游览型旅游景区、古迹寻访型旅游景区、文化修学型旅游景区、民俗风情体验型旅游景区、科学考察与探险型旅游景区；度假休闲型旅游景区，此类景区可以细分为康体疗养型旅游景区、运动健身型旅游景区、娱乐休闲型旅游景区；综合型旅游景区。

除了以上这些依据　定标准划分旅游景区类型外，还有其他一些分类方法，如以景区的占地面积作为分类依据，将旅游景区分为大型旅游景区、中型旅游景区、小型旅游景区；根据旅游景区所处的地理位置，将旅游景区分为城市旅游景区和城外旅游景区。

五、旅游景区的发展

（一）关于旅游景区历史的考究

旅游景区是何时诞生的无从追溯，哪里是世界上最早的旅游景区无人知道，古代什么样的场所才是旅游景区也很难认定。但自从旅游现象出现后，人类的旅游活动无不与某个场所相关联，这就是旅游资源所在地或旅游目的地。很显然，自然景观和出自非旅游目的的人文景观，在被人们利用为旅游活动场所时，无疑是早期的旅游目的地，它们是否称得上旅游区有待讨论。随着社会的变迁和科技的发展，旅游也得到了发展，这些自然景观和出自非旅游目的的人文景观逐渐演变为旅游景区。王公贵族开始建造供自己游乐的场所，这应该是最早特意设计开发的旅游景区。当旅游逐步走向大众的时候，为吸引旅游者而特意设计开发的纯粹的旅游景区也逐渐发展起来。另外，一些节事活动及其发生的场所也逐渐成为吸引游客的内容或变成旅游景区。

推断旅游景区的产生似乎是一种凭空猜想，但实实在在去考究旅游景区的发展历史也并不容易，首先遇到的困难是如何界定古代的旅游和旅游景区。我们不去作这些无谓的争

---

① 杨桂华．旅游景区管理．北京：科学出版社，2006

论，只考究人们旅游活动的对象——自然景观和出自非旅游目的的人文景观以及历史上特意设计开发的旅游场所。历史文献对这些内容有很多记载，它们是我们考究旅游景区发展情况的基本依据。

（二）国外旅游景区的发展[①]

1. 早期旅游景区的发展

历史记载，古埃及人、古希腊人和古罗马人很早就出于消遣的目的而去游览艺术或建筑珍品的所在地。公元前3200年，古埃及修建了金字塔和阿蒙神庙，金字塔和阿蒙神庙以其雄伟的气势和精美的雕刻吸引了人们前来观光，而经常举行的宗教集会也吸引了大批宗教朝觐者。古希腊在公元前2700年就建成了奴隶制城邦国，公元前5世纪达到全盛，当时的提洛岛、特尔斐和奥林匹亚山成为宗教圣地，也是人们游览的胜地。奥林匹亚节祭祀宙斯活动最有影响，期间还举行集会和体育活动，延续发展形成了今天的奥林匹克运动会。公元1至3世纪，古罗马达到全盛时期，境内有古埃及、古希腊、古代西亚的历史遗迹，如世界古代"七大奇迹"及许多自然风景吸引人们开展旅行旅游。古罗马人利用滨水的别墅来举行钓鱼、游泳等娱乐活动，他们还建成了巴思（Bath）温泉疗养地。

2. 中世纪旅游景区的发展

中世纪的欧洲兴起了宗教旅游，参与者众多。宗教圣地成为朝觐者的目的地，即宗教型旅游景区，如中东地区的麦加和耶路撒冷、欧洲的宗教胜地。宗教朝拜是出于信仰，不过这也是进行旅游活动的好机会。同时，为满足宗教旅游者的需求，旅店和旅行指南等各项旅游服务应运而生。为方便宗教旅游者旅行、访问旅游景区，人们设计出固定的旅游线路，将很多宗教圣地连接起来，如孔波斯特拉的圣雅克路线。

3. 文艺复兴后旅游景区的发展

中世纪的宗教旅游规模较大，而文艺复兴时期的非宗教旅游只是少数知名人士的活动。这一时期，人们所访问的旅游景区有美学意义的旅游景区，也有宗教胜地，还有异国自然风光目的地。

从17世纪后期到整个18世纪，社会名流十分关注康体健身型的旅游，这促进了两种主要类型的旅游景区的发展，一是矿物质温泉疗养地旅游景区，如巴思、坦布里奇韦尔斯；二是海滨浴场，如斯卡伯勒和马盖特的海滨度假胜地。特别是德国、比利时、法国和捷克斯洛伐克等国进行了大量旅游景区的开发。另外，参观法国和意大利的历史文化遗迹成为一些有钱人受教育的内容。

19世纪，欧洲国家的工业化和铁路发展，给中产阶级访问旅游景区带来了机会。海水浴成为很多人的娱乐活动，海滨旅游景区得到发展。此时，工业化城镇中开始出现博物馆、美术馆、公园等新的旅游景区，这些旅游景区往往是由一些家族式的工业家们建造的。19世纪，贵族阶层发现了两种新的旅游吸引物，一是欧洲南部的冬季气候，通过发展赌场来满足人们冬季的休闲娱乐；二是阿尔卑斯雪山，为人们进行登山、滑雪活动提供了场所，从而引发这些地方建造了大量旅游景区。

19世纪末和20世纪初，以事件为基础的旅游景区非常盛行，如奥运会和大型博览

① 约翰·斯沃布鲁克. 旅游景区开发与管理（第二版）. 龙江智，李淼译. 北京：旅游教育出版社，2006

会，形成了一些特色旅游景区。近代旅游业出现后，专门设计的旅游景区快速发展，19世纪末，出现了国家或私人投资开发旅游资源，掀起了一股兴建游乐场、运动场、赌场、疗养地、浴场等旅游设施的热潮，推动旅游向大众化方向发展。

4. 现代旅游景区的发展

自第二次世界大战以来，随着包价游和航空业的发展，人们可以自由到达他国的旅游景区，汽车使用数量的增长使人们在本国旅游更方便，旅游景区的种类和数量也迅速增加。现代旅游的发展及其带来的经济效益猛增，导致大量专门吸引游客和刺激旅游消费的旅游景区的建造，给人们提供消遣和娱乐的主题公园因此出现并风靡全球。

20世纪80年代是旅游景区发展的转折期，生活方式的改变、闲暇时间的增多、技术的进步及消费时尚的出现使所谓的后现代主义的种种迹象日益显露。在这一时期，欧美等发达地区诞生了包括休闲购物中心、大屏幕电影院等许多新旅游景区。世界范围内的遗产型旅游景区增加了，尤其是那些与社会史和近代史有关的旅游景区。这一时期欧洲的旧式博物馆得到了改进，其展出更加贴近观众并增加了互动性。

20世纪80年代，美国、北欧和日本等发达地区进入旅游景区的时代，并逐步走向成熟。20世纪80年代和90年代初期，世界各国政府把发展旅游景区作为城市振兴和地区发展的途径，如英国政府曾经把开发"园艺节"作为扭转经济低迷的一项政策。

然而，这一时期的发展是不平衡的，一些地方的旅游景区依然处在初级阶段。20世纪80年代，东南亚、中东、南美或非洲都没有大型主题公园，大部分博物馆保持着原样，参观者不多。但旅游景区的发展是迅速的，东南亚的海滨旅游度假区、韩国的主题公园、非洲的野生动物世界、南美的自然景观和文化景区的发展较快。

（三）中国旅游景区的发展

1. 古代旅游景区的发展

在夏、商、周三代，狩猎活动成为贵族常见的游乐形式。甲骨文就记载了以商王为首的商朝贵族经常开展田猎活动以消遣。3000年前，在临潼骊山就开辟了温泉沐浴。西周的周穆王巡游规模庞大，影响深远，他巡游过西北、华北，据传他曾西巡狩猎至波斯。帝王贵族为了狩猎游乐，兴建"囿"。秦汉时期，供帝王游乐的宫苑具有相当规模。魏晋南北朝时期，园林艺术受到重视，士大夫的私家园林纷纷出现，奠定了中国古典园林发展的基础。

各历史时期都出现了世界著名的商业都会，如汉唐的长安、洛阳，宋代的汴梁、临安，元朝的大都、泉州、广州，明清的北京、苏州、杭州、广州。城市及近郊兴建了供游乐的场所，如唐长安的华清池，明清的北京、苏州、杭州、广州的古典园林。

宗教旅游景区是古老而长期盛行的形式，道教、佛教等重视自然之道，宗教场所多建在风景优美的地方，这些地方是宗教人士朝觐之处，普通民众也可前往观赏、游览。如湖北的武当山、江西的龙虎山、安徽的齐云山、四川的青城山合称为"中国道教四大名山"，山西五台山、浙江普陀山、四川峨眉山、安徽九华山合称为"中国佛教四大名山"。

观光型旅游景区是各时期上层人士的旅游至爱，名山大川等自然风景和古迹建筑等人文景观成为人们追寻的去处，谢灵运、李白、苏辙、徐霞客、顾炎武等是这些观光游客的代表。"五岳"（恒山、华山、嵩山、泰山和衡山）是观光型旅游景区的雏形。

2. 近代旅游景区的发展

中国近代旅游业发端于19世纪中叶。随着英国发动鸦片战争及远洋航运业务的发展，西方的商人、传教士、学者和一些冒险家纷纷来到中国，在中国建立租界和修筑别墅。旅行社也入驻中国，为来华的外国人和出国的中国人办理各种旅游业务。在旅游资源开发和景区建设方面，主要是在庐山、北戴河、莫干山、鸡公山、峨眉山等名山和海滨建设避暑区。

3. 现代旅游景区的发展

中国国土辽阔、山川秀丽、历史悠久、民族众多，旅游资源丰富多样，旅游景区发展迅速。特别是改革开放30多年来，旅游发展日益兴盛，各地大力加强旅游基础设施建设，开发旅游资源，建设了大批的旅游景区。目前中国已拥有世界遗产40处、国家级风景名胜区208处、国家级自然保护区303处（其中28处被联合国教科文组织的"人与生物圈计划"列入国际生物圈保护区）、国家级森林公园730家、世界地质公园22个、国家级重点文物保护单位2 351处。省级及省级以下的各类风景名胜区、文物保护单位、度假区数量更多，覆盖面积更大。初步估计，各种类型的旅游景区达20 000多处。旅游景区的布局更加合理，旅游景区类型结构日益完善。与此同时，我国旅游景区的管理和保护工作也在不断推进。旅游景区的开发建设与管理在旅游业中发挥着重要的作用。

第二节　旅游景区管理

一、旅游景区管理的概念

（一）旅游景区管理的定义

旅游景区管理是按照旅游景区固有的特点和规律，根据管理的基本职能和不同发展阶段的需要，通过计划、组织、控制、激励和领导等活动，有效地优化配置景区的各种资源和协调景区的各种关系，促进人力、财力、物力和信息资源的整合，实现旅游景区综合效益的最大化和旅游景区的可持续发展的过程。

旅游景区管理具有多重性质，它既是对旅游资源本身进行管理，又是对旅游资源进行开发、利用的经营管理。旅游景区是一个独立的法人单位，可以独立自主地进行经营活动，管理上具有企业管理的性质，同时它还是旅游地旅游服务体系的组成部分，受到旅游地综合服务系统运行规律的制约，必须实施社会化管理，受地方和国家行政部门管理以及行业协会协调管理，即包括内部管理和外部管理。在层次上，旅游景区管理包括三个层次[①]：一是旅游景区产品管理，这是指对旅游景区有形商品与无形服务产品的基本功能进行配置的行为和过程；二是旅游景区企业管理，即对具有独立经营能力的经济法人实体内部的计划、组织、控制、激励和领导等活动；三是旅游景区行业管理，即对在社会供求关系和旅游景区经营活动中所形成的企业结构关系，包括数量扩张、结构转换和质量提升的协调、监控。

目前我国旅游景区行业管理涉及的部门较多，管理体制也多种多样。我国的20 000

---

① 董观志．景区经营管理．广州：中山大学出版社，2007

多处旅游景区，从隶属关系上涉及旅游、建设、环保、林业、水利、交通、地质、海洋、文物、宗教、科技、教育、农业、体育等多个部门。例如，"风景名胜区"归口建设部门，"自然保护区"归口环保部门，"森林公园"归口林业部门，"地质公园"归口国土资源部门，"文物保护单位"归口文化部门，"寺庙观堂"归口宗教部门，"江河湖泊"和"水利工程"归口交通、水利部门等。从对旅游景区的微观管理机制上看，有的属事业单位编制，有的属企业性质。在企业化管理的旅游景区中，国营、合资、股份制、私有等多种所有制形式并存。为了提高旅游景区管理和服务水平，我国于1999年制定并于2003年修订了国家标准，这是中国旅游景区的保护、开发、建设、经营和管理工作的指南。

本教材所研究的旅游景区管理主要是旅游景区企业管理，即旅游景区的开发建设及运营管理。当然也会涉及旅游景区产品管理和旅游景区行业管理的相关内容。

（二）旅游景区管理的职能

旅游景区管理涉及规划、组织、控制、激励和领导等五项基本活动，也称之为旅游景区管理的五大基本职能，即旅游景区组织（企业）中人、事物或机构应有的作用。

1. 规划职能

这是旅游景区管理工作的前提事项，开展旅游景区管理首先要对旅游景区的发展趋势进行预测和判断，根据预测的结果确定管理目标，然后制订各种工作方案、方针政策，以及规划达到目标的具体实施步骤和相应措施，以保证旅游景区管理目标的实现。旅游景区企业的发展规划、旅游景区的各种具体作业计划就是规划职能的成果。

2. 组织职能

旅游景区管理组织职能，一方面是指为了实施规划而建立起来的一种结构，这种结构在很大程度上决定着规划能否实现；另一方面是指为了实现规划目标进行的组织过程。根据某些原则设置旅游景区组织机构，根据岗位需要安排合适人员，并进行分工与协作，对不同岗位有适当的授权，并建立良好的沟通渠道等。组织是旅游景区正常运作的核心，对完成规划任务具有保证作用。

3. 控制职能

旅游景区管理的控制职能是与规划职能紧密相关的，这一职能包括：第一，制定各种控制标准，以便指导行动；第二，检查各项工作是否按计划进行，并检查其是否符合既定的标准；第三，若发生偏差要及时反馈信息，然后分析偏差产生的原因，及时纠正偏差或根据实际情况制订新的计划，以确保组织目标的实现。如根据规划开展旅游景区的营销活动，在媒体上刊登广告，需跟踪调查以检查是否达到营销目标，如果没有达到目标，则分析原因，必要时调整广告内容或媒体形式，直至达到营销目标。

4. 激励职能和领导职能

旅游景区管理的激励职能和领导职能主要涉及组织活动中员工的问题。旅游景区管理者要研究员工的需要、动机和行为；要对员工进行指导、训练和激励，以调动他们的工作积极性；要解决下级之间、部门之间、人与人之间的各种矛盾，创造良好的人际环境；要保证旅游景区各部门之间的信息渠道畅通无阻，保证命令能上传下达；通过良好的内部营销，保留优秀员工；领导要有人格魅力，要能起到带头作用并善于运用命令等。

（三）旅游景区管理的目标

旅游景区管理的目的是有效整合人、财、物和信息资源，实现旅游景区的社会效益、环境效益和经济效益的统一。

社会效益是指旅游景区对社会需求的满足程度。旅游景区内的旅游资源，尤其是自然旅游资源，它们属于社会的公共财产，应该为社会作贡献，为社会承担责任。从这个意义上说，旅游景区要满足游客求知、好奇、观光或者度假的需求。旅游景区是社会生态环境的组成部分，旅游景区必须担负保护社会生态环境的责任，旅游景区生态环境的好坏还直接影响到旅游景区的质量等级，影响到旅游景区的吸引力。同时，旅游景区是一个经济组织，自然要追求经济利益。从旅游景区的三重效益的关系来看，社会效益是前提，环境效益是基础，经济效益是结果。没有环境效益就谈不上社会效益；没有社会效益，经济效益也会大打折扣；经济效益要以环境效益为基础。只有经济效益没有社会效益和环境效益，是目光短浅的权宜管理，跟不上社会发展的需要，不能称之为现代管理，更不能实现旅游景区的可持续发展。

二、旅游景区管理的特征

旅游景区管理涉及产品、企业、行业三个层次。本书从旅游景区企业角度介绍旅游景区开发建设及运营管理，从内涵上涉及产品管理，从外延上涉及旅游景区行业管理。综合分析，旅游景区管理具有以下基本特征：

1. 内容的综合性

旅游景区管理是一个综合性的管理工作，它涉及范围广，包括对旅游者活动的管理以及对旅游景区内部的战略、组织、员工等管理，还包括对旅游景区内构成资源客观对象的管理等多方面的内容，因此，在运作内容上具有明显的综合性。

2. 形式的服务性

旅游业的服务性决定了旅游景区管理的服务性。旅游景区内所有的人员、设施设备等都是为旅游者而安排和设置的，旅游者的满意度就是对他们的服务质量进行衡量的标准。

3. 内涵的文化性

文化是旅游的灵魂，没有文化的旅游景区就是没有活力、没有生气的旅游景区。文化之于旅游的作用表现在可以提升旅游资源的文化内涵，可以陶冶旅游者的审美情趣，还可以传承旅游地的文明。

4. 时间的动态性

与旅游景区管理相关的人、物、财、信息等无不处于变动之中，这就决定了旅游景区管理的动态性。基于这个动态性，旅游景区管理必须以动态的眼光看待旅游景区的变化，依据具体情况作出正确的决策。

5. 目标的永续性

进行旅游景区管理就是为了使旅游资源得到保护和合理利用，实现旅游景区效益的最大化，使旅游景区永存、旅游业能够可持续发展。

三、旅游景区管理的内容

旅游景区管理研究的内容来源于旅游景区管理实践的需要，而不同旅游景区管理的内容会有所差异。一般而言，旅游景区管理研究包括旅游景区的经营战略管理与质量管理、产品管理、形象与营销管理、节庆演艺管理、效益管理、人力资源管理、资源与设备管理、环境与卫生管理、安全管理及旅游景区开发建设管理等基本内容。

1. 旅游景区规划、开发与建设管理

旅游景区规划、开发与建设管理的重要目标就是要保持和增强旅游景区的吸引力，延长旅游景区的生命周期。因此，必须对旅游景区内部的旅游资源进行规划、开发与建设，形成新的旅游项目。旅游景区规划、开发与建设的主要内容是：在全面分析旅游市场和旅游资源的基础上，明确旅游景区发展的总体目标和大致方向，并对目标和方向进行决策论证，进行新旅游项目的可行性研究，筹措新项目的资金，按规划进行施工建设等，并对这一过程实施有效管理。

2. 旅游景区战略管理

旅游景区战略管理是从战略的高度制定旅游景区远景发展目标、审视旅游景区发展的竞争优劣势、作出未来发展的市场定位及制定具体发展规划等。旅游景区的战略管理对于旅游景区的整个发展阶段都非常重要，它是旅游景区发展的导航线，决定着旅游景区发展的成败。

3. 旅游景区组织和人力资源管理

任何组织都拥有一定的资源，如自然资源、人力资源、信息资源、时间资源、资本资源等，在这些众多的资源中，人力资源是推动组织发展的关键资源。因此在所有旅游景区管理问题中，人力资源管理是非常重要的一个方面。首先，在服务行业中，员工的态度和能力决定其向顾客提供服务的质量，从而也会直接影响顾客游玩的乐趣和他们对旅游景区的看法；其次，对大多数旅游景区来说，劳动力成本可能是所有财务预算中最大的一个单项支出项目。旅游景区人力资源管理包括旅游景区人力资源的招聘与培训、旅游景区人力资源的绩效与考核、旅游景区人力资源的薪酬与激励等内容。

4. 旅游景区环境与卫生维护管理

旅游景区的环境管理包括旅游景区内部自然环境的管理和社会人文环境的管理。旅游景区内部自然环境的管理主要体现在旅游容量的确定、污染物的管理与治理、旅游景区内部卫生的维护及旅游景区内部环境的协调性。社会人文环境管理主要包括员工服务意识、和蔼友善程度等。旅游景区所在地的自然环境和社会经济、文化环境深深地影响着旅游景区的经营和发展。旅游景区环境质量的管理在很大程度上能提升旅游景区的竞争力。

5. 旅游景区日常经营与旅游者活动的管理

旅游景区的日常经营管理主要包括旅游景区售检票管理、咨询管理、导游活动管理、区内购物点的管理、区内餐饮店的管理、区内环卫清洁的管理和消防的管理等，它维系着旅游景区正常经营活动的开展。对旅游者活动的管理是一种与游客互动的管理，包括对游客的宣传教育、提醒提示服务、意外救援等，它需要游客的配合和理解，对游客的素质有较高的要求，通过对游客的诱导教育达到建设一个和谐、环保、安全的绿色旅游景区的目的。

6. 旅游资源的保护与设施的维修管理

旅游资源是旅游景区的核心组成部分，因此对旅游景区资源的保护显得尤为重要。旅游景区应该坚持在资源保护的前提下进行适当的旅游开发，促进资源保护与开发的统一。

旅游景区内的设施设备是构成旅游景区资源的重要元素，是旅游活动得以顺利开展的重要保障。它包括旅游景区的基础设施如道路、电路、通信、供给排水设施等，旅游景区的娱乐游憩设施如游乐场等，旅游景区的接待服务设施如区内商场等。对这些设施的维修管理是延长设施使用寿命、防止意外事故发生的需要。

7. 旅游景区财物及安全管理

旅游景区财物及安全管理的主要对象是游客，保障游客的人身财产及安全是旅游景区的重大职责，游客买票进入旅游景区，旅游景区就有义务提醒和保护游客的人身和财物安全。如果出现问题，必须按照一定的程序和规定予以处理，以保障游客的利益。如果游客的利益受损，旅游体验值就会下降，游客对旅游景区的满意度也会大大下跌。因此，旅游景区的财物及安全管理对于旅游景区来说也是非常重要的。

8. 旅游景区营销与公关管理

在市场竞争日趋激烈的今天，营销与公关管理关系到旅游景区的生存和发展。旅游景区要想成功地营销自己，就要全面调查和分析旅游市场，从而确定旅游景区的目标市场，针对目标市场进行旅游景区产品设计和经营决策，制定出有效的营销策略，适时促销旅游景区产品，及时有效地接受消费信息的反馈。

9. 旅游景区服务质量管理

旅游景区主要提供的是服务性产品，服务性产品的一大特点就是生产与消费的同步性，因此顾客消费产品过程中的感觉非常重要，这直接影响到游客是否会重游，是否心甘情愿为旅游景区作正面宣传。质量管理是旅游景区管理的中心，加强旅游景区质量管理不仅可以推动旅游景区工作人员的素质和产品质量的提高，而且可以提高旅游景区形象，增强对外竞争力，进一步推动旅游行业管理的全面深化和强化。

四、旅游景区管理的地位

（一）旅游景区的行业地位

旅游景区是旅游活动开展的主要空间场所，是促进旅游业发展的基础。旅游景区在旅游业中具有重要的地位和作用。

1. 旅游景区是旅游吸引的动力源

旅游景区中优美的环境、丰富的自然旅游资源和人文旅游资源是旅游吸引力的根本来源，是产生旅游活动的直接动因。旅游者选择旅游目的地，安排旅游行程，首先考虑的是旅游景区的类型、内容及其吸引力程度，之后才考虑交通及其他配套设施的完善程度。旅行社组织客源看旅游景区，很少有游客说是为了住一个饭店或坐交通车而到某一个城市的。从这个意义上说，旅游景区是旅游活动产生的吸引要素所在，是旅游业出现的前提。

2. 旅游景区是旅游产品的价值源

旅游业提供吃、住、行、游、购、娱等六大服务要素，旅游者通过花费一定费用、时间、精力和体力，购买这些服务而获得一段经历和体验，即得到一项旅游产品。旅游产品的组合成分中，游始终处于核心地位，有的旅游景区甚至提供吃、住、购、娱等其他服务。旅游景区的产品是旅行社业产品组合和销售的主体，是旅游者旅游体验形成的主要依托，其他产品往往是旅游景区产品的辅助。从这个意义上说，旅游景区提供的服务是旅游业六大要素中的核心要素，是旅游产品的主体成分。

3. 旅游景区是旅游产业的增长极

旅游产业是综合性的产业，而旅游景区和旅行社、旅游交通、旅游饭店构成了旅游产业的支柱。旅游景区是旅游活动的主要场所，旅游景区业是旅游业的核心。没有旅游景区，就没有旅游的发展。旅游景区业的发展壮大带动了旅游业其他相关企业的发展。由此可见，旅游景区毫无疑问是整个旅游业的核心，与其他旅游企业是相辅相成的关系，共同构成了旅游业产业体系。正因为如此，旅游景区的开发建设和经营管理就成了旅游产业扩张发展的着力点。

旅游景区是旅游消费的主要场所，它为游客提供游览娱乐服务，主要通过门票获取经济收益，是旅游业经济的重要来源。旅游景区作为旅游目的地，还可提供餐饮、住宿、疗养、购物等多种服务，大大增加了旅游收入，是地方旅游经济发展的重要增长极，在地方经济社会发展中发挥着重要作用。

4. 旅游景区是地区形象的承载体

一个地区旅游业的发展需要多个行业的配套。高星级饭店是地方接待服务能力的体现，而旅游景区是地方旅游形象的载体，是地区文明发展的一个重要窗口，还是地方历史文化的重要载体。一个好的旅游景区就是一张名片，向外界强烈展示着地区社会经济的市场影响力。如泰山对于泰安，张家界对于武陵源，庐山对于九江，香格里拉对于云南中甸等，这些景点无不是地区形象的代表。有的地方为了利用著名旅游景区促进地方经济发展，利用名山、名景展示地方形象而更名，如黄山市、香格里拉市等。特别是世界遗产地等世界级的旅游景区还是一个民族、一个国家的象征，如长城、故宫、泰山、秦始皇陵兵马俑等都是中华文明的缩影。

（二）旅游景区管理的学科地位

在旅游学科划分中，旅游景区管理是旅游学的一个组成部分。旅游学分为七个分支，其中旅游管理学是旅游学借鉴管理学的理论来研究旅游现象而产生的分支学科，又分为两个方向，即旅游行业管理和旅游企业管理。旅游行业管理是把旅游业作为一个独立的产业部门来进行管理，是政府和旅游行业组织对旅游事业的宏观管理。而旅游企业管理是微观的管理，涉及饭店管理、旅行社、旅游景区、旅游交通企业等相关企业。旅游企业管理主要包括旅游饭店管理、旅行社经营管理、旅游景区管理、旅游交通（企业）管理和娱乐企业管理[①]。旅游景区管理通过研究旅游景区的发生、发展及其运行规律，丰富旅游学科的知识内容，完善旅游学科的理论体系。

实践中，旅游景区管理离不开高素质人才，旅游教育界也逐渐意识到了旅游景区是旅游业的核心部分，需要旅游景区教育和研究的发展。在我国，旅游研究和旅游教育只有30 多年的历史。相对于那些成熟的专业，旅游管理专业还是一个比较新的专业。旅游景区管理作为旅游管理专业的一门核心专业课程而受到了重视。随着旅游景区管理教育和研究的不断推进，旅游景区管理课程的教学内容也在逐渐改进，高校教师在教学与科研活动中，对于教材的建设也是不断地创新，出现了多种版本的教材，还翻译引进了国外教材。相信在旅游学界的共同努力下，旅游景区管理的研究和教育工作将会得到不断完善。

---

① 傅云新. 旅游学概论. 广州：暨南大学出版社，2004

五、旅游景区管理的方法

旅游景区管理是一个实践问题，也是一个理论问题，需要通过理论研究，在具体的管理工作中去实践它。必须研究旅游景区管理的办法，加强旅游景区运作管理，以谋求旅游景区的持续发展。实际上，针对不同的旅游景区，在不同的情况下，可以采取不同的手段，只有具体情况具体分析，因势利导运用好相关措施，才能起到事半功倍的效果。理论上说，旅游景区管理的方法包括法律方法、行政方法、经济方法、宣传教育方法、旅游景区管理的社会心理方法、技术方法、咨询顾问方法等。

（一）法律方法

法律管理方法具有概括性、规范性和稳定性的特点，适用于处理带共性的、普遍性的问题。在旅游景区管理中，要依据国家和地方有关法律、法规、规章实施管理。在现代管理中，必须以法律手段为主，其他手段如经济手段和行政手段的运用必须在法律规定的宏观调控框架内进行。目前，我国与旅游景区管理相关的法律法规主要有《环境保护法》、《森林法》、《文物保护法》、《野生动物保护法》、《风景名胜区条例》、《自然保护区条例》、《旅游景区质量等级评定管理办法》、《水利旅游景区管理办法》、《森林公园管理办法》等。此外，各地方立法机构和人民政府根据国家法律、法规，结合地方实际制定了实施细则和地方性法规，如《广州市森林公园管理条例》等。这些是旅游景区管理的基本依据，旅游景区管理机构在管理中应当依据相关法规和具体实际，有针对性地强化行政监督和处罚力度。

（二）行政方法

行政性管理方法是旅游景区管理中最常见的方法之一。在全行业，行业主管部门设置了专门的管理职能，充分运用多种具体的行政手段，如行政许可、行政征收、行政监督、行政处罚、行政强制和行政给付等，对旅游景区行业实行统一规划和监督管理，加强对旅游资源和环境的保护。根据行政区划和行政级别，实施"分级管理"与"分域管理"，使管理的责权落到实处。行政管理一定要注意理顺管理体制，明确国有资源性资产的所有权和经营权的产权关系，以及经营性资产的所有权和经营权的产权关系，使管理的责、权、利明确到位。在旅游景区内部，通过明晰责权，使组织机构命令上传下达，提高管理的效果。

（三）经济方法

在旅游景区行业管理方面，政府通过建立健全的价格、税收、信贷、土地和政府采购等政策体系，通过经济手段引导旅游景区维护社会效益和环境效益。如在旅游景区的环境保护中，政府要充分考虑资源的稀缺性和环境成本，通过价格调节实施有利于环保的监管。通过税收政策的改革在旅游中反映出资源环境的稀缺性，可以影响旅游景区的收费，进而影响游客开展低碳消费和节约消费，引导旅游景区改进服务流程，从而在消费和生产两个环节依靠经济手段达到保护资源环境的目的。

在旅游景区内部，通过实施有效的福利、奖励，利用经济手段引导员工按照要求实施管理，提高整体服务质量。对游客亦可采用经济手段，通过奖励或者罚款等途径鼓励他们开展有利于旅游景区和整个社会的旅游活动。

（四）宣传教育方法

旅游景区管理，特别是其中的旅游资源保护、环境卫生管理及设施设备管理，需要广大游客及当地居民参与。这就要求旅游景区管理机构利用各种宣传途径和方式加强宣传保护旅游资源、环境、设施设备的重要性，培养大众自觉参与其中的意识；进行管理知识的宣传教育，推广有关管理技术，使当地居民和游客都知道如何有效参与，并在自己的言行中实施。同时还要充分发挥新闻媒体和社会各界的舆论监督作用，不断提高管理能力，强化旅游景区管理。

宣传教育还包括对旅游景区管理人员素质的教育培训。开展管理人员的岗位培训，特别是要加强景区保护知识与专业技能教育，改善和提高管理人员的综合素质，使之更加有效地开展旅游景区的管理工作。

（五）技术方法

旅游景区的管理需要现代技术的支持，需要利用技术手段监测与分析旅游景区的情况。保护旅游景区的环境与资源要利用现代科技手段，针对不同类型的旅游资源、设施设备采取相应的技术措施。如科学保护和修缮历史古建筑，确保其持续利用；科学监测和合理培育、保护旅游景区的景物、水体、林草植被和地形地貌；应用生物技术保护野生动物，保护古树名木；运用驱赶技术避免鸟类对古建筑的危害。总之，在旅游景区管理中应用现代科学技术是必由之路。

【本章小结】

旅游景区是以旅游资源或一定的景观、设施为依托，开展参观游览、娱乐休闲、康体健身、科学考察、文化教育等活动和提供旅游服务的场所。旅游景区根据旅游景区资源吸引力和保护的级别进行分级管理。旅游景区管理具有内容的综合性、形式的服务性、内涵的文化性、时间的动态性、目标的永续性等特点。旅游景区管理包括旅游景区的经营战略管理与质量管理、产品管理、形象与营销管理、节庆演艺管理、效益管理、人力资源管理、资源与设备管理、环境与卫生管理、安全管理及旅游景区开发建设管理等基本内容。针对不同的旅游景区、在不同的情况下，可以采取法律方法、行政方法、经济方法、宣传教育方法和技术方法等不同的手段实施管理。

【拓展阅读】

我国各地方旅游景区的现状与趋势

一、全国旅游景区的现状

目前，全国旅游景区大约有 20 000 家，分为四种类型：

第一类是自然类的旅游景区，即以名山大川、江河湖海为代表，自然类旅游景区大体上占 60%。现在人们热衷生态旅游，讲究回归大自然，所以自然类旅游景区这几年升温很快。

第二类是人文类的旅游景区，即以古建筑为主体的人文类旅游景区，典型的代表就是故宫、颐和园、八达岭。寺庙现在也逐渐兴旺起来了，除了门票之外，香火钱、功德钱也不少，使各地兴起了建寺庙的热情。

第三类是主题公园类景区。主题公园类在我国的发展一波三折，最早是 1984 年河北正定兴建了一座西游记宫，投资 200 万仅 3 个月就收回了投资。就此全国开始大兴西游记宫热，一开始都赚了钱，但后来的都亏了。真正具有标志性意义的是 1989 年深圳的锦绣中华开业，再加上后来的民族文化村、世界之窗，在全国掀起了主题公园建设的热潮。现在全国投资一亿元以上的主题公园类一共有 300 多个，大多数是亏损的。

第四类是社会类的旅游景区。传统的旅游景区首先要有一个围墙把它围起来，其次要有相应的传统资源，但是社会类的旅游景区应该说远远超越了这个概念，比较典型的有工业旅游、观光农业、采摘林业、观赏林业、休闲渔业等。这些项目既是一个可以去参观的地方，又是一个可以去玩的地方，还是一个可以吃可以住的地方，所以社会类的旅游景区非常综合，独具特色，如北大一年可接待 30 万人。

现在这四大类各有各的特点，也可以说各自处在不同的发展阶段。

从经营情况来看，国家旅游局作了一次调查，抽查了 568 家旅游景区。其中，自然类的旅游景区 362 处，文物类的旅游景区 116 处，主题类的旅游景区 90 处。按照经济类型划分，国有及国有参股的企业 421 家，比重非常之高，集体企业 77 家，私营企业 22 家，外商企业 25 家。按照盈亏类型来划分，盈利企业占 70%，亏损企业占 30%。从旅游行业的其他方面来比较，现在饭店行业盈利企业占 30%，亏损企业占 70%；旅行社行业盈利企业占 50%，亏损企业占 50%，所以说旅游景区的盈利水平还是很高的。从资产状况来说，平均每一个旅游景区的资产总额为 2 968 万元，当然很多资产现在无法计算，如故宫和黄山。从发展的角度看，2001 年比 2000 年资产总额增长了 16.5%，其中自然类的旅游景区增长了 20%，文物类的增长了 23%，主题类的旅游景区增长了 7%。从负债情况来看，旅游景区的资产负债率为 50%，而国有工业企业的平均资产负债率是 70%，旅游饭店的资产负债率是 80%，旅行社的资产负债率比较低，和旅游景区的水平差不多。

从经营情况里可以得出几个结论：一是中国的旅游景区现在是以公有制为主体；二是资产状况不错，所有者权益的情况也不错；三是营业收益增长率非常之快，且收入增长与利润增长同步。这反映了旅游景区处在发展之中，但是还不成熟。

二、市场化的态势

（1）从供给方面来分析，一是旅游景区点数量急剧增加，现在 20 000 多家县级以上的旅游景区很可能在三五年之内就翻了番；二是质量的提升，产生了一批旅游精品，如主题类的深圳华侨城、文物类的北京一段，自然类的黄山、峨眉山，出现了一批领袖型的企业；三是创新发展，一方面经营主体在追求民族化、地方化、差异化，另一方面从服务设施、服务体系形成的综合服务质量来说是追求国际化、现代化、标准化。

（2）从需求角度来分析同样如此。一方面是需求总量的增长，很重要的原因就是假日旅游的冲击。另一方面是需求在分流，大体表现在三个方面：一是产品分流，观光需求之外度假需求和特种旅游需求也在逐步产生；二是区域分流，其一是以公务出访、商务出访名义的出国游，其二是区域之间的分流；三是区域内的分流。

（3）旅游景区面临的挑战。从挑战的角度来看，一是市场发生了根本性的转化，卖方市场转为买方市场；二是我国加入世界贸易组织，市场化的资金和体制大规模进入，在一定程度上挑战了现在的垄断经营；三是产品创新在不断发生，挑战现在单一观光产品的模式；四是人文化的发展挑战传统服务。

三、市场化的发展

市场化的发展涉及方方面面，在此只谈几个主要竞争。

第一个竞争就是价格竞争。价格竞争有两种趋势，第一种趋势就是现在还具有相对垄断性的这些旅游景区在涨价；第二种趋势就是降价，而且这种趋势很快会演变成一个恶性降价竞争的趋势，这种恶性降价竞争目前主要体现在给旅行社回扣。

第二个竞争就是质量竞争。在竞争到发展到一定时期自然而然会有一批企业认为价格竞争不是出路，恶性降价竞争更是死路一条，所以会有一批领袖型的企业靠树立质量形象来开拓市场。

第三个竞争就是文化竞争。对旅游而言，文化是旅游之魂，环境是旅游之本。环境从旅游的角度来说也是一个大文化的概念，所以这种文化竞争说到底就是特色，就是差异。

资料来源：根据"中国旅游专家论坛"中魏小安的《各地方旅游景区的现状与趋势》一文整理而成

问题：

1. 我国旅游景区可分为哪四类？各自的发展现状怎样？
2. 我国旅游景区市场化的态势如何？

【思考与练习】

1. 试述旅游景区的基本概念体系。
2. 旅游景区形成的条件有哪些？
3. 简述旅游景区的等级划分与管理机制。
4. 探讨旅游景区的分类体系。
5. 论述旅游景区经营管理的内容、特点、任务与方法。

第二章　旅游景区开发建设管理

【学习目的】

通过本章的学习，了解旅游景区开发的基本指导思想和主要开发模式，对旅游景区可行性研究有一个全面的认识，掌握旅游景区规划的相关概念、思想和基本内容，从宏观上把握旅游景区开发建设管理的内容。

【学习要点】

1. 旅游景区开发的基本思想和主要模式
2. 旅游景区开发建设的基本程序
3. 旅游景区开发可行性研究的目的和内容
4. 旅游景区规划的概念和内容
5. 旅游景区开发建设管理的内容

【关键词】

旅游景区开发　可行性研究　旅游景区规划　旅游景区管理

旅游景区的管理包括行业管理和企业管理，本书主要从企业管理角度介绍旅游景区管理。从时间上说，旅游景区的管理包括前期的旅游景区开发建设管理和经营运作管理。本章论述旅游景区开发建设管理的基本知识。

第一节　旅游景区开发建设思想和模式

一、旅游景区开发模式与开发思想的演变

区域旅游开发就是通过对旅游资源与市场的优化配置，为旅游者塑造美好的经历，为开发商创造良好的经济效益，以此来促进旅游地经济、社会的发展和保护自然环境（邹统钎，1999）。旅游景区生产和销售的产品就是提供给旅游者的一种经历，它是旅游主体（游客）和旅游客体（旅游吸引物、旅游设施、旅游服务和服务人员）角色互动的产物。旅游开发的关键是如何将旅游资源与旅游市场进行优化配置。因此，旅游景区的发展受制于旅游资源的开发程度和旅游市场的开发规模，而旅游资源开发和旅游市场拓展又必须以游客时空动态规律为重要依据。旅游景区的发展不仅要从资源供给、产品设计方面进行研

究，更要从旅游市场的需求方面进行探讨。纵观世界旅游开发的发展历程，大体经历了资源导向型、市场导向型、产品导向型与体验导向型模式等阶段，体现了大众旅游开发思想、可持续旅游开发思想和体验旅游开发思想等旅游开发的思想①。

1. 大众旅游开发思想

大众旅游缘于 20 世纪下半叶，由于旅行成本的降低、生活水平的提高、交通技术的改进和度假产品的开发而带来了大规模的客流。在大众旅游的发展浪潮中，资源导向型模式得到了极大的体现。

资源导向型模式是以资源为核心，其开发的根本依据是所拥有的资源，不考虑旅游市场的需求。这种模式产生于景区旅游开发与规划的早期。在这种模式的指导下，开发者对景区旅游资源的特征和价值研究得非常详尽，其工作着眼点在于旅游资源，依据资源特点决定开发的旅游产品的类型。这种模式在旅游产品供不应求、旅游发展初期的景区开发时起到了很大的指导作用。但由于对市场、政策、开发配套条件等方面的考虑相对较少，在买方市场的背景下，这种模式有很大的弊端，是一种一厢情愿的景区开发哲学。总体而言，资源导向型旅游景区开发模式的基本思想是以景区资源分析为出发点，景区发展的各种因素都来自景区本身，即旅游供给的一方，最终的规划结论主要以景区旅游资源为中心、主体、导向而推演决定。因此，这一阶段的旅游开发被称为资源导向的旅游开发。

随着旅游业的进一步发展，各地都迫切意识到发展旅游业的必要性。一些地区凭借区位和客源优势人工创造旅游吸引物获得了成功，这使人们开始思考：区域旅游开发和规划真的必须从旅游资源出发吗？另一方面，市场经济的发展大大提高了人们的市场意识，旅游景区需要新的开发模式，市场导向型模式应运而生。市场导向型模式是根据旅游市场的需求进行开发的。这种模式产生于景区旅游开发与规划的发展时期。其基本思路可概括为：从市场分析出发，针对市场需求，对旅游资源进行筛选、加工或再创造，然后设计、制作、组合成适销对路的旅游产品，并将其推向市场，其基本模式为"市场—资源—产品—市场"。市场导向型模式强调旅游景区开发与规划要以市场研究为核心，以市场的需求分析为前提，相对于资源导向型而言，这种模式有很大的进步。

然而，并非所有的景区旅游开发都能做到以市场为导向。一方面，目前有些景区规划往往不以市场导向为标签，在对旅游资源进行评估、分析时，仍然就资源论资源，缺乏对旅游资源的市场价值的评估，旅游开发的市场导向名不符实；另一方面，大多数的景区在开发过程中对旅游市场的分析过于概念化和简单化，缺乏对旅游市场的细分和市场定位研究，或片面地从市场经济的角度去考虑景点的开发，导致景区环境恶化、社会文化变质等。

但是，市场导向型的旅游景区开发模式扩展了人们对旅游资源的认识。特别是人工旅游景点开发所获得的高经济效益，使人们意识到即使不具备传统风景与人文资源优势的地区，通过策划和开发适应市场需求的旅游产品，也能够获得从无到有的旅游收益，从而发展为重要旅游目的地。

2. 可持续旅游开发思想

可持续发展问题的研究始于 1962 年美国人卡尔逊《寂静的春天》一书的出版。经过

①　邹统钎．旅游景区开发与管理．北京：清华大学出版社，2004

20 多年的研究，至 1987 年联合国世界环境与发展委员会在其著名的"布伦特兰报告"中正式提出"可持续发展"这一概念，可持续发展作为一种新的发展观最终形成。旅游业的生存和发展既依赖环境，又可能破坏环境。这一事实迫使人们不得不认真思考旅游业长期发展的途径，以获得持续的经济和非经济利益。从旅游业对自然环境和文化遗产的依赖来看，旅游业是最需要贯彻可持续发展思想的领域，也是在可持续发展方面直接受益最为明显的产业。

1990 年在加拿大召开的 Globe '90 世界大会发布的文件《可持续旅游发展行动战略》，对可持续旅游发展概念作了阐述，即"可持续旅游发展是在保持和增强未来发展机会的同时，满足外来游客和旅游接待地区当地居民的需要，在旅游发展中维护公平，使人们在保护文化的完整性、基本生态过程、生物多样性和生命维持系统的同时，完成经济、社会和审美的需要"。其实质在于要求旅游的发展应当实现与自然、社会、文化及生态环境的协调，在保持和增进旅游业发展的同时，使当代人和后代人以及外来旅游者和接待地区居民的需要都能得到同等的满足。其核心是要求旅游的发展应该强调公平性，包括同代人之间的公平和代际之间的公平。在可持续发展旅游景区开发建设思想的指导下，产品导向型模式开始出现。

产品导向型模式认为旅游景区开发规划的目的是创造可持续发展的旅游产品。其主要工作就是从分析、研究市场出发，对市场进行细分，确定目标市场，针对目标市场，对区域旅游资源进行筛选、加工或再创造，设计、制作、组合成适销对路的旅游产品，并通过各种营销手段推向市场。即根据市场"导"资源，让资源的筛选、加工、再创造与市场需求相符，让资源与市场对接。产品导向型的旅游景区开发模式的基本思想是针对市场需求对旅游资源进行评估、筛选和加工，然后设计、制作、组合成适销对路的旅游产品，并推向市场。这就是"市场—资源—产品—市场"循环发展的规划思路。这种模式产生于景区旅游开发与规划的成熟发展时期。产品导向型模式是从景区旅游资源状况和开发现状出发，规划开发出富有本地特色的旅游产品，并引导旅游者进行消费的一种开发模式。该模式与市场导向模式相比更具主动性，偏重旅游项目和产品的创意设计，其开发规划思路就是"市场—资源"相结合。

3. 体验旅游开发思想

体验旅游开发思想产生于体验经济时代。约瑟夫·派恩（B. Joseph Pine）与詹姆斯·吉尔摩（James H. Gilmore）在 *Welcome to the Experience Economy* 一书中指出：体验经济（Experience Economy）是继农业经济、工业经济、服务经济之后的第四个经济发展阶段。所谓体验经济是指企业以服务为舞台，以商品为道具，以消费者为中心，为消费者创造出值得回忆的感受。体验经济开发思路认为，在体验经济时代，获得旅游体验是游客的根本追求，旅游投资者提供的景区产品是为了满足游客的体验需求。只有游客在景区获得了难忘的经历，投资的旅游设施、娱乐项目才能实现其价值。旅游景区开发的实质是围绕游客的体验需求，设计、开发相应旅游产品，体验开发模式应运而生。

这种开发模式首先是细分市场和确定目标市场，进行个性化体验设计。在旅游市场中，不同年龄、不同职业的旅游者对旅游产品的功能、特点需求也不同，未来的旅游业要想获得发展，必须根据对不同体验主题的认可程度将旅游总体市场细分成若干不同需求特征的市场。根据不同细分市场的特征、竞争环境、旅游企业自身的竞争能力和提供体验式旅游产品的难易程度，选择一个或多个细分市场作为目标市场，并根据这些细分市场需求建设成为一个或多个体验式旅游景区，以便为其提供专业化的旅游服务。其次是加强旅游体验产品的开发。游客的最优体验是旅游活动产生的快乐。过去的游客是向往大自然的、缺乏经验的大众消费者，标准化的旅游产品就能够满足他们的需求。但体验是旅游主体（旅游者）与客体（旅游吸引物、设施、服务）角色互动的产物。对于进行体验旅游的游客而言，旅游产品是旅游者出游一次所获得的全部体验。在以市场为导向的理念指导下，旅游产品并不仅仅是旅游项目这样单一的概念，而是一个包含旅游的吃、住、行、游、购、娱等甚至包括旅游从业人员的服务质量和当地居民对旅游者态度等多种影响旅游者旅游经历质量的全部要素的一个复合概念。当然，在旅游产品中，旅游项目是核心。而旅游项目策划的核心是致力于有效地组织各种资源为旅游者创造某种特殊的体验。但是，体验经济时代的旅游者寻求个性化的服务、灵活性、更多的冒险与多种选择。他们追求真实与差异，从逃避走向自我实现。这样的需求特点迫使旅游企业必须加强旅游体验产品的开发力度和深度，为旅游者提供量身定做的产品和服务，从而满足不同旅游市场的旅游需求。

总之，以游客体验为中心，构建一个不断更新、丰富多样的游客体验系统是景区开发的新模式。通过旅游体验主题化、多样化，变化同一资源的体验方式和体验层次，创造出不同的体验效果，给游客留下难忘的经历和感受，使景区获得可持续发展。这种模式其实是资源导向、市场导向与产品导向型开发模式的综合和创新。

体验导向型景区开发的步骤如下：提炼体验主题——策划体验项目——营造体验的氛围——设计体验意境——形成体验方案。

总的来说，资源导向型、市场导向型、产品导向型与体验导向型模式是景区旅游开发与规划发展过程中不断演化的规划理念，它们是逐步演进、不断成熟和发展的。表2-1对这四种开发模式作了总结。

表2-1 旅游景区四种开发模式

开发模式 比较项目	资源导向型	市场导向型	产品导向型	体验导向型
关注焦点	旅游资源	旅游市场	旅游产品	旅游体验
社会背景	旅游还没有成为人们生活中的重要组成部分	旅游已经成为人们生活中的重要组成部分	旅游成为人们休闲活动的首选方式	旅游成为一种生活体验
主要思想	有什么资源就开发什么	市场需要什么就开发什么	创造可持续的旅游产品	为游客创造旅游体验
学科基础	地理学	地理学、市场学	地理学、市场学、系统科学	地理学、市场学、心理学、系统科学、工程学
研究方法	定性方法	定性和定量方法	系统工程方法	综合的方法
发展阶段	起步阶段	初步发展阶段	成熟发展阶段	成熟阶段

二、不同管理体制下旅游景区的开发模式

（一）政府主导体制下的旅游景区开发建设模式

一般而言，风景名胜区、森林公园、自然保护区、考古遗址、历史建筑、乡村公园、博物馆和美术馆等类型的旅游景区由政府主导管理。开发建设首要考虑的因素是环境保护，其次是考虑教育、为公众提供公共旅游场所、增加社区居民的休闲机会和收入、游客管理以及推动旅游的发展。

在旅游景区开发建设中，政府一般从观念、政策、法制、规划、资金和社会等六个方面进行引导。具体而言，观念是指当地社区人民的观念，让社区人民相信开发旅游有助于社区的进步，这是旅游景区开发的基础和前提；在政策领域，政府通过制定科学可行的政策支持旅游景区的开发建设；在法制方面，政府主要是致力于法规的制定和完善工作，并依法实施管理，营造法制环境；在规划方面，政府主要是制定和完善全区的旅游发展规划，通过科学可行的规划制定和执行来避免旅游景区开发建设中的盲目性；在资金方面，主要是对重点开发的旅游景区提供资金，为旅游景区提供交通等基础设施，开展政府营销，提高知名度等；在社会方面的作为主要是营造健康向上的旅游发展氛围，合理开发利用资源以及政府主导的旅游扶贫。

政府主导的旅游开发模式优劣势并存。优势表现在以下几个方面：

（1）有利于旅游景区资源开发权威决策的制定。对于任何一个景区而言，旅游资源的开发必须保持生态环境的良好状态，同时应该与当地城市的总体规划保持一致，遵循局部服从整体的原则，实现合理规划与开发。因此，政府主导有利于政府对资源开发形式、开发时间、开发力度等作出权威决策。

（2）有利于协调部门与行业之间的关系。在部门之间存在着冲突和矛盾属于正常情况，然而调解好他们之间（如土地权属）的纠纷是政府职能部门能够而且必须做到的。政府只有解决和协调好部门、行业之间的关系，才能为旅游业的发展创造良好的环境，为旅游者提供更好的旅游空间。

（3）有利于社会价值的体现。政府管理对于一个景区而言，更意味着公众利益的价值取向，符合更广大人民的利益和需求。道路交通是衡量一个景区未来发展前景的一个标志，政府可以直接对景区的基础设施建设进行投资，改善景区和外界的可达性条件，缩减旅游者与目的地之间的空间距离，在一定程度上也缩小了景区与旅游者之间的心理距离，能够争取更大的旅游市场。

（4）有利于旅游景区的管理者素质的提高。旅游景区的管理者是由政府有关部门委任或指派的，因此管理者必须有较高的管理能力和水平，同时必须具备相关的专业知识才能领导和组织景区内的员工发挥团体的合力为旅游业的发展共同努力，并使自己在工作实践中不断地提高素质。

政府主导的旅游开发模式的劣势主要有以下几个方面：

（1）可能导致管理上的漏洞或脱节。由于旅游管理的法律制度并不健全和完善，因此可能引发管理者职权范围的纠纷，出现重复管理和管理真空的现象。管理者只能是按章办事、按规操作，没有一定的灵活性，以致在某些环节上脱节，如景区内外间的卫生和土

地利益的管理。

（2）可能混淆旅游景区的管理和经营。管理权和经营权相互交织，政府部门难以将二者的主次和轻重分清，甚至有可能造成不必要的矛盾和纠纷，而这种矛盾和纠纷却来自对旅游景区开发和发展的认知冲突，因此并不利于景区的综合发展。

（3）导致投资主体单一。政府引进的投资者大多是政府本身和少数大公司或民营企业，还有银行贷款，但投资意向多为景区的基础设施建设或景区的整体规划，不能突出投资者的某些想法或观点，这在一定程度上抑制了投资者的创新意识，不能体现景区的特色内涵。

（4）极少数管理者可能凭主观意志办事。一些管理者往往只注重个人利益和其任期内的眼前利益，或者好大喜功，在项目引进与管理中凭个人主观意志办事，给旅游景区的发展造成不良影响。

（二）企业主导体制下的旅游景区开发建设模式

在企业主导下，旅游景区的类型一般有主题公园、动物园、度假地、娱乐型及休闲购物型景区。企业考虑的主要因素是利润，而娱乐是次要因素，企业所希望的是游客数量、市场份额最大化及成功开拓新市场等。

在企业主导管理体制下，旅游景区的开发建设模式有以下几种形式：

1. 整体租赁经营模式

整体租赁经营模式的特点是，旅游景区实行企业型管理，其经营主体是民营企业或民营资本占绝对主导的股份制企业。在这一模式中，旅游景区的所有权与经营权分离，开发权与保护权统一。景区的所有权代表是当地政府，民营企业以整体租赁的形式获得景区若干年的独家经营权；旅游景区经营企业在其租赁经营期内，既负责旅游景区资源与环境的开发，又对旅游景区资源与环境的保护负有当然责任。国内采取这种模式的旅游景区有四川的碧峰峡、海螺沟景区，重庆的芙蓉洞、金刀峡景区和广西的阳朔世外桃源景区等。

2. 非上市股份制企业经营模式

非上市股份制企业经营模式的特点是，旅游景区实行企业型管理，其经营主体是未上市的股份制企业，包括国有股份制企业和国有与非国有参与的混合股份制企业。在这一模式中，旅游景区的所有权与经营权分离，但资源开发权与保护权统一。旅游景区的所有权代表是作为政府派出机构的景区管理委员会等，旅游景区的经营由政府委托给股份制企业；旅游景区经营企业既负责旅游景区资源的开发，又负责旅游景区资源与环境的保护。国内采取这种模式的旅游景区有浙江绍兴柯岩景区、桐庐瑶琳仙境景区，山东青岛琅琊台景区、曲阜"三孔"景区等。

3. 上市股份制企业经营模式

上市股份制企业经营模式的特点是，旅游景区实行企业型管理，其经营主体是股份制上市公司。在这一模式中，景区的所有权与经营权、资源开发权与保护权完全分离。地方政府设立景区管理委员会，作为政府的派出机构负责对景区进行统一管理。景区的所有权代表是景区管理委员会，经营权通过缴纳景区专营权费由景区管理委员会直接委托给上市公司长期垄断；景区管理委员会负责旅游资源与环境的保护，上市公司负责旅游资源的开发利用。国内采取这种模式的景区有安徽黄山景区和四川峨眉山景区等。

4. 隶属国有企业集团的整合开发经营模式

隶属国有企业集团的整合开发经营模式的特点是，旅游景区实行企业型管理，其经营主体是国有全资企业，但隶属于当地政府的国有公司。这些旅游景区均由国有的旅游景区公司负责经营。在这一模式中，旅游景区的所有权与经营权分离，但资源开发权与保护权统一。旅游景区的所有权代表是政府，旅游经营权由国有全资的景区经营企业掌管；旅游景区经营企业既负责景区资源与环境的开发，又负责旅游景区资源的保护。这一模式的优势是能够按照旅游市场的需求，全面整合各旅游景区的资源，通过整合开发全面促进当地旅游景区的发展。国内采取这种模式的旅游景区有陕西华清池景区、华山景区，海南天涯海角景区和广西桂林七星岩公园景区等。

企业主导模式下，旅游景区的开发建设同样是利弊并存。

企业主导模式的优势如下：

（1）政企分开给经营者提供了更大的创新空间。除了在总体上要服从大局，经营项目的具体决策和操作完全由经营者自行运作，对于经营者而言，有了更好的创新环境，在项目的开发主题、特色等方面基本上能按照其本身的意图来施行，使旅游服务项目更具个性，能够显现自身特色以吸引旅游者。

（2）有利于经营管理者充分发挥自己的才能。个体经营管理，对于高层管理者而言，必须具有相当高的知识水平和业务才智，当然还要有一定的管理能力，否则，个体经营者将会被市场淘汰。正因为这种不稳定性才使得管理者必须人尽其才，为企业的发展尽职尽责，从而达到获得经济利益的最终目的。

（3）对于政府本身而言，这是一举两得之作。除了不用参与具体的经营事务管理外，还可以得到较大的利益回报。一个旅游景区发展起来了，必将带动其他相关行业的提升，也为地方的社会经济发展奠定了良好的基础。

（4）有利于扩大就业，减轻社会压力。个体经营管理的旅游景区不仅可以按照经营者的构思布局建设，而且能够增加就业机会。这种就业的社会性更明显，因为景区的人员安排并不受政府部门控制，企业可以依据自己的发展需要招聘人才。

企业主导模式的劣势如下：

（1）可能会在一定程度上忽视社会公众利益。对于商人而言，他们首要考虑的是自己的投资项目能否取得高额回报，投资求取的主要目的是经济利益，而社会效益是次要的，因此具体的规划和项目开发不可能完全与整体或公众利益相符合，甚至会影响到公众利益，如有的开发影响了生态环境。

（2）可能造成基层服务人员素质相对较低。由于个体经营管理的企业，人员结构较为复杂，因此往往不便于管理，在没有有效和可行的法律法规制度下，会给管理造成一定的难度。整个企业除了高层管理者素质较高外，一般的服务工作人员及中层管理者的知识与业务水平都较低，在一定程度上会制约企业的发展。

（3）容易造成旅游景区周围居民心理逆差。旅游景区内的经济繁荣直接影响到旅游景区周围的居民经济意识，然而旅游景区周围一般是贫困地区，如果他们不能从景区开发中获得一定收益，就容易造成心理逆差，从而对旅游景区产生反感。

第二节　旅游景区开发建设的程序

旅游景区项目开发有一个基本过程。旅游景区的管理者、投资者有必要了解旅游景区项目开发建设的程序，明确每一个阶段的任务及要达到的目标。这里主要介绍我国旅游景区开发建设的程序，因管理体制改革及其他原因，这些程序也是在变化的。[①]

一、策划规划阶段

策划规划阶段所要做的工作包括开发项目的策划论证、总体规划的编制和详细规划的编制等。

1. 开发项目的策划论证

开发项目的策划论证是旅游景区项目提出者进行的基础工作，不属于国家规定范围，属于市场行为。策划阶段的主要任务是对旅游景区项目的开发方向及主要内容进行思路性创意，以达到对项目用地的最佳利用效果，即对项目用地所处的态势及优劣势进行评估，确定项目建设方向。

策划论证阶段所要做的工作包括：一是选址。首先确定旅游景区建设的区位，明确使用的土地范围。其次是对开发项目进行调查和市场定位。由于旅游市场的特殊性，决定了它与其他行业的市场不同，必须对旅游市场进行专业的调查与研究。二是在市场定位研究的基础上，对旅游景区的文化定位进行研究。文化是旅游景区发展的灵魂，文化产品的挖掘和展示方法是策划的核心。三是进行旅游产品的定位。根据市场的需求和旅游市场发展的趋势，以及对自然旅游资源、人文旅游资源的研究，来确定旅游产品的定位。四是在这些基础研究之后，确定景区的旅游形象，确定旅游形象的展示系统。五是根据前面的研究，提出旅游景区营销的基本思路。实际上，这些过程是相互依存、相互制约的，必须综合分析这些问题。

开发项目策划论证的目的是明确项目的定位，使项目开发有科学的依据，减少盲目性和投资风险；同时，通过这些基础工作来指导总体规划、详细规划的编制。

2. 总体规划的编制

在开发、建设之前，原则上需要编制旅游景区的总体规划，以达到旅游景区项目开发与地区旅游以及其他相关发展规划相协调。旅游景区总体规划的期限一般为 10～20 年，还要根据需要对项目用地的远景作出轮廓性的安排。对于旅游景区项目用地近期的开发布局和主要建设项目亦应作出近期行动规划，期限一般为 3～5 年。通过对项目用地的总体规划，确定旅游景区项目的定性定位、功能布局、配套设施和分期建设等，成为指导详细规划的法规性文本。

3. 详细规划的编制

在旅游景区总体规划的指导下，为了近期开发建设的需要，编制详细规划。详细规划

---

① 杨振之. 旅游景区开发的基本建设程序及技术内容. 中国旅游报，2006 - 06 - 20

分为控制性详细规划阶段和修建性详细规划阶段。

旅游景区控制性详细规划的主要任务是以总体规划为依据，详细规定区内建设用地的各项控制指标和其他规划管理要求，为区内一切开发建设活动提供指导。

旅游景区修建性详细规划的主要任务是在总体规划或控制性详细规划的基础上进一步深化和细化，用以指导各项建筑和工程设施的设计和施工。

另外，按我国法律规定，风景名胜区的总体规划和详细规划的编制单位应具有相应等级的城市规划编制资质；旅游景区项目的建设性详细规划的报批必须报政府的建设职能部门审批。

二、决策阶段

决策阶段所要做的工作包括编写项目建议书、编制可行性研究报告并立项，然后进入项目准备和实施阶段。

1. 编写项目建议书

项目建议书是指申请建设某一具体项目的建议文件，是基本建设程序中最初阶段的工作，是投资决策前对拟建项目的轮廓设想。项目建议书的内容是对拟建设项目进行推荐性初步说明，论述项目建设的必要性、条件的可行性和获得的可能性，以供项目管理部门进行选择，并确定是否进行下一步的工作。

项目建议书报经有审批权限的部门批准后，才可以进行可行性研究工作，但并不表明项目非上不可，项目建议书不是项目的最终决策。

项目建议书的审批程序如下：首先，项目建议书由项目建设单位通过其主管部门报行业归口主管部门，行业归口主管部门提出项目审查意见，并主要从资金来源、建设布局、资源合理利用、经济合理性、技术可行性等方面进行初审。目前，我国风景名胜区行业归口主管部门是建设管理部门，森林公园归口主管部门是林业管理部门，自然保护区归口主管部门是环保部门，一般风景旅游景区、度假区、主题公园等归口主管部门是旅游管理部门。然后，发改委（局）参考行业归口主管部门的意见，并根据国家规定的分级审批权限负责审、报批。凡行业归口主管部门初审未通过的项目，发改委不予审、报批。

2. 编制可行性研究报告并立项

（1）开展可行性研究。旅游景区开发项目建议书一经批准，即可着手进行可行性研究。可行性研究需要对项目建设到经营的全过程进行考察分析，评价其可行性，它是项目建设前期工作中最重要的内容，其目的是回答项目是否有必要建设，是否可能建设和如何进行建设的问题，其结论为投资者的最终决策提供直接的依据。因此，凡大中型项目及国家有要求的项目都要进行可行性研究，其他项目有条件的话也要进行可行性研究。

（2）编制可行性研究报告。可行性研究报告是确定建设项目、编制设计文件和项目最终决策的重要依据。要求编制的可行性研究报告必须具备相当的深度和准确性。可行性研究报告将成为旅游景区项目立项和融资的重要依据。承担可行性研究报告编制的单位必须是经过资格审定的规划、设计和工程咨询单位，要有承担相应项目的资质条件。

（3）项目的立项批文。可行性研究报告完成后，进入项目的立项批文阶段。立项报批后，必须在相应部文批文后方可进行后续操作。然后编制设计计划任务书，报相关职能部门审批。

3. 项目准备和实施阶段

经过项目立项报批之后，旅游景区开发项目进入准备和实施阶段。

根据规定，在准备阶段应按照用地基本需要和特殊用途对用地进行工程地质勘察，对建设项目进行初步设计、施工图设计、编制工程预算。进入实施阶段后，要办理建设用地许可证，办理建设工程规划许可证并进行建设项目的招投标管理、领取建筑工程施工许可证，进行施工、监理、竣工验收和项目后评价等。

通过以上开发建设程序，一个旅游景区项目的开发建设才得以完成。应该说，每一个程序都应依照相关法律法规的规定进行，国家职能部门也是依据法律法规来实施管理的，因其中涉及政府的多个职能部门，并要对多个文本、方案进行编制，所以政府职能部门应该对编制单位实行严格的资质管理。旅游景区项目的开发建设工作应该严格按程序进行，必须严格遵循相关的技术规范和标准要求。

第三节　旅游景区开发的可行性研究

一、可行性研究的概念

所谓可行性研究是指在项目投资决策之前对该项目进行的评估，从而确定该项目是否可行的一系列相关市场调查分析和预测活动。即在投资决策前，需要调查、研究与拟建设项目有关的自然、社会、经济、工程技术资料，分析、比较可能的投资建设方案和技术方案，预测、评价项目建成后的社会、经济、环境效益，并在此基础上，综合该项目投资建设的必要性、财务方面的盈利性、经济方面的合理性、技术方面的先进性和适用性，以及开发条件方面的可能性和可行性，从而为投资决策提供科学依据。

二、可行性研究的种类

可行性研究分为投资机会研究、初步可行性研究和具体可行性研究，这三种不同深度和精度的可行性研究反映出可行性研究的三个阶段。根据旅游景区投资项目的投资量和重要程度，其可行性研究深度可作选择。

1. 投资机会研究

投资机会研究又称投资机会确定，指在一个地区或者部门内，在利用现有旅游资源的基础上所进行的寻找最有利的投资机会的分析。

投资机会研究的主要目的是为旅游景区投资项目提出建议，它不需要对具体的数值加以详细计算，只是根据已有的数据分析市场潜力、竞争形势等初步内容。这样的研究是必须的，因为每个项目都需要明确是否有必要进行投资、是否存在潜在的机会、是否值得深入探究。

2. 初步可行性研究

初步可行性研究也称为可行性研究，是正式的详细可行性研究前的准备性研究阶段。它是指在进行投资机会分析的基础上，对旅游景区项目开发建设的可行性进行的深一步研究。

初步可行性研究的主要目的是对市场容量进行详细的考察、对经济状况进行分析、对资源赋存状况进行评价，判断分析所选旅游景区项目投资机会是否有前途、是否值得作详细可行性研究；确定项目概念是否正确，是否有必要通过可行性研究作进一步详细预测与计算；决定旅游景区项目中哪些是关键性问题，这些关键性问题需要在可行性研究中重点说明。

3. 具体可行性研究

具体可行性研究又称为最终可行性研究，是指在通过初步可行性研究的基础上，对旅游景区开发项目进行深入的经济、技术论证。可行性研究进行到这一步后，要进行各种开发方案的比较，计算出大致的投资回收期、每年净利润、所能占有的市场份额等经济指标及潜在的风险等，供投资者参考。

具体可行性研究是确定旅游景区开发建设方案是否可行的最终依据，也是向有关管理部门提供进一步审查和向金融部门进行资金借贷的依据。国外旅游景区开发建设项目具体可行性报告研究的精确度一般要求误差不超过 0.1。

三、可行性研究的原则

开展旅游景区的可行性研究工作必须遵循以下原则：

1. 全面性原则

项目评价必须全面，要建立在技术、工程和旅游资源、旅游市场、资金、原材料、配套服务、交通运输等建设条件具备的基础上，确保基础资料来源的可靠性。

2. 科学性原则

可行性研究的作用是巨大的，它是一项十分严肃的工作。因此，在进行可行性研究时，要力求科学、准确，这既包含了评论过程中要以最新的科学资料为依据，以科学的理论知识为指导，也包括了评估者自身要有实事求是的严谨的工作态度。可行性研究涉及的知识面很广，在研究中，需要有相关专家进行指导。

3. 宏微观经济效益一致的原则

宏观经济效益是指旅游景区项目的开发和建设对国民经济的贡献率。在进行旅游景区开发建设项目的可行性研究时，不仅要考虑项目本身的获利情况、财务生存能力，还应当考察项目的宏观经济效益。从根本上说，宏观经济效益和微观经济效益是一致的，提高企业的经济效益是提高宏观经济效益的基础，而宏观经济效益的提高又是实现企业经济效益的前提。

4. 三大效益统一的原则

旅游景区开发建设产生的经济效益、社会效益和环境效益必须统一。旅游景区开发对经济、社会和环境会有正面的作用，但也可能有负面的影响。对于旅游景区项目所带来的经济发展、就业增加或者大气污染、土地超载、珍贵文化的变质等都要进行客观评价，选择景区开发建设的合理方案，最终达到三大效益的统一。

四、旅游景区项目可行性研究的内容

进行旅游景区可行性研究时，基本内容包括如下几个方面：

1. **确定旅游景区开发建设的目的**

旅游景区可行性研究的本质就是考察旅游景区的投资能否达到预期目的，因此，可行性研究的第一步就是明确投资的目的。有的旅游景区项目是以盈利为目的的，有的则是为了丰富本地区的社会文化活动，带有公益性质，因而在旅游景区开发建设中的首要步骤就是明确旅游景区开发建设的目的。

2. **分析旅游景区资源状况**

旅游资源分析主要是资源赋存、类型、特色、分布等指标分析。旅游资源数量越多、类型越多和越独特、分布越集中，所具备的开发潜力就越大。可以参照国家标准《旅游资源分类、调查与评价》进行旅游资源的评价。

3. **分析客源市场**

分析旅游客源市场主要考虑四个方面的问题：目标市场、客流量、主要客源地及旅游时间。

4. **分析投资环境及建设环境**

分析旅游景区所在地的自然条件、基础设施条件、宏观经济状况、金融开放度、政府对旅游景区项目建设的优惠和限制政策等。

5. **研究和分析旅游景区的开发周期**

旅游景区项目的开发建设，是一次性建设还是分阶段建设，取决于旅游资源的状况和开发规模的大小。分阶段开发有利于提高资金的使用效果，并能针对开发过程中出现的问题及市场需求变化对项目加以调整。

6. **估算投资、安排进度及筹措资金**

主要是对建设项目投资进行估算，并提出资金筹措方案和计划工期以及工作进度安排。

7. **分析环境影响及生态效益**

主要是通过对环境质量现状的调查，对项目建设的环境影响和生态效益进行分析，并提出本项目的实施对生态环境影响的综合评估。

8. **分析社会效益**

主要是从积极的社会影响和消极的社会影响两个方面对旅游景区建设项目的社会效益作出评估。

9. **经济效益评价**

主要考虑旅游景区项目总成本、单位成本；项目总收入，包括销售收入和其他收入；财务内部收益率、财务净现值、投资回收期、贷款偿还期、盈亏平衡点等指标；经济内部收益率、经济净现值、经济换汇成本等指标。另外，还需进行敏感性分析和风险分析。

10. **可行性研究结论与建议**

根据前面的研究分析，对旅游景区项目在技术上、经济上进行综合评价，对建设方案进行总结，提出结论性意见（是"可行"还是"不可行"）和建议（对可行性研究中尚未解决的主要问题提出解决办法和建议；对不可行的项目，提出不可行的主要问题及处理意见）。

第四节　旅游景区开发规划

一、旅游景区规划概述

(一) 旅游景区规划的概念

"规划"一词通常有两种含义：一是指刻意去实现某种任务；二是指为实现某些任务把各种行动纳入某些有条理的顺序中。这两种解释，一种是说规划的内容，一种是说规划是一个过程。朗文大词典对规划的定义是：规划是制订或实施计划的过程，尤其是为一个社会或经济单元（企业、社区等）确立目标、政策与程序的过程。

由规划的概念可得出旅游规划的概念：旅游规划是指对未来旅游发展的构想和安排，以追求最佳的经济效益、社会效益和环境效益的过程。国内外学者对旅游规划给出了许多不同的定义。如 Getz 对旅游规划的定义是：在调查研究和评价的基础上寻求旅游业对人类福利及环境质量的最优贡献的过程。马勇（2004）从旅游系统的视角提出，旅游规划指在旅游系统要素发展现状调查评价的基础上，针对旅游系统的属性、特色和发展规律，并根据社会、经济和文化发展的趋势，以综合协调旅游系统的总体布局、系统内容要素和功能结构以及旅游系统与外部系统发展为目的的战略策划和具体实施。

中华人民共和国国家标准《旅游规划通则》（GB/T 18971—2003）的相关定义为：旅游景区规划是指为了保护、开发、利用和经营管理旅游景区，使其发挥多种功能和作用而进行的各项旅游要素的统筹部署和具体安排。

(二) 旅游景区规划的作用

旅游景区规划是旅游景区开发建设不可缺少的内容，它对旅游景区的开发建设乃至经营管理都具有重要的意义，是旅游景区可持续发展的战略性指导文件。

第一，旅游景区规划确定了景区性质、发展方向和旅游产品开发的蓝图。旅游景区规划首先要确定其性质和发展方向，对该景区的主题形象和产品结构进行分析和说明，根据市场来规划设计富有竞争力的旅游产品，为旅游景区的发展提供指导。

第二，良好的规划可以集聚旅游资源吸引力。通过规划，对资源本身的"美、古、名、奇、特、用"等吸引因素进行挖掘、加以修饰，突显其个性特征，从而突出旅游资源的吸引力。

第三，旅游景区规划是形成旅游市场与旅游目的地关系的途径。一个良好的旅游景区规划必须注重区域各要素的协调，还要考虑良好的可进入性，以保证旅游规模和开发的深度。旅游景区规划还确定了市场选择和营销方案，确定了目标游客。总之，切实可行的规划能把旅游景区的旅游资源、旅游产品及配套要素与旅游市场需求很好地衔接起来。

第四，旅游景区规划安排了景区与地方的关系，也确立了提升综合效益的办法。旅游景区规划要充分考虑经济、社会和生态环境三大效益的协调发展，考虑旅游景区与各种利益相关者的关系，指导旅游景区的开发建设、经营管理实现这些目标。

总之，旅游景区规划对推进旅游景区可持续发展具有重要意义。旅游景区规划是旅游景区发展的综合性技术蓝图，它明确了旅游资源的开发方向，确定了客源市场，把握住了旅游景区的发展阶段、规模等，是指导旅游景区有序发展和可持续发展的文件。

二、旅游景区规划的原则

开展旅游景区规划工作需要遵循以下几个原则：

1. 统筹优化原则

旅游景区规划是多个系统组成的整体，各个部分之间要求协调统一、相互融合。如在开发中，人工建筑物的体量、造型、风格、色彩等都应与所处的自然环境和旅游氛围融为一体，体现自然美和人工美的和谐，体现旅游景区各要素的时空结构特色。

2. 市场导向原则

源源不断的客源是旅游景区长盛不衰的根本保证。因此旅游景区规划必须根据客源市场的需求、市场竞争的态势和自身的竞争力确定旅游开发的主题、规模和层次。

3. 突出特色原则

旅游景区规划必须强调突出特色，创造出鲜明的旅游形象。旅游景区规划切忌模仿、抄袭，雷同、无新意的旅游景区是没有生命力的。要注重旅游景区的特殊性，挖掘旅游景区的文化内涵，打造出旅游景区的独特魅力，形成旅游景区的核心竞争力。

4. 效益最优原则

追求旅游景区的经济、社会和环境综合效益最大化是旅游资源开发的目的。但很多旅游景区在开发时只注重经济效益，而忽视了社会效益和环境效益，其结果是旅游资源与环境遭到破坏，社区居民不满意，最终影响了经济利益。因此，旅游景区开发规划一定要注重协调三大效益之间的关系，以达到效益最优化。

5. 社区参与原则

旅游景区规划必须考虑规划区的各种利益关系，协调利益相关者的关系。在编制旅游景区规划时，要注重社区公众的参与，把旅游景区的发展融入社区发展之中。

三、旅游景区规划的内容

（一）旅游景区规划的任务和期限

旅游景区总体规划是对旅游景区的总体发展构想和开发布局作出合理的安排，其主要任务是分析旅游景区的客源市场，确定旅游景区的主题形象，划定旅游景区的用地范围及功能分区，安排旅游景区基础设施建设内容，提出开发措施等。

旅游景区总体规划的期限一般为 10～20 年，还可以根据需要对旅游景区的远景发展作出轮廓性的规划安排。对于旅游景区近期的发展布局和主要建设项目，亦应作出近期规划，近期规划的期限一般为 3～5 年。

（二）旅游景区规划的主要内容

中华人民共和国国家标准《旅游规划通则》（GB/T 18971—2003）对我国旅游景区规划的主要内容提出了指导性意见。

1. 旅游景区总体规划的主要内容

（1）对旅游景区的客源市场的需求总量、地域结构、消费结构等进行全面分析与预测。

（2）界定旅游景区的范围，进行现状调查和分析，对旅游资源进行科学评价。

（3）确定旅游景区的性质和主题形象。

（4）规划旅游景区的功能分区和土地利用，提出规划期内的旅游容量。

（5）规划旅游景区对外交通系统的布局和主要交通设施的规模、位置；规划旅游景区内部道路系统的走向、断面和交叉形式。

（6）规划旅游景区的景观系统和绿地系统的总体布局。

（7）规划旅游景区基础设施、服务设施和附属设施的总体布局。

（8）规划旅游景区的防灾系统和安全系统的总体布局。

（9）研究并确定旅游景区资源的保护范围和保护措施。

（10）规划旅游景区的环境和卫生系统布局，提出防止和治理污染的措施。

（11）提出旅游景区近期建设规划，进行重点项目策划。

（12）提出总体规划的实施步骤、措施和方法，以及规划、建设、运营中的管理意见。

（13）对旅游景区开发建设进行总体投资分析。

2. 旅游景区控制性详细规划的主要内容

旅游景区控制性详细规划划定了规划范围内各类不同性质用地的界线；规定了各类用地内适建、不适建或者有条件地允许建设的建筑类型；规划分地块规定建筑高度、建筑密度、容积率、绿地率等控制指标，并根据各类用地的性质增加其他必要的控制指标；规定交通出入口方位、停车泊位、建筑后退红线、建筑间距等要求；提出对各地块的建筑体量、尺度、色彩、风格等要求；确定各级道路的红线位置、控制点坐标和标高。控制性详细规划的任务是，详细规定区内建设用地的各项控制指标和其他规划管理要求，为区内一切开发建设活动提供指导。

3. 旅游景区修建性详细规划的主要内容

对于项目用地当前要建设的地段，应编制修建性详细规划。旅游景区修建性详细规划的任务是，在总体规划或控制性详细规划的基础上，进一步深化和细化规划内容，用以指导各项建筑和工程设施的设计和施工。修建性详细规划的主要内容有综合现状与建设条件分析、用地布局、景观系统规划设计、道路交通系统规划设计、绿地系统规划设计、旅游服务设施及附属设施系统规划设计、工程管线系统规划设计、竖向规划设计、环境保护和环境卫生系统规划设计等。

第五节　旅游景区开发建设的管理

在旅游景区开发建设阶段，对旅游景区的资源和环境、人员、物资、项目资金、项目进度、工程质量及开业筹备等进行科学管理，是旅游景区进行正式经营的前序工作。开发建设阶段的管理会直接影响到旅游景区的经营活动，因此，必须抓好这个阶段的各项管理工作。

一、旅游资源和环境的管理

对旅游景区资源和环境的管理是旅游景区可持续发展的根本。旅游资源是旅游景区开发的载体，环境是旅游景区可持续发展的基石，环境也是重要的旅游资源。对于旅游资源应该秉着"保护第一，开发第二，永续利用"的方针，分期、科学地开发。在旅游景区开发过程中应遵守法律法规，对旅游景区的资源和环境按照有关资源和环境保护的法律法规进行严格管理，不对旅游景区进行破坏性开发。旅游景区的排污排水系统、垃圾处理系统等都要符合生态规律，保持旅游景区建设的协调性。建立规章制度，对环境容量进行测算和限制，制定措施缓解人流高峰，以减少对资源和环境的破坏。

二、人力资源的管理

旅游景区开发阶段实施人力资源管理职权的是项目经理。项目经理负责项目成员的选择、考核、聘任、奖惩、调配、指挥、辞退，必须在有关政策和规定的范围内选用或辞退劳务人员。

旅游景区建设牵涉的领域范围很广，如园林、建筑、环境、技术、电力、通信、水利等，必须妥善处理好各方面施工人员之间的关系，努力保证景区建设工程进展顺利。

三、物资资源的管理

物资资源的管理主要是指对建设材料的有效利用及管理。旅游景区开发项目工程中所需要的材料很多，包括建筑材料、园艺材料、铺设停车场和道路材料、向工地输送水和煤气的管道、电缆、景区内的路标和垃圾箱，以及其他材料等。如果对这些材料管理不善，会造成材料的浪费和成本的增加，甚至会导致物资失窃和变质，从而影响工程的进度。

四、项目资金的管理

旅游景区开发项目的资金一般采用专款专用的管理方式，指定专门的财务人员进行管理。项目资金一般包括施工设计费、建筑材料采购费、施工人员劳务费、设备采购及安装费、管线安装费、园林绿化费、施工监理费、环境保护费、土地使用费、税费、管理费及其他费用等。项目经理应该做好资金的合理安排，资金调配要及时，随时做好资金的盘查工作，对不能及时到位的资金早作安排，不能因资金短缺或周转困难而延误工期。

五、项目进度的管理

项目进度的管理即项目的工期管理。在对旅游景区的项目工程进行管理时，时间是一种特殊的资源。按时、保质地完成项目是每一位项目经理最希望做到的，但工期拖延的情况却时有发生。因而，合理地安排项目时间是项目管理中的一项关键内容，它的目的是合理分配资源，达到最佳工作效率，保证按时完成项目。

项目进度管理的主要工作包括定义项目活动、任务、活动排序、每项活动的合理工期估算、制订完整的项目进度计划、资源共享分配、监控项目进度等内容。

六、工程质量的管理

项目工程施工的高质量是项目工程追求的最终目标，监理部门要按照国家规定的施工质量标准进行监控。一般而言，质量标准是在资源、时间和预算得到保障的前提下才能得到保证的。因此，项目管理人员要做好资源的供应把关、时间进度的合理安排和资金的供应等方面的工作，并做好质量控制，保证旅游景区的建造符合设计要求，建设出高质量的、具有吸引力的旅游景区。

七、开业筹备与开业的管理

开业是旅游景区筹建的最后一项工作，也是景区开始经营管理的标志。旅游景区开业前的筹备工作是一个系统工程，包括营销策划、社会公关、价格机制、各个岗位的人员到位等工作。景区开业的营销策划对景区特别重要。这是景区营销的开始，好的开始能给景区带来源源不断的客源和良好的口碑。

（1）成立筹备小组，专职事前各项活动的落实。如向有关单位申请占道证，获取开业当天的天气情况资料；落实出席庆典仪式的宾客名单；联系新闻媒体；拟订周密的典礼议程；落实安全保障；确定有关讲话稿；确定开业剪彩仪式宣传标语；落实音响、乐队、照明等；落实礼仪接待人员；落实典礼活动的应急措施；布设剪彩区、表演区、周边环境和迎宾区等现场的。

（2）对开业典礼工作日程和议程进行合理安排。要特别重视现场维护的工作，如成员准时到场、现场秩序维护、礼仪接待等。开业典礼仪式议程一般包括：介绍领导和来宾，宣布仪式开始；宣读相关文件；揭牌授牌；嘉宾或领导讲话；剪裁；游园等。同时，要利用开业典礼做好促销活动，强化形象认知。总之，开业形式多种多样，需要精心策划。

【本章小结】

旅游景区开发经历了资源导向型、市场导向型、产品导向型、体验导向型等不同的模式。我国旅游景区的开发模式主要有政府主导体制和企业主导体制，这两种体制各有利弊。旅游景区开发建设需要经历策划、规划、可行性研究、决策及实施等阶段。可行性研究分为投资机会研究、初步可行性研究和具体可行性研究，需要遵循全面性、科学性、宏微观经济效益一致、三大效益统一等原则。旅游景区规划要遵循统筹优化原则、市场导向原则，突出特色原则、效益最优原则和社区参与原则。景区规划的内容主要有总体规划、控制性详细规划和修建性详细规划。本章最后介绍了景区开发建设管理的有关内容，包括旅游资源和环境管理、人力资源管理、物资资源管理、项目资金管理、项目进度管理、工程质量管理、开业筹备与开业管理等。

【拓展阅读】

龙湖古寨旅游景区的保护与开发

一、旅游资源及环境现状

龙湖古寨位于韩江下游西岸边，南北长约1 500米，东西宽约200～400米。龙湖古寨人文荟萃，历代名人辈出，仅科举出身的进士、举人就有53人之多。潮州历史上唯一的探花姚宏中就出自龙湖，龙湖书院也因此而出名。龙湖古寨荟萃潮州古代建筑艺术精华，寨内布局"三街六巷"，宗祠、名宦府第和商贾巨宅达 100 多座。古寨附近有龙首庙、杏苑福利社、关帝庙等景点。龙湖古寨是广东省第一批重点文物保护单位，有"潮居典范，祠第千家，书香万代"之誉。

龙湖古寨始建于南宋，明、清两代是发展的鼎盛时期。这里是当时潮州的商贸重镇，经济和贸易繁荣，文化、艺术交流活跃，由此汇集了门类众多、丰富多彩的民俗文化。另外，高大挺拔、枝繁叶茂的古榕树映衬着清幽、迷人的水韵风光，使古寨愈发显得厚重而神秘，这是龙湖古寨旅游景区开发中不可忽视的重要资源条件。

但由于修建潮汕护堤公路，致使古寨东部遭到破坏；寨内大部分古建筑年久失修，少数新建筑和断壁残垣形成强烈的对比；垃圾、污水等使环境遭到一定程度的污染。

二、开发要点

1. 龙湖古寨旅游景区定位

依托潮州文化背景，深度挖掘龙湖古寨历史文化积淀，突出寨外特有的水韵生态风光，建设一个具有深厚文化底蕴，集古寨文化、生态休闲于一体的旅游景区，打造潮州文化的载体。

2. 规划发展总体思路

强化文化空间，体现古老与时尚的结合、动与静的结合、情与景的结合、生态与遗存的结合、开发与保护的结合。突出"一条主线、两个空间"的思路：

"一条主线"：潮州文化主线贯穿始终。潮州文化在这里体现为：潮州建筑、潮州饮食、茶文化、潮剧、潮乐、木偶戏、潮州工艺（如金漆木雕、石雕、瓷塑、泥塑、潮绣、抽纱）、古寨传说等方面。通过结合韩江旅游线路的开发，与韩愈文化结合，树立高雅形象。

"两个空间"：一是静态空间——依托古寨资源，坚持保护为主，修旧如旧，打造具有潮州文化特色的大型潮居博物馆和潮州文化展示地；二是动态空间——利用寨外水域营造南国潮韵水乡。

3. 旅游功能的空间格局

龙湖古寨旅游景区划分为五个旅游功能区：第一，前广场服务区。包括景区大门牌坊、广场、游客服务中心、停车场、龙首庙、古寨宾馆的建设。第二，古寨保护区。包括古寨门（南、北、西门）的修复和修建，五座龙门、一座麒麟门（从北向南为祈福门、丰禄门、万寿门、迎禧门、旺财门、麒麟门）的恢复，婆祠恢复原貌，许氏宗祠、徽衍公祠、进士第（方伯第）、天后宫、夏厝巷、夏雨来、隆庆巷、圆巷等的修缮。在直街中段，从隆庆巷口至许氏宗祠附近，恢复古商业街。在原址恢复龙湖书院。有计划地改造古寨内新建的房屋。第三，水映古寨风景区。利用古寨边的水域和道路修建林荫古道、听雨轩、家庭旅馆、玉食坊（经营潮州美食）、天籁阁（水上潮乐表演之地）、垂钓区、吊床、石椅、石凳、石桌，开展泛舟游湖项目，深化"龙湖映古寨，悠然醉潮韵"的主题形象。第四，生态农业体验区。将附近农田和韩江龙湖段纳入作为外围环境保护和后备旅游开发区，建设农耕文化博物馆、岭南瓜果园、珍奇花卉园、绿色餐厅、绿色购物长廊、田园宾馆、碧波绿岛，形成田园风貌。第五，南门旅游服务区。在后期规划中，将南门建成龙湖古寨旅游景区的正式主入口，恢复南门外的市尾水池与龙湖连通，并增建水体广场、停车场、游客服务中心。

4. 开发建设思路

（1）完善基础设施建设。对游客吃、住、行、游、购、娱的需求进行分析，结合龙湖古寨旅游景区的实际情况，合理安排基础设施建设。

（2）开发客源市场，合理组织收入。主要通过卖门票和纪念品、提供餐饮购物等服务取得经济效益。实施旅游市场营销策略，由近及远开发客源市场。特别关注数量约为 1 000 万的潮汕籍港、澳、台同胞及海外潮人回乡旅游。

（3）加强协调管理。加强政府的宏观管理，强化资源和环境的保护，维护旅游景区内的经营有序和守法；构建旅游景区管理机构，全面管理旅游景区的经营活动；严格管理规划控制范围内用地，保护重点资源，防止乱建和破坏；注意保护原有建筑风格和寨子的整体格局，要修旧如旧；对从业人员进行全面培训，加强管理。

（4）协调和维护原居民的利益。妥善处理好当地居民的居住生活；吸收原居民参与经营和管理；培养古寨居民的旅游意识，营造旅游景区的良好氛围。

资料来源：根据《潮州市旅游发展规划（2005—2025）》整理而成。本书编者参与了该规划的编撰工作

问题：

1. 龙湖古寨旅游景区有哪些特色？
2. 如何处理龙湖古寨保护与旅游开发的关系？

【思考与练习】

1. 简述旅游景区开发的基本思想和主要模式。
2. 旅游景区开发建设的基本程序有哪些？
3. 简述旅游景区开发可行性研究的内容。
4. 旅游景区规划的概念和内容是什么？
5. 概述旅游景区开发建设管理的内容。

第三章 旅游景区战略管理

【学习目的】

通过本章的学习，了解旅游景区经营战略管理的重要性，熟悉旅游景区经营战略管理的内容，掌握旅游景区经营战略制定、实施与评价的过程。

【学习要点】

1. 旅游景区战略管理基本概念
2. 旅游景区战略管理的重要性
3. 旅游景区战略管理的内容
4. 旅游景区战略管理的过程

【关键词】

旅游景区 旅游景区战略管理

旅游景区的管理首先是战略管理。谋划旅游景区的发展不能只看到眼前，需要站在全局角度，从长计议，系统性地思考并制定发展战略，然后实施战略管理，即根据旅游景区内外部环境分析可获得的资源状况，整体谋划和实施为实现景区未来总体目标而进行总体行动方针。

第一节 旅游景区战略管理

一、战略及相关概念

首先要明确战略及相关的几个概念。

1. 战略

战略原本是一个军事术语，"战"指战斗、战争，"略"指谋略、策略。许多人对战略下过定义，如毛泽东指出，"战略问题是研究战争全局的规律性的东西"。到现代社会，战略已不局限于军事领域，而成为各个领域中常见的一个词语。20世纪50年代，法国战略思想家博福尔在他的著作《战略绪论》中将战略定义为：战略是一种用来达到目的的手段，是一种运用力量的艺术，以使力量对于政策目标的达成可以作出最有效的贡献。这样的定义不免有些拗口。美国哈佛大学教授安德鲁斯认为，"战略是目标、意图或目的，以及为达到这些目的而制定的主要方针和计划的一种模式。这种模式界定着企业正在从事或者应该从事的经营业务，以及界定着企业所属的或应属于的经营类型"。

从以上定义我们可以看出，战略研究的对象是"目标—手段—资源"三者之间的关系，寻求战略目标、实现手段和所需资源的最佳组合，即全局性问题。

2. 战略管理

美国著名的战略学家安索夫认为战略管理可以分为两大类：企业总体战略和经营战略。企业总体战略考虑的是企业应该选择哪种类型的经营业务；经营战略考虑的是企业一旦选定了某种类型的经营业务后，确定应该如何在这一领域进行竞争或运行。总体上看，战略管理是指组织根据内外部环境分析可获得的资源状况，是一个为实现未来战略目标而进行总体谋划和实施的动态管理过程。战略管理具有全局性、长远性和系统性等特点。

3. 战略与战术

战略与战术是经常用到的一对相关的概念。二者既有区别，又有联系。战略是指企业为达到长期的经营目标所进行的总体谋划，而战术则是指为达到战略目标所采取的具体行动。由此可知，战略与战术主要是总体与局部的关系，战略要高于战术。

4. 战略与规划、计划

从广义上讲，战略、规划、计划都是对未来的筹划，也可通称为计划。

从实施的范围看，战略是全面的，规划和计划可以是全面的，也可以是局部的；从实施的时间看，战略是长期的，规划一般是中期的，也可以是长期的，计划则是短期的；从实施的内容看，战略是原则性的，规划是轮廓性的或粗线条的，计划是细线条的；从实施的方法看，战略以定性为主，规划是定性与定量并重，计划则以定量为主。

5. 旅游景区战略管理

旅游景区战略管理是旅游景区管理的一项重要内容。战略管理在宏观层次上决定了景区的发展方向，犹如旅游景区发展的方向标。战略一旦制定，短期内不会改变。旅游行业竞争激烈，行业如同战场。因此，旅游景区必须利用营销、财务和人力资源等管理原理来制定出一系列的战略，以增强市场竞争力。

二、旅游景区战略管理的内容

旅游景区战略管理主要包括以下几方面内容：

1. 勾画旅游景区远景目标

远景目标勾画出了旅游景区的发展蓝图，体现着旅游景区的经营宗旨。它把旅游景区的未来收入现在的视野，可以使旅游景区成员更关心旅游景区的长期发展，并要求旅游景区领导者认清目前资源条件与远景目标之间的差距。这个目标一经确立，旅游景区领导者就必须系统地考虑如何缩小这种差距，以便在旅游景区的资源与外部环境之间建立起适应关系。另外，设定远景目标本身就是一种积极的管理过程，这一过程包括：将旅游景区成员的注意力集中到成功的关键要素上；旅游景区成员在经营哲学的基础上进行相互沟通，并从中获益。

2. 确定旅游景区市场定位

所谓市场定位，就是要明确企业的目标客户，认清他们的需求，以及企业能够从哪些方面来满足这些需求。在旅游景区与外部环境的关系中，旅游景区选择哪些游客作为目标游客，提供怎样的产品来满足目标游客的需求，这是一个根本性的问题。旅游景区只有充分考虑到目标游客的特点，针对他们的某种需求不断推出新产品或新服务，才可能形成自己的经营特色，才可能在未来的竞争中立于不败之地。把市场定位作为旅游景区战略的一项内容，意味着必须坚持游客导向，把游客利益贯穿于全部的经营活动之中。

3. 确立旅游景区的竞争优势

在整个旅游市场中，旅游景区应根据自身的类型和产品特色、旅游景区形象等分析自身的竞争态势，比较周边景区的现实竞争者、潜在竞争者，明确自身竞争地位等，从而确立自身的竞争优势，为确定旅游景区经营战略提供依据。

4. 实现远景目标的具体计划

旅游景区要从目前状态走向远景目标还要周密地计划各项工作。远景目标需要被展开为一组阶段性目标，再被分解为部门乃至具体岗位的工作目标，这样员工才能看清当前的工作与旅游景区战略之间的关系。没有阶段性目标，远景目标就变成了空洞的设想。在编制计划的过程中，可以将各种可行的方案进行相互比较，抛弃不切实际的设想。另外，战略决策通常是在信息不充分的情况下制定的，旅游景区的外部环境中包含了相当一部分不确定的因素，而通过编制和落实计划，这些不确定性因素的影响将被限制在最小范围内。

第二节　旅游景区战略管理过程

旅游景区战略管理是一个系统化、连续性的过程管理，每一个环节都互相牵连。它包括战略的制定、战略的选择和战略的实施与监控三个阶段。

一、战略制定阶段

（一）旅游景区环境分析

旅游景区战略管理的第一步是环境分析。环境分析有利于旅游景区在管理过程中更详细地了解自己所处的环境，既包括旅游景区的外部环境，也包括旅游景区的内部环境。通过环境分析可以了解旅游景区所面临的竞争状况和可能出现的问题。

1. 外部环境分析

旅游景区外部环境分析可以从宏观环境和微观环境这两个层面去解读。宏观环境是大环境，包含诸多因素，如政治法律因素、经济因素、社会文化因素、自然环境因素等。这些因素不仅影响旅游景区本身，而且影响同行业中的其他旅游景区。毫无疑问，这些因素是日积月累、多方作用的结果，是单个旅游景区所不能控制的，因此，需要在宏观环境下制定和实施适当的战略。微观环境是小环境，指每天都与旅游景区发生相互作用的环境，有时候微观环境甚至比宏观环境还重要。微观环境的任何变化都会对旅游景区产生迅速甚至显著的影响。对于大多数旅游景区而言，微观环境构成了行业和市场的竞争环境。

（1）宏观环境分析。

旅游景区宏观环境分析的目的在于了解旅游景区所处的大环境，通常从政治法律因素、经济因素、社会文化因素、自然环境因素等方面对宏观环境进行分析。

第一，政治法律因素。

政治法律因素是指对旅游景区经营活动具有现存的潜在作用与影响的政治力量，还包括对旅游景区经营活动加以限制和要求的法律、法规等。这一因素从根本上决定了旅游景区生存发展的方向。具体而言，政治因素分析包括分析所在地区的政局状况以及政策的连续性和稳定性。政局状况影响很大，如战争、恐怖活动等对旅游的影响是显而易见的。政策包括产业政策、税收政策、补贴政策等。政策因素的影响是比较复杂的，有些政府行为对旅游景区有着指导作用和积极影响，有的则会产生限制性的作用。旅游景区要想在社会中生存发展，必须遵守这些法律和法规，并且要在现有条件下充分利用这些制度。

第二，经济因素。

经济因素决定着旅游景区的发展速度和程度。从宏观上说，经济因素包括通货膨胀、就业情况、外汇储备及经济发展情况；从微观上说，经济因素偏重于个人可支配收入。一般而言，在宏观经济大发展的情况下，市场扩大，需求增加，旅游发展机会就多。反之，在宏观经济低速发展或停滞甚至倒退的情况下，旅游需求增长很小，发展的机会也就较少。个人可支配收入的增长一直是促进旅游发展的重要动力之一。我国高速发展的经济状况为旅游的发展打下了坚实的基础。

第三，社会文化因素。

社会文化因素对旅游景区的发展有着深刻的影响。社会文化因素是旅游客源地与旅游目的地双重社会文化的综合，涵盖游客和旅游景区的社会文化，包括社会文化、社会习俗、社会道德观念、社会公众的价值观念、员工的工作态度及人口统计特征等。变化中的社会因素不仅影响公众对旅游产品的需要，也能改变旅游景区的战略选择。社会文化因素强烈地影响游客的购买和旅游景区的经营行为。不同的国家和地区有着不同的文化传统，也有着不同的亚文化群、不同的社会习俗和道德观念，从旅游景区来说则直接影响到政府对旅游发展的政策制定、当地居民对旅游的态度，以及对外来旅游者接受或者拒绝的态度等。

第四，自然环境因素。

自然环境也是影响旅游景区经营的主要条件之一。自然旅游资源是一些旅游景区赖以生存的基础，如度假型娱乐设施就建立在独特的风景地区。优良的环境也是旅游景区持续发展的根本保障之一。

自然灾害也同样影响着旅游景区的经营，如地震、洪水、异常天气、疫病等都会对旅游产生很大影响。例如，2003 年由于受 SARS 病毒的影响，使得旅游业受到了重大的冲击；2008 年汶川地震影响了当地旅游业的发展；2010 年我国一些地方出现的洪涝灾害也在一定程度上影响了旅游景区的正常经营。

（2）微观环境分析。

微观环境分析偏重于行业环境分析，即竞争环境分析。旅游地旅游发展水平、竞争对手的实力和规模、旅游市场成熟程度等反映旅游行业环境的因素都会对旅游景区的发展产生深刻影响。可采用波特五力模型进行分析（见下文）。

2. 内部条件分析

旅游景区内部环境分析包括对旅游景区资源、组织接待能力、旅游服务人员、旅游景区内导识系统、旅游环境容量控制、旅游基础设施和服务设施的完善情况等因素的分析。

内部分析有助于旅游景区管理者了解旅游景区自身情况，包括了解当前战略的有效性，以及如何有效地配置资源来支持已选择的战略等。通过实施内部分析，管理者能够明白旅游景区的现状，并能正确地评价旅游景区的竞争优势和劣势，对于竞争劣势可以及时采取补救措施以保持旅游景区的生存和发展。

旅游景区的内部分析包括旅游资源分析、开发利用能力的识别和分析、人力资源的分析、财务资源和财务业绩的评估、景区产品及其在市场中的地位的分析、旅游景区现在的战略分析等。

（二）环境分析方法

1. SWOT分析

SWOT分析法（如图3-1所示）是一种对企业外部环境中存在的机会、威胁和企业内部的优势、劣势进行综合评价，并据此提出企业可行战略的分析方法。S指企业内部的优势（Strengths），W指企业内部的劣势（Weakness），O指企业外部环境中的机会（Opportunities），T指企业外部环境中的威胁（Threats）。

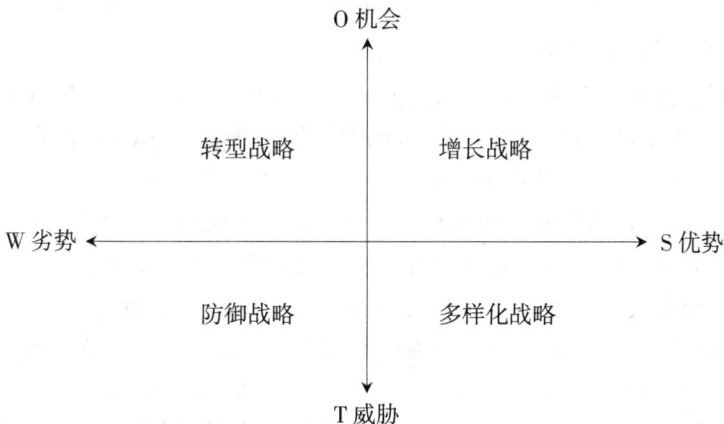

图3-1　SWOT分析法

2. 波特五力竞争模型分析

五力模型（如图3-2所示）是由波特（Porter）提出的，他认为行业中存在着决定竞争规模和程度的五种力量，这五种力量综合影响产业的吸引力。它是用来分析企业所在行业竞争特征的一种有效的工具。该模型中涉及的五种力量是指新的竞争对手进入、替代品或服务的威胁、买方议价能力、卖方议价能力以及现存竞争者之间的竞争。

对于一个旅游景区而言，新的投资主体或投资愿望的出现使现有的旅游景区面临潜在进入者的威胁；旅游景区吸引物的更新换代也使现有的旅游景区出现了替代品，使之面临着替代品的威胁；而供应商和游客作为支撑旅游景区发展的源头和动力也在扮演着"讨价还价"的角色。

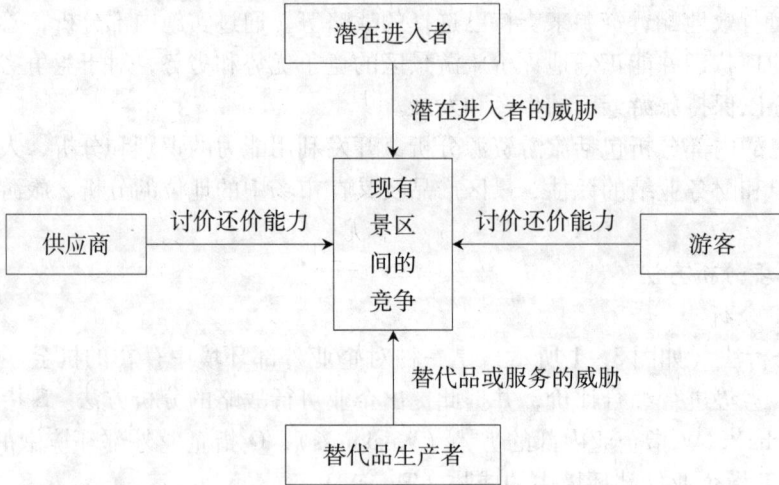

图 3-2 旅游景区的波特五力模型

3. 波士顿矩阵（BCG 分析）

波士顿矩阵是美国波士顿咨询公司（BCG）于 1960 年提出的，是制定公司层战略最流行的方法之一。BCG 矩阵将组织的每一个战略事业单位（SBUs）标在一种二维的矩阵图上，从而显示出哪个 SBUs 提供高额的潜在受益，以及哪个 SBUs 是组织资源的漏斗。

图 3-3 中的横轴表示企业在所在行业中的相对市场份额，是指企业某项业务的市场份额与这个市场上最大竞争对手的市场份额的比例，它反映了企业在市场中的竞争地位。相对市场份额的分界线为 1.0~1.5，据此划分为高、低两个区域。纵轴表示销售增长率，是指企业所在行业某项业务前后两年市场销售额增长的百分比，它表示每项经营业务所在市场的相对吸引力，通常用 10% 平均增长率作为增长高、低的界限。

根据企业有关业务或产品的市场增长率及企业的相对市场份额，波士顿矩阵可以把企业全部的经营业务定位在四个区域中。

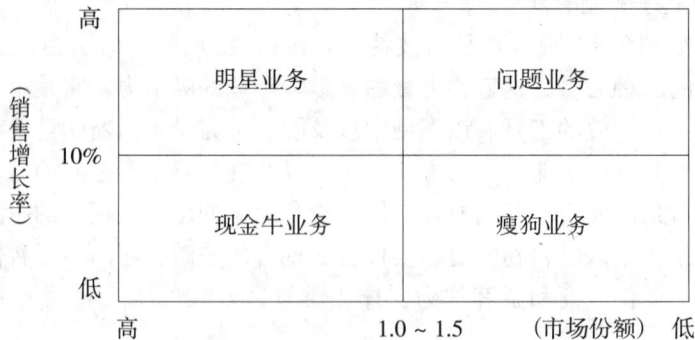

图 3-3 波士顿矩阵分析图

该矩阵指出了每项经营业务在市场竞争中的地位，使企业了解它的作用或收益，从而有选择和集中地运用企业有限的资金。

4. 战略地位和行动评估矩阵（SPACE 分析）

SPACE 分析，即战略地位和行动评估矩阵方法（Strategic Position and Action Evaluation）。它是在 SWOT 分析的基础上，通过两组具体反映客户内外部的量化指标来确定企业的战略地位和它每一项业务的战略地位。如图 3 - 4 所示，SPACE 矩阵有四个象限分别表示企业采取的进取、保守、防御和竞争四种战略模式。这个矩阵的两个数轴分别代表企业的两个内部因素——财务优势（FS）和竞争优势（CA），以及两个外部因素——环境稳定性（ES）和产业优势（IS）。这四个因素对于企业的总体战略地位最为重要。

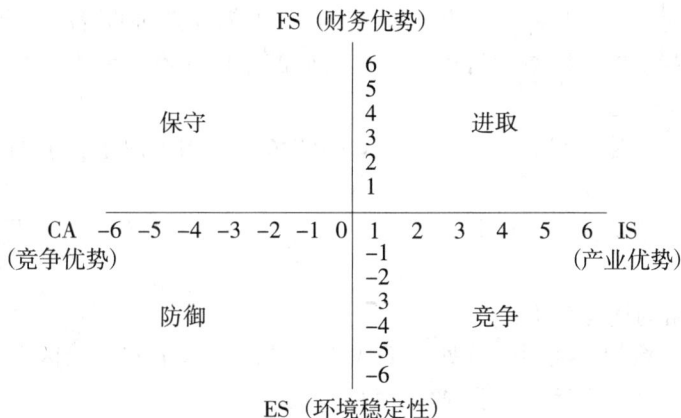

图 3 - 4　SPACE 矩阵分析

二、战略选择阶段

战略选择阶段是建立在对整个市场、旅游景区的战略分析基础之上的，也是战略管理中非常重要的一环。它是未来旅游景区战略实施的铺垫，并决定旅游景区的未来发展前途。具体而言，战略选择包括以下三个阶段：第一，根据战略分析，制订多个可供选择的发展方案；第二，结合现状，综合分析评价备选方案；第三，从中选出一种适合的方案。

经济学家贝赞克认为企业只有具备允许它创造超过竞争者总价值的能力时，才能获得竞争优势，即创造更多的利润，才能比竞争者更多地将收益转移给消费者。在这里我们采用波特的竞争战略理论来分析旅游景区的竞争战略和企业定位，这些战略包括成本领先战略、差异化战略、目标集聚战略。

1. 成本领先战略

成本领先战略又称低成本战略，即在保持产品质量的同时降低成本，使之低于同行业竞争对手的成本，通过范围经济和规模经济获取利润，从而在竞争中占据一定的地位。降低产品成本贯穿于整个战略的主题，旅游景区则提供比较简单、质量统一的大量产品，以较低的价格吸引游客。

成本领先战略的理论基石是规模效益和经验效益，它要求旅游景区的产品必须具有较高的市场占有率。如果产品的市场占有率很低，提供大量产品就毫无经济意义。为实现产品成本领先的目的，旅游景区需要以下竞争定位：

（1）设计标准化产品，该产品应能为所有的游客服务。

（2）使用现代化设备对旅游景区进行大量的领先投资，采取低价位的进攻性定价策略。这些措施短期内可能会造成初期的投资亏损，但其长远目标是提高市场占有率，以获得更好的利润。

（3）低成本给旅游景区带来高额边际收益。旅游景区为了保持低成本地位，可以将这种高额边际收益再投到新的高水平和高科技设备和设施上。这种再投资方式是维持低成本地位的先决条件，以此形成低成本、高市场占有率、高收益和更新装备的良性循环。

（4）旅游景区具有高效率的服务标准，降低服务成本。

（5）降低旅游景区产品服务、人员推销、广告促销等方面的费用支出。

（6）建立起严格的、以数量目标为基础的旅游景区成本控制系统。控制报告和报表要做到详细化和动态化。

（7）旅游景区应建立起职责分明、高效率的组织结构，便于从上而下实施最有效的成本控制。

（8）旅游景区应加强员工的培训工作，让员工明确自己的职责，提供准确、高效的服务。

成本领先战略的优势在于：

（1）如果某个旅游景区的经营处于低成本的情况，这个旅游景区在市场中就有了竞争优势，就可以与现有的竞争对手进行竞争。

（2）在面对讨价还价能力较强的游客要求降低旅游景区产品的价格时，处于低成本地位的旅游景区在进行交易时掌握更大的主动权，能妥善解决出现的问题。

（3）当强有力的供应商抬高旅游景区需要的资源价格时，处于低成本地位的旅游景区可以有更多的灵活性来解决出现的困境。

（4）旅游景区已经建立起的较大的规模和成本优势，新旅游景区无法进入，形成进入障碍。

（5）在与替代品竞争时，低成本的旅游景区往往比本行业中的其他旅游景区处于更有利的地位。

成本领先战略的风险和劣势主要有：

（1）新技术和新服务的出现可能使旅游景区以往的设备、产品和学习经验变成无效用的资源。

（2）新旅游景区通过模仿、总结其他旅游景区经验或购买更先进的旅游设备，使得它们能以更低的成本起点参与竞争，这时，旅游景区就会失去成本领先地位。

（3）采用成本领先战略的旅游景区将其力量集中于降低产品成本，从而使旅游景区可能丧失预见市场变化的能力。旅游景区可能推出价格低廉的产品，但是游客不一定会喜欢这种产品。

（4）旅游景区提供的标准化产品不能满足游客对个性化产品的需求。因此，虽然旅游景区的目的是要扩大市场份额，但是，由于游客的个性化要求较高，所以旅游景区原有的目的不一定能够实现。

2. 差异化战略

一般而言，旅游景区可在以下几个方面实行差异化战略：产品设计差异化、顾客服务上差异化、销售渠道上差异化等。应当强调的是，产品或服务差异化战略并不是说旅游景区可忽视成本因素，只不过这时的主要战略目标不是低成本，而是为游客提供差异化的产品。

旅游景区要实施差异化战略，就可能要放弃获得较高市场占有率的目标。实施差异化战略，旅游景区需要以下竞争定位：

（1）具有很强的市场研究与开发能力，市场研究人员要有创造性的眼光和较强的市场营销能力。

（2）旅游景区具有以其产品质量领先的声望和声誉。

（3）旅游景区的产品开发部门与旅游景区其他部门之间具有很强的协调性。

（4）旅游景区要拥有具备较高能力和服务意识的管理人员和员工，才能为旅游景区的游客提供个性化的产品。

（5）旅游景区应注重培育忠诚顾客。

（6）市场上要有需要旅游景区差异化产品的游客，有愿意为高质量支付高价格的游客。

旅游景区实施差异化战略可建立起比较稳固的竞争地位，从而使得该旅游景区获得高于其他旅游景区平均水平的收益。差异化战略的优势主要表现在以下几个方面：

（1）培育忠诚顾客，建立起游客对旅游景区产品的认识和信赖。如果游客对旅游景区的产品产生了信赖，当产品的价格发生变化时，游客的敏感程度就会降低。这样，差异化战略就可为该旅游景区在同行业竞争中形成一个隔离地带，避免竞争对手争夺其市场资源。

（2）游客对旅游景区的信赖和忠诚形成了强有力的行业进入障碍。如果新旅游景区参与竞争，它必须扭转游客对原产品的信赖和克服原旅游景区产品的独特性的影响，这增加了新旅游景区进入的难度。

（3）差异化战略产生的高边际收益增强了旅游景区与供应商讨价还价的能力。

（4）旅游景区通过差异化战略，使得游客难以寻求到可与之比较的旅游景区产品，降低了游客对该旅游景区产品价格的敏感度。

（5）旅游景区通过差异化战略建立起游客对该旅游景区产品的信赖，使得替代产品在质量上无法再与该旅游景区竞争。

（6）顾客的转换成本高，比较依赖该旅游景区的产品，这些都可削弱顾客的讨价还价能力。

差异化战略也有一定的风险和劣势，主要表现在以下几个方面：

（1）实行差异化战略的旅游景区，其经营成本可能很高。因为它要增加设计和营销费用，增加人工成本。如果采取差异化战略的景区的产品成本与追求成本领先战略的竞争者的产品成本差距过大，就可能会有一些游客愿意牺牲差异化产品的质量、形象，而去追求低价格的产品。

（2）如果游客的经济条件和偏好发生了变化，游客可能会降低他们对产品差异化的要求。

（3）如果旅游景区的发展进入成熟期，某一旅游景区的差异产品的优势就很可能被竞争对手模仿，这将削弱原旅游景区产品的竞争优势。这时，如果该旅游景区不能推出新的差异化产品，就会出现旅游景区因价格较高而处于劣势和产品差异化优势不明显的状况，在竞争中旅游景区就处于非常困难的劣势地位。

3. 目标集聚战略

目标集聚战略是指旅游景区的经营活动集中于某一个细分市场，在较窄的市场范围内来取得低成本和差异化的优势。与差异化战略一样，目标集聚战略也有多种形式。目标集聚战略的目的是为了更好地服务于特定的目标游客，能够提供比竞争对手质量更高的产品。

目标集聚战略也能在本行业中获得较高的收益，主要原因是：首先，目标集聚战略便于集中使用整个旅游景区的资源，使之更好地服务于某一特定的游客群体。其次，目标集聚战略将目标集中于特定的细分市场，旅游景区可以更好地调查研究产品的质量、市场机会、游客心理及竞争对手等各方面的情况。再次，战略目标集中明确，旅游景区的服务质量比较容易评价，管理过程也容易控制。依据旅游景区规模、资源等方面的特点，可以说目标集聚战略对于中、小型旅游景区而言可能是最适宜的战略。

目标集聚战略的劣势是有很大的风险，主要原因在于：首先，由于旅游景区的全部力量和资源都投入一种产品，以及一个特定的目标市场，当游客偏好发生变化或有新的替代品出现时，目标市场对旅游景区产品需求降低，旅游景区的经营就会受到很大的冲击。其次，如果有新的旅游景区竞争者进入某一以特定游客为主的市场，并且采取优于该旅游景区目标集聚战略，该旅游景区原有的竞争优势就会失去。再次，如果目标集聚战略的市场缩小，同时游客对产品的要求不断更新，就会造成旅游景区的生产和服务费用的增加，这会使得采取目标集聚战略旅游景区的成本优势被削弱。

三种战略各有特色和偏重点。因为目标不同，三种战略之间有一定的矛盾，如追求市场占有率高的旅游景区无法满足部分游客对产品高质量、个性化的需求。从理论上而言，不能同时追求成本领先战略和差异化战略，这是由两种不同战略的条件所决定的。采用成本领先战略的旅游景区就应该在所有的管理环节都实行彻底的标准化；相反，采用差异化战略的旅游景区必须为游客提供特色的产品，要保持该旅游景区产品与其他旅游景区产品的"差异"，并在游客中树立该旅游景区"差异"化的形象，旅游景区在销售方面还要组织耗资巨大的广告宣传和产品推销运动。这一切决定了产品差异化必然与成本领先产生矛盾冲突。从理论上而言，同时追求这两个目标的旅游景区往往会失败，但在实践中，也有取得成功的例子。可根据战略选择矩阵（如图3－5所示）和战略聚类矩阵（如图3－6所示）进行战略及其实施措施的选择。

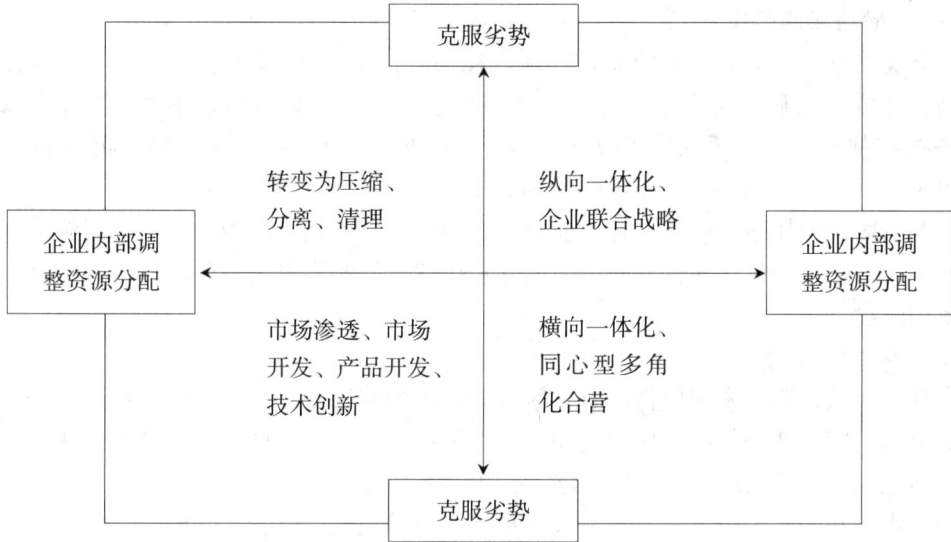

图 3-5　战略选择矩阵图

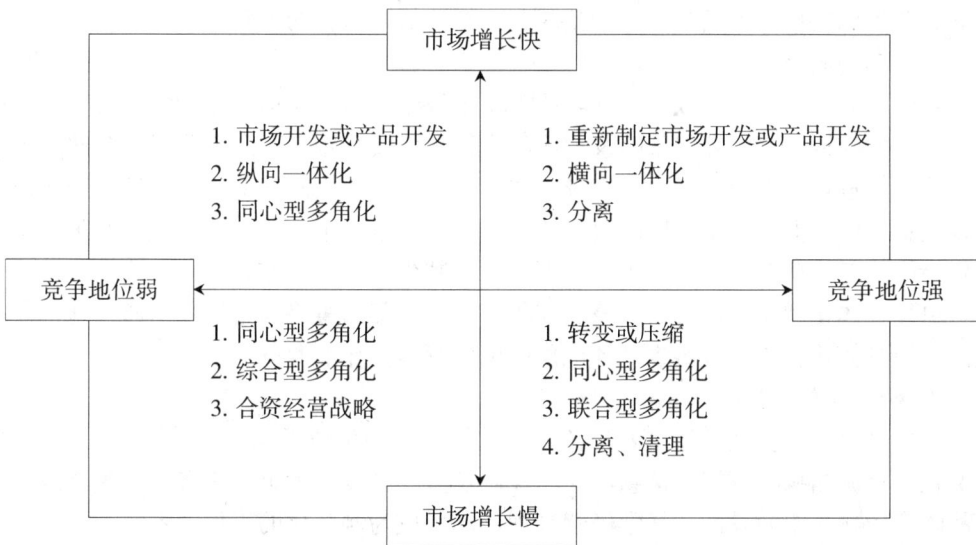

图 3-6　战略聚类矩阵图

三、战略实施与监控阶段

旅游景区一旦选择了最合适的战略方案，下一步要考虑的问题就是如何将其付诸实践。战略实施阶段是最显而易见、最难以掌控，也是最为关键的环节。战略实施是为实现旅游景区战略目标而对战略规划的执行，无论之前的战略制定、战略选择做得如何完美，在战略实施阶段稍有差错都会影响到旅游景区的发展。因此，旅游景区在明晰了自己的战略目标后，就必须专注于如何将其落实为实际的行为并确保其实现。

（一）战略实施阶段

战略实施是一个自上而下的动态管理过程。所谓"自上而下"主要是指战略目标在公司高层达成一致后，向中下层传达，并在各项工作中得以分解、落实。所谓"动态"主要是指在战略实施过程中，常常需要在"分析—决策—执行—反馈—再分析—再决策—再执行"的不断循环中达到战略目标。

旅游景区经营战略在尚未实施之前只是纸面上的或人们头脑中的东西，而旅游景区战略的实施是战略管理过程的行动阶段，因此它比战略的制定更为重要。战略实施有四个相互联系的阶段。

1. 战略发动阶段

在这一阶段，要研究如何将旅游景区战略的理想变为大多数员工的实际行动，调动起大多数员工实施新战略的积极性和主动性，这就要求对旅游景区管理人员和普通员工进行培训，向他们灌输新的思想、新的观念，提出新的口号和新的概念，消除那些不利于战略实施的旧观念和旧思想，以使大多数人逐步接受新的战略。在开始实施新战略时，人们常会产生各种疑虑，如果员工对新战略没有充分的认识和理解，就不会得到大多数员工的拥护和支持。在发动员工的过程中要重点争取战略的关键执行人员的理解和支持，旅游景区的领导者要考虑机构和人员的认识调整问题，扫清战略实施的障碍。

2. 战略计划阶段

将经营战略分解为几个战略实施阶段，每个战略实施阶段都有分阶段的目标，相应地有每个阶段的政策措施、部门策略及相应的方针等。要制定出分阶段目标的时间表，要对各分阶段目标进行统筹规划、全面安排，并注意各个阶段之间的衔接，对于远期阶段的目标可以概括一些，但是对于近期阶段的目标则应该尽量详细一些。战略实施的第一阶段应该制定措施使新战略与旧战略有很好的衔接，以减少阻力和摩擦，第一阶段的分目标及计划应该更加具体化和易于操作，应该制定年度目标、部门策略、方针与沟通措施，使战略最大限度地具体化，成为旅游景区各个部门可以具体操作的业务。

3. 战略运作阶段

旅游景区战略的实施运作主要与各级领导的素质和价值观念、旅游景区的组织机构、企业文化、资源结构与分配、信息沟通、控制及激励制度等六个因素有关。通过这六个因素使战略真正融入旅游景区的日常经营管理活动，成为制度化的工作内容。

4. 战略的控制与评估阶段

战略是在变化的环境中实践的，旅游景区只有加强对战略执行过程的控制与评价，才能适应环境的变化，完成战略任务。这一阶段的主要内容是建立控制系统、监控绩效和评估偏差、控制及纠正偏差。

（二）战略实施的模式

在旅游景区的战略管理实践中，战略实施有五种不同的模式。

1. 指挥型

这种模式的特点是旅游景区确定了战略之后，向高层管理者汇报旅游景区战略，然后强制下层管理者执行。

这种模式的运用要有以下约束条件：总经理要有较高的权威；本模式只能在战略比较容易实施的条件下运用；本模式要求旅游景区能够准确地收集有效信息并及时汇总；本模

式要有较为能干的规划人员。

这种模式的缺点是人为地把战略制定者与执行者分开，即高层管理者制定战略，强制下层管理者执行战略，因此，下层管理者缺少执行战略的动力和创造精神，甚至会拒绝执行战略。

2. 变革型

这种模式的特点是需要对旅游景区进行一系列变革，如建立新的组织机构和新的信息系统，变更人事，甚至扩大或缩小经营范围，采用激励手段和控制系统以促进战略的实施。旅游景区战略领导者必须努力把大家的注意力集中在战略重点所需的领域中，采用各项激励政策，以支持战略、争取大部分员工的支持。

这种模式往往比指挥型模式更加有效，但这种模式并没有解决指挥型模式存在的如何获得准确信息的问题，在外界环境发生变化时战略的变化更为困难，从长远观点来看，在环境不确定的旅游景区应该避免采用此种模式。

3. 合作型

这种模式的特点是旅游景区总经理和旅游景区其他高层管理者一起对旅游景区战略问题进行充分的讨论形成较为一致的意见后，制定出战略，然后落实和贯彻战略，使每个高层管理者都能够在战略制定及实施的过程中作出自己的贡献。

合作型模式克服了指挥型模式及变革型模式存在的两大局限，使总经理接近一线管理人员，能获得比较准确的信息。同时，由于战略的制定是建立在集体讨论的基础上的，从而提高了战略实施成功的可能性。

该模式的缺点是由于战略是拥有不同观点、不同目的的参与者相互协商折衷的产物，战略的经济合理性可能会有所降低，不能充分调动全体管理人员的智慧和积极性。

4. 文化型

这种模式的特点是旅游景区总经理运用企业文化的手段不断向旅游景区全体成员灌输战略思想，建立共同的价值观和行为准则，使所有成员在共同的文化基础上参与战略的实施活动。这种模式使旅游景区所有成员都能在共同的战略目标下工作，旅游景区战略的实施效率高、风险小，旅游景区发展迅速。

文化型模式的局限性表现在以下几个方面：这种模式建立在旅游景区所有成员都是有学识的假设基础上，而在实践中很难达到理想效果；极为强烈的企业文化可能会掩饰旅游景区存在的某些问题；采用这种模式要耗费较多的人力和时间，还可能使实施流于形式。

5. 增长型

这种模式的特点是旅游景区总经理认真对待下层管理人员提出的一切有利于旅游景区发展的方案，只要方案基本可行，符合旅游景区战略发展方向，在与管理人员探讨了解决方案中的具体问题的措施后，就会及时实施这些方案。采用这种模式，总经理应该认识到：必须给下层管理人员以宽松的环境，激励他们出谋划策；总经理不能在任何方面都凌驾于组织成员之上；总经理要充分调动及发挥下层管理人员的积极性；总经理应该坚持发挥集体智慧的作用。

在20世纪60年代以前，企业界普遍认为管理需要绝对的权威。在这种情况下，指挥型模式是必要的。20世纪60年代，钱德勒的研究结果指出，为了有效地实施战略，需要调整企业组织结构，由此出现了变革型模式。合作型、文化型及增长型三种模式出现得较晚，从这三种模式中可以看出，在战略实施过程中只有调动各种积极因素才能保证战略目标的实现。上述五种战略实施模式的侧重点各不相同，在实践中五种模式往往是交叉使用的。

（三）战略监控、反馈与修订

战略实施后，必须对战略的实施效果进行检查、反馈、评价，并且进行适时的修正，以使旅游景区的战略管理符合旅游景区的发展目标。

【本章小结】

旅游景区战略管理主要包括勾画旅游景区远景目标、确定旅游景区市场定位、确立旅游景区的竞争优势、实现远景目标的具体计划四部分内容。战略管理需要经历战略制定、战略选择、战略实施与监控三个阶段。战略制定阶段需要对旅游景区环境进行分析，主要采用 SWOT、波特五力竞争模型、波士顿矩阵、战略地位和行动评估矩阵等方法。战略选择可以在成本领先战略、差异化战略、目标集聚战略中选择一种或几种。战略实施与监控阶段是最为关键的环节，分为发动阶段、计划阶段、运作阶段及控制与评估阶段，一般要结合指挥型、变革型、合作型、文化型、增长型等模式实施。

【拓展阅读】

景区经营企业的战略管理框架

景区经营企业在景区的规范化管理中所发挥的作用日益突出。但与有几百年历史的工业企业相比，景区经营企业由于自身经营环境的特殊性、经营产品的独特性、景区行政管理的高度交叉性，而在管理上相对粗放。在战略管理方面差距更大，有些景区没有统领景区未来发展的战略规划、发展蓝图，基本上是靠领导者的管理风格、个人的经验来左右景区的发展的。

景区经营企业的战略管理就是经营企业根据景区的外部环境与内部经营要素的状况，确定企业发展目标，正确调度各种经营、发展资源，保证企业目标的落实，并使企业使命最终得以实现的一个动态发展过程。其任务在于通过战略的制定、实施、调整、分析、控制，在保证资源动态平衡的条件下，实现企业的发展目标。

对景区经营企业而言，制定发展战略分为以下三步：

第一步，明确景区发展愿景。

确立景区的发展愿景，必须建立在对景区深入、完整分析的基础上，而不是生搬硬套、浅尝辄止；必须有广泛的群众参与，而不是闭门造车。这就需要运用一系列战略分析工具，如 SWOT、PEST、战略集团分析法等。

第二步，战略选择及评价。

景区经营企业应根据企业的竞争力、所依赖资源的品位、所在地政府对旅游业的发展政策等来制定总体发展战略。如果一味追求稳定的发展战略，虽然可以保持战略的持续性、发展的平衡性，但可能会使企业坐失发展良机。

对于有的景点经营企业，景点的外部环境与内部经营要素发生重大变化，企业的经营状况急转直下或资本、市场等重大要素不能支撑企业的发展与生存，或者企业的经营者发现更佳的市场机会，企业可能会选择防御战略，如抽资转向、清算、退出等，这也是避免损失扩大化的一种做法。

对于企业的具体经营单位而言，可以在成本领先战略、差异化战略和目标集聚战略中选择一种或几种。成本领先战略一般适用于竞争性弱、垄断性强的经营单位，如景区的客运索道、景区区位独特的酒店或经营场所。差异化战略一般适用于竞争性强、垄断性弱的经营单位，如旅行社、酒店等。目标集聚战略一般适用于资源比较弱的经营单位，它的主要目的是集中企业的优势资源，对酒店而言，可能是更强调市场细分，对旅行社而言，可能更强调有特色与独到的服务。

第三步，战略实施。

在此阶段，企业应对照总体发展战略，制定相应的职能战略，如市场营销战略、财务战略、人力资源战略等。对营销战略而言，经营企业应明白其在旅游产品设计上应如何定位，才能吸引人、有卖点；在渠道设计上应如何规划，才能使景区的旅游产品能够顺利地被游客消费；在形象推广上应如何做到品牌的有效传达，才能使受众无障碍地接收等；在旅游产品的价格设计上应如何做到价格政策的丰富化、价格政策的灵活与适度等。对财务战略而言，景点经营企业应注意保持合适的资本结构和很好的融资能力，强化资本的预算管理、强化其财务的控制能力与调度能力等。对人力资源战略而言，企业应该有一个立意高远的人力资源规划，设计出具有激励性的薪酬结构，做好员工的职业生涯规划，营造出一种蓬勃向上、锐意发展的气氛等。

在战略实施阶段，有一个很重要的环节，就是战略控制。在战略实施过程中，一方面，企业中的每个人会因能力、认识和信息来源的不同，对所从事的工作的理解往往会有偏差；另一方面，企业的内外环境随时会发生变化，也会对企业产生直接或间接的影响。所有这些都需要企业有一个很好的战略控制。

战略控制过程有三项基本要素：确定评价标准、评价工作成绩、反馈。评价标准是测定企业工作成绩的规范，是衡量企业发展的标杆，是检查企业健康发展与否的镜子。对一个景区经营企业而言，应该根据以下因素来衡量企业发展的品质：游客人数、营业收入、平均消费水平、净利润、饭店出租率、游客投诉情况、经营安全情况、服务创新水平等。评价工作成绩是指将实际成绩与确立的标准相比较，找出实际活动与评价标准的差距及产生的原因。评价业绩的一个主要问题是要决定在何时、何地及间隔多长时间进行一次评价。现在很多景区经营企业由于经营环境的复杂性及信息处理手段的落后，对企业的评价极为滞后，往往出现"一年不反馈、反馈就一年"的现象，好的方面得不到强化，差的方面得不到惩罚。

在实际运作中，企业可以采取多种措施来提高控制的效率、改善控制的效果，如预算、审计、个人现场观察、约见会谈、座谈等都是很好的战略控制形式。通过评价工作成绩，发现问题，并在分析的基础上采取相应的处理措施，也是战略控制的目的所在。

资料来源：黄慧敏．景区经营企业的战略管理框架．中国旅游报，2006-08-07

问题：

1. 通常使用的战略分析工具有哪些？
2. 战略控制过程的基本要素有哪些？

【思考与练习】

1. 试述旅游景区战略管理的基本概念及内涵。
2. 分析旅游景区战略管理的重要性。
3. 简述旅游景区战略管理的内容。
4. 论述旅游景区战略管理的过程。

第四章　旅游景区组织机构和管理体制

【学习目的】

了解旅游景区组织机构的基本设置及管理体制的基本内容，熟悉旅游景区组织机构设置的原则及旅游景区各个部门的管理，掌握我国不同旅游景区适合的组织机构类型，以及我国旅游景区的管理模式和管理创新。

【学习要点】

1. 旅游景区组织机构的类型
2. 旅游景区各主要部门的管理
3. 旅游景区经理的角色和部门间关系的管理
4. 我国现有的旅游景区管理模式
5. 我国旅游景区管理体制创新

【关键词】

旅游景区组织机构　　管理体制　　管理模式

旅游景区运营管理的第一步是设置组织机构，理顺管理体制。组织机构是企业开展各项工作的支持体系，而管理体制决定了组织机构运行的模式。组织机构是企业自身的，管理体制更多的是行业的运行模式。本章主要从景区企业管理角度介绍组织机构，由于管理体制的特殊性，本章也讨论旅游景区的管理体制问题。

第一节　旅游景区的组织机构设置

在企业管理中，一个合理完善的组织机构设计方案可以达到高效性和灵活性的统一，它不仅可以保障企业的正常运营，还可以促进员工有效地完成组织安排的任务。旅游景区作为活跃在市场中的一个有机组成部分，当然也不例外。旅游景区的组织目标是通过对组织资源的合理配置实现高效率生产、提供高质量的旅游产品或服务，以获取最大化的经济利润，达到经济效益和社会效益的统一。要达到这一目标，旅游景区组织就必须设置科学、合理、高效的组织框架，这也是组织顺利运转的第一步。

一、旅游景区的组织机构设置的概念和内容

（一）旅游景区的组织

旅游景区的组织是旅游景区为了实现发展目标，按照一定的规则、程序所构成的一种责权安排和人事安排。"组织"包括机构的组织和工作活动的组织，即有形组织和无形组织。有形组织即有形实体，又称组织机构（或组织结构）；无形组织是指无形的、作为关系网络或力量协作系统的组织，又称组织活动。

（二）旅游景区的组织机构设置

旅游景区的组织机构设置也有一些学者称之为"旅游景区组织设计"或"旅游景区组织结构再造"，即由一些组织机构，如政府、企业等具有较高权力和执行力的机构，根据旅游景区的经营需要设置工作部门，安排相应的工作岗位，协调分配工作权力和职责范围，最终达到高效和灵活地完成旅游景区工作的经营目标。

旅游景区的组织机构设置应该包括两个目标：①组织机构设置的本质是旅游景区员工的分工协作关系，根据设置部门构成、工作岗位构成、设计业务流程、规定管理权责等行为规范员工的分工协作关系；②旅游景区组织机构设置的目标就是为了高效、灵活地完成旅游景区工作的经营目标，通过组织机构设置，以组织的结构化、专业化体现组织业务的职能分工，以提高工作效率。组织机构设置是旅游景区分工协作的基本框架，组织机构设置是否科学、合理在很大程度上决定了组织目标能否顺利实现。

组织机构的科学、合理最直观地取决于管理幅度和管理层次这两个因素。管理幅度是指某个管理人员可以直接监督、管理的下一级员工的数量。这个数目适当，可以有效节约成本、提高工作效率。影响管理幅度的因素主要有管理人员和员工的工作能力、工作的性质和内容、工作的条件和环境。管理层次是一个组织设立的行政等级的数目，一般分为高、中、低三个层次，每一管理层次都有对应的责任和权力要求。高、中、低层次的员工数量不同，一般呈现出金字塔形。

（三）旅游景区组织机构的内容

旅游景区组织机构主要包括三个方面：①部门结构，指旅游景区涵盖的管理部门，也是组织的横向结构，一般包括财务部、行政部、人力资源部、产品开发部、市场部等；②层次结构，指旅游景区各管理层次的构成，也是组织的纵向结构，旅游景区的层次结构一般分为高层、中层、低层三个层次；③职能结构，指由岗位衍生出的必须完成任务的基本职能及其结构。

由上我们可以看出，组织机构设置往往把横向的业务流程和纵向的职能部门结合起来，纵向的职能分工主要关注工作的结构化、专业化。旅游景区的组织机构设置要围绕资源保护、环境管理、游览活动等方面来设计，还应包括一些保证游客活动顺利进行和有效管理的部门，如财务管理部门和人力资源管理部门等。

二、旅游景区组织机构设置的原则

在组织机构设置的过程中，需要遵循一些原则。这些原则在旅游景区组织的经营过程

中扮演着"标尺"的角色，可以极大地保障组织行为规范地进行，以实现组织经营的目标。

1. 集权与分权相结合的原则

在组织机构的纵向关系上，集权和分权体现了组织权力的分配。对于一个旅游景区而言，集权意味着将决策权力集中于最高领导层，下级只有十分有限的决策权力或仅仅只有执行权；分权则意味着决策权集中在中、低层管理层，最高领导层只拥有少数关系全局利益事务的决策权。权力集中可以保持命令和任务的一致性和标准化，但是过于集中却不利于任务的灵活执行及调动中低层员工的工作积极性。权力分散可以使中低层工作者拥有更多的自主权和灵活性创造条件，但是不利于统一管理。因此，集权应与分权相结合，根据旅游景区的实际情况，结合企业内外部环境综合分析，适当地在组织内部进行集权和分权，以增强组织的灵活性和适应性。

2. 责权利分明的原则

组织机构设置的主要目标是清晰划分各个部门和员工间的责任、权力、利益。组织机构中的每个部门和每个员工都必须明确自身的权力、应负的责任和将会得到的利益。在旅游景区中，责权利一致的原则要求权力、责任和利益的对等和一致，努力达到组织机构的合理和高效。在分工协作的前提下，集权与分权相结合的原则下，明确规定每一个部门和岗位的职责范围，并赋予一定的权限，给予一定的利益承诺，以此促进员工的工作积极性和灵活性。

责权利分明的原则应是旅游景区管理中一贯强调和执行的原则，可以通过设立管理委员会等监督机构，以规范旅游景区管理，消除现有管理体制中的种种弊端，保证旅游景区管理有序、高效。

3. 合理的管理跨度原则

管理跨度是指在旅游景区中，上一级管理人员监督、管辖的下一级员工的数量。管理跨度太大，不利于管理，而且易造成资源的浪费；管理跨度不足，则不利于任务的贯彻执行。合理的管理跨度可以在精简机构的同时，保证组织运行的有效性。一般而言，员工的训练程度越高，经验越丰富，所需要的监督、管辖就越少，高层的管理人员就可以设置较宽的管理跨度。除了员工的训练程度和经验外，影响管理跨度的权变因素还有：管理人员与下属员工的沟通方式、使用标准程序的程度、组织管理信息系统的先进程度、组织文化的凝聚力和管理者的偏好的管理风格等。

4. 稳定性与灵活性相结合的原则

这一原则是对组织决策的总体性要求。在进行组织决策时，既要拥有长远、战略的眼光，还要综合权衡个人利益和集体利益，保证组织决策的灵活性，以适应活跃的市场和组织内部不可预期的变化。旅游景区要获得长远的发展，还必须保证组织决策的稳定性，能够长期指导旅游景区经营运作。稳定性与灵活性相结合的原则要达到两个目标：一是在实现旅游景区制定的目标的同时保证组织的稳定性，二是根据组织内外部环境的变化适时调整组织决策。

三、常见的旅游景区组织机构类型

（一）常见的旅游景区组织机构类型

随着旅游经济的不断发展，旅游景区的组织机构设置也出现了相应的变化，由功能的简单、单一向复杂、多维转变，且日益注重实效性和灵活性。目前，旅游景区常见的组织机构类型有直线制、职能制、直线—职能制、事业部制、矩阵制、网络制等。

1. 直线制组织机构

直线制组织机构（如图 4-1 所示）是最早也是最简单的组织形式。其最大的特点是不设职能部门，实行从上到下的垂直领导，下属部门只接受上一级的指令，各级管理人员对下属部门的所有问题负责，对下属进行统一指挥，可以快速、准确地传达指令。

直线制组织机构的优点在于组织机构简单、权责分明、信息传达速度快、工作效率高，但是它对管理人员能力的要求很高，在业务比较复杂、规模较大的旅游景区是不太可能实现的。这种组织机构受管理人员的能力限制较大，适用于规模较小、业务较简单的旅游景区。

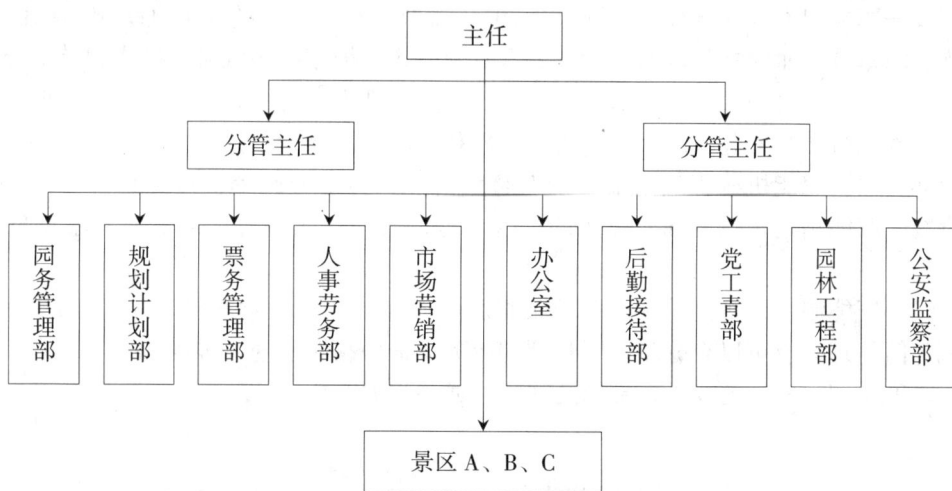

图 4-1　直线制组织机构图

资料来源：黄翔. 旅游景区管理. 武汉：武汉大学出版社，2004.50

2. 职能制组织机构

职能制组织机构（如图 4-2 所示）是以职能为导向的组织形式。它是将相似或相关职业的员工组合在一起，将按职能划分部门的方法应用到整个组织范围而设计出来的。

职能制组织机构的优点在于适应大生产分工合作的要求，专门化带来节约成本的好处（如规模经济、减少人员和资源的重复配置）；员工会喜欢与其他完成相似任务的人在一起。缺点是缺乏沟通交流，追求职能目标会导致管理者看不到组织整体的最佳利益；各职能部门之间相互隔离，不了解其他部门的工作。职能制组织机构在中小型旅游景区有较为明显的优势。

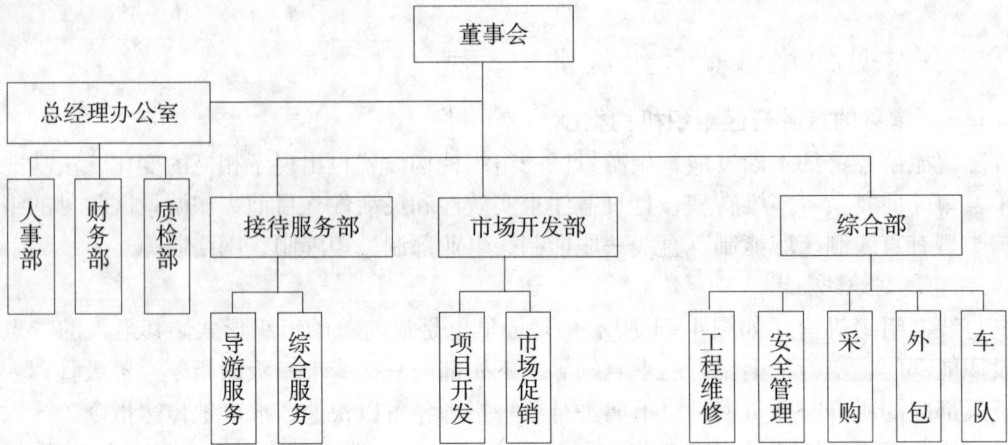

图4-2 职能制组织机构图

资料来源：张帆．旅游景区管理．北京：人民出版社，2006.115

3. 直线—职能制组织机构

直线—职能制也称为直线参谋制（如图4-3所示），是在吸取了直线制和职能制两者的优点的基础上而建立起来的。这种组织机构形式是把旅游景区管理机构和员工分为直线领导机构及职能机构两个组成部分。其中，直线管理人员对下一级组织行使指挥权，职能机构管理人员在职责范围内有一定的决定权和对所属下级的指挥权，并对自己部门的工作负全部责任，职能机构管理人员不能对直线管理人员发号施令，只能起指导作用。所以，直线—职能制是直线制和职能制的综合，是以直线制为主导、职能制为辅助的组织形式。

直线—职能制组织机构的优点在于保证了在旅游景区管理体系的集中统一的前提下，各职能部门管理人员可以充分负责所管理的业务，促使指令快速、准确执行。同时，它也存在着高度协调、配合的要求，部门之间的沟通显得尤为重要。

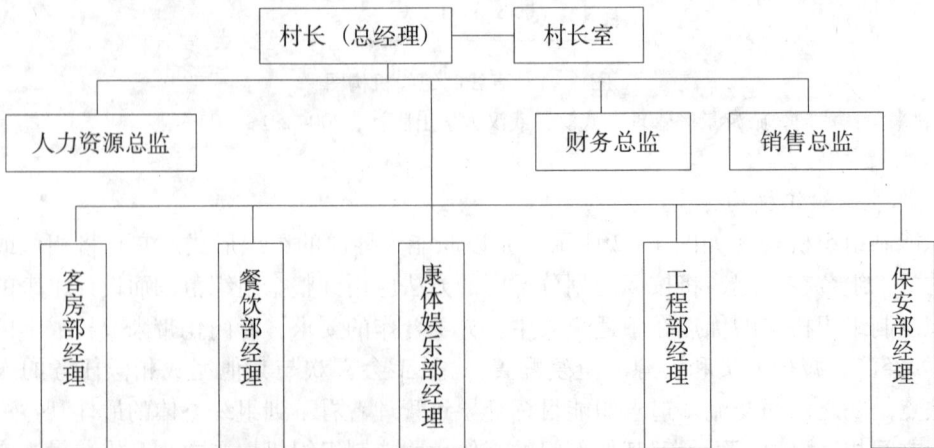

图4-3 直线—职能制组织机构图

资料来源：田玉堂．21世纪瑞海姆国际旅游度假村经营模式．北京：中国旅游出版社，2000.65

4. 事业部制组织机构

事业部制组织形式（如图4－4所示）是由相对独立的单位或事业部组成的组织机构，每个单位或事业部拥有较大的自主权，事业部经理对本部门的绩效负责，同时拥有战略和运营决策的权力。旅游景区按照产品或类别、市场客户范围等不同的分类划分为一定数量的事业部，独立经营、分权管理。

事业部制组织形式具有两种不同的形态：

（1）产品事业部。旅游景区以产品为组织机构的划分依据，将生产某一种产品的活动设置在同一个产品部门内。优点在于有利于产品的专业化开发，适合旅游景区产品多元化的要求。缺点则是每个部门都拥有一定的权力，给旅游景区高层领导者的管理带来了一定的困难。

（2）地区事业部。旅游景区以地区为划分依据，将某一地区的业务集中起来设置在同一个部门内。地区事业部组织形式在设计上往往设有总部，为各地区的事业部提供总体的方向指导或专业化的服务。此种模式适用于大型的旅游景区。优点在于业务的开发更有针对性，有助于业务的拓展。缺点在于总部难以控制地区的运营，活动和资源重复配置导致成本上升、效率降低。

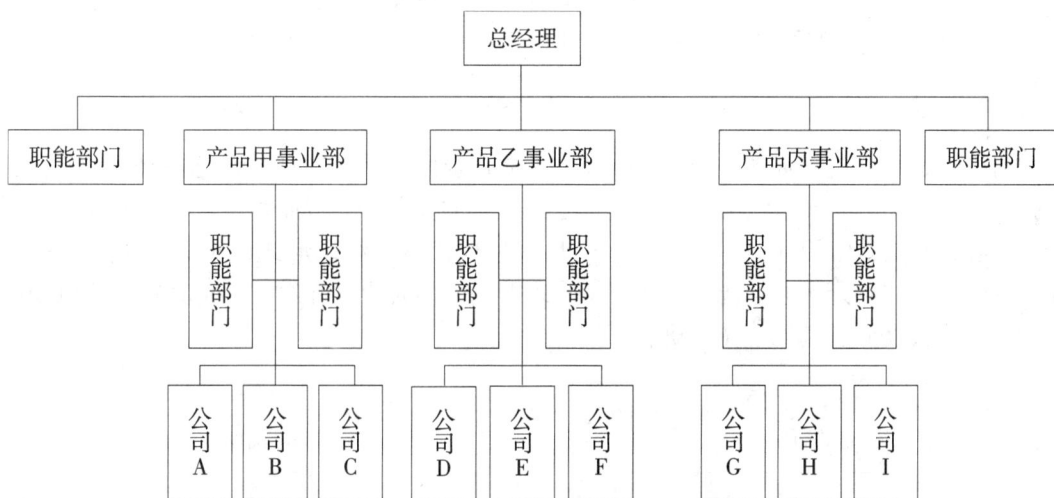

图4－4　事业部制组织机构图

资料来源：张红，席岳婷等．旅游业管理．北京：科学出版社，2006.380

5. 矩阵制组织机构

矩阵制组织机构（如图4－5所示）是由横向和纵向管理机构组成的组织形式。横向管理机构是以产品、业务为对象的管理机构，纵向管理机构是以职能部门为对象的垂直领导系统，二者之间是平行交叉的。矩阵制具有多重指挥性，是组织在具有高度不确定性的环境中的一种理想的组织机构形式。矩阵制的出现应归因于组织要开发一种产品或者启动一个项目。开始时，不同职能部门的员工暂时聚在一起，共同协力完成开发产品或攻关项目的目的；结束后，各自回到自己的归属部门。

矩阵制组织机构的优点在于充分利用人力资源，发挥员工的专长，组织机动灵活，适合在不确定的环境中解决复杂问题。缺点在于组织不够稳定，员工接受双重领导，这对于员工工作积极性的提高是一种挑战。

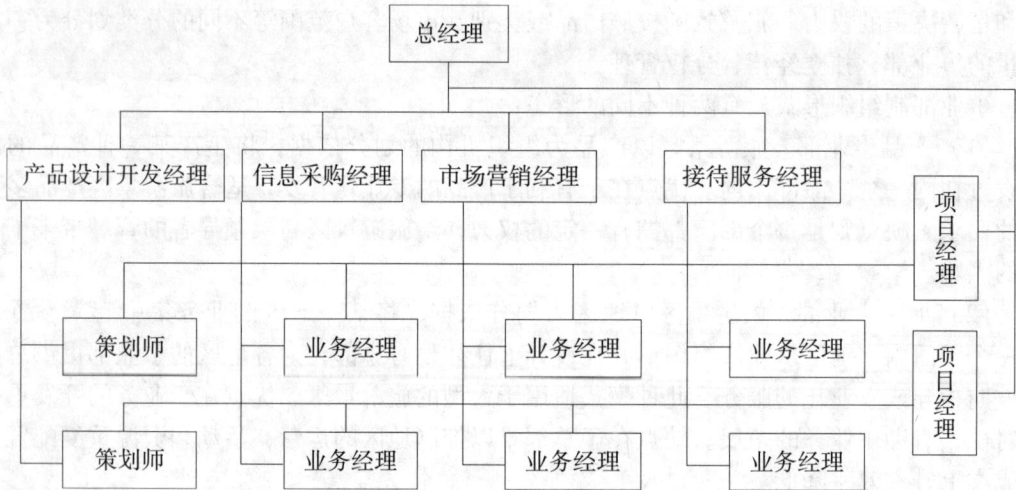

图4-5 矩阵制组织机构图

资料来源：张红，席岳婷等.旅游业管理.北京：科学出版社，2006.383

6. 网络制组织机构

网络制组织机构（如图4-6所示）是把旅游景区许多主要职能外包给不同的企业，以旅游景区自己的总部组织为中心，组合运转所有的业务。一般而言，这种模式都是以项目为中心，与其他组织建立一个网络。这是一种现代型的组织形式，充分利用周围的资源，有效节约旅游景区的运转成本，减少管理费用。但是也存在组织承担着较高的市场风险、员工忠诚度低、流失率高等缺点。

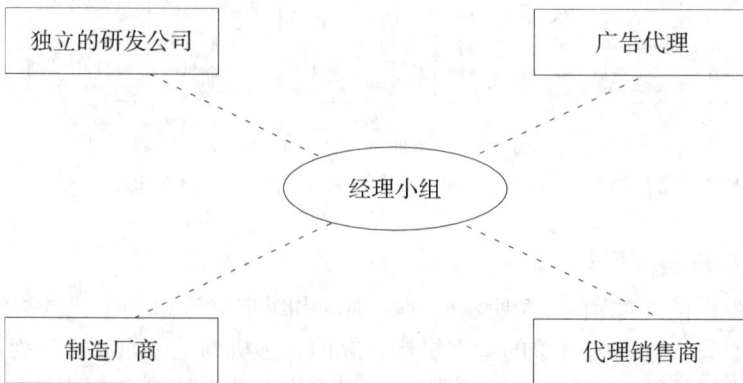

图4-6 网络制组织机构图

资料来源：李树民.旅游企业管理理论与实践.北京：经济科学出版社，2004.61

有学者如巴纳德将组织划分为正式组织和非正式组织。正式组织是明确按照有关规定划分员工关系及相应的责权利关系，从而实现其工作目标的组织。非正式组织是组织成员在自发的基础之上，为了某种心理需要，有意或无意地形成的一种不定型的组织。非正式组织在组织内部扮演着重要的角色，对正式组织可以起到积极或消极的作用。当满足了一些心理需要时，非正式组织的成员可以通过正式制度达到组织目的；当无法满足心理需要时，非正式组织与正式组织就会产生目标冲突，非正式组织会对正式组织的工作产生破坏性影响。

巴纳德的观点被广泛接受，不少旅游景区的管理者都认识到了非正式组织的重要作用，并通过信息引导和沟通，力图促使非正式组织发挥积极作用。

（二）不同旅游景区适合的组织机构类型

从旅游景区开展业务的角度而言，职能部门可以分为接待部门、市场开发部门和综合服务部门。这种职能划分方式比较适合旅游景区的专业化分工，有利于减少人员和资源的重复配置。旅游景区组织机构的设置因旅游景区的类型、规模不同也有所不同。同等或同类规模的旅游景区的组织机构可能很相似，而类型、规模不同的旅游景区在组织机构设置上就要根据自己的情况来设计，绝不可照搬。

例如，强调科研和保护目的的自然保护区应该设立科普教育、环境保护的部门；强调娱乐和参与价值的主题公园应该设立市场部、产品开发部等；小型旅游景区不需设立住宿、餐饮、商业等部门，通常只在总经理下设立接待、园务、财务、安全管理等若干主管，不需要设立事业部这种分工较为专业的组织机构。风景名胜区的组织机构则相对复杂一些。在我国，管理机构有政府型、管理委员会型和管理局型。管委会一般设置办公室、规划科和管理科。管理局一般设置局机关、事业和企业三大系统。

因此，针对不同类型、不同规模的旅游景区应设置适合的组织机构，但总体而言，以下几条原则是最需要注意的：①组织机构要求精简。尽量以最少的部门维持旅游景区的正常运营，以节约管理成本，追求经济、高效。②组织机构具有灵活性。针对市场和游客需求的变化，组织机构可以适应这种变化，及时作出调整，满足、引导游客的需求。③组织机构要求目标明确。旅游景区的目标应涵盖全局目标、战略目标，将每个职能部门和员工的积极性都调动起来。④组织机构要求为员工创造一个良好的成长环境。必须注重员工的成长，形成员工自我控制的机制，提供物质奖励或工作长期发展等激励措施。

四、旅游景区组织机构设置的发展趋势

世界上绝对静止不变的事物是不存在的，每个事物都有一个特定的生命周期。市场的千变万化、技术的革新都在不断地挑战着旅游景区的组织机构能否长期、高速运行。适应不了这些变化，旅游景区很可能走向衰落，甚至被淘汰。因此，旅游景区组织机构应该随着市场、游客需求的变化而适时调整，这是旅游景区保持顽强生命力的保证。纵观当今我国的旅游景区，其组织机构的发展趋势主要有以下几个方面：

1. 组织机构扁平化

组织机构的扁平化，就是通过减少管理层次、裁减冗余人员来建立一种紧凑的扁平组织机构，使组织变得灵活、敏捷，以提高组织效率和效能。扁平化组织机构具有信息流畅、创造性及灵活性加强、降低成本、增强组织的反应能力和协调能力的优点。它减少了决策与行动之间的时滞，增强了对市场和竞争动态变化的反应能力，从而使组织能力变得更柔性、更灵敏。传统的组织机构形式不能适应日益变化的外部环境。以矩阵制和网络制为代表的新型组织机构可以适应游客的需求变化，开发出特色产品，达到品牌化经营的目的。

2. 组织机构虚拟化

经济全球化的形势下，游客的需求越来越具有个性和特色，对传统产品的忠诚度和依赖性逐渐降低。因此，如何迎合游客的需求，维持或拓展组织的经营是个重要的问题。许多组织采取了联合的方法，注重与其产业链条上游、下游商家的紧密联合，以迅速地创新产品来赢得新的顾客。这种组织机构是一种虚拟化的经营方式。网络制组织机构即通过外包非核心的业务，以实现最大化利用资源、节约成本，通过与外包企业的合作达成满足游客需求、获得组织的可持续发展等目的。虚拟经营的普遍出现很大程度上得益于信息技术的不断革新，互联网、通信技术为组织间远距离沟通创造了基础性条件，经济的全球化更为组织间大范围、深层次的合作创造了有利条件。

3. 组织机构柔性化

柔性的概念最早源于制造业，是指生产系统适应变化的环境或环境带来的不稳定性的能力。而组织机构柔性化是指根据环境的变化调整组织机构，建立临时的以任务为导向的团队式组织。柔性化组织最显著的优点是灵活、便捷、富有弹性。这种机构可以充分利用企业的内外部资源增强组织对市场变化与竞争的反应能力，有利于组织较好地实现集权与分权，有利于稳定性与变革性的统一，还可以大大降低成本。组织柔性的本质是要保持变化与稳定之间的平衡，需要管理者具有很强的管理控制力。

除了上述趋势以外，组织机构还逐渐呈现出多样化的特点，强调战略中心的组织方式及员工共同学习的趋势。组织机构的不断创新既是时代对组织的发展需要，更是组织经营取得成功的保证。只有可以适应外界环境变化、满足游客需求的组织才能在千变万化的市场形势下赢得生存、发展的机会。

第二节　旅游景区主要部门的管理

不同类型旅游景区的部门设置不同，但一般而言，旅游景区的职能包括总经理、营销公关管理、园务管理、人力资源管理、财务管理、安全保卫管理等。

一、人力资源部门的管理

人力资源是市场经济生产要素中非常重要的一个要素，又被称为"劳动力资源"、"劳动力资本"。从经济学的角度而言，人力资源是被投资主体所控制，并与其他生产要素结合使用的人力资产。具体在一个旅游景区内，它指的是劳动者的体质、智力、知识和技能。在旅游景区所有的资源中，人力资源是一种动态的、可重复利用、不断增值的资源。在知识经济时代，人力资源的意义和作用更加凸现，也受到了管理者的高度重视，任何旅游景区的发展都离不开高质量的人力资源及高效的人力资源配置。

旅游景区的人力资源包括经理管理人员、公关营销人员、资源调查规划人员、接待人员、人事管理人员、财务人员和其他人员等各个层次的人员。这些不同层次的员工按照不同的机构设置方式组合起来，共同构成人力资源部门管理协调的框架。人力资源部门管理与其他部门相比，其特征表现在：

1. 系统性

旅游业是涉及顾客多种多样需求的服务产业，且各种需求间表现出较强的关联性，因此要以系统的眼光去看待人力资源部门的管理，综合考虑多方面的影响因素，为旅游景区的共同目标服务。

2. 综合性

人力资源部门的管理是以人为对象的管理工作，因而需要以多角度、综合性的视角去进行管理。要综合考虑经济因素、心理因素、文化因素、社会因素、生理因素等，并运用组织行为学、统计学等学科的知识进行管理。

3. 实效性

人力资源是一种有生命力的资源，它的形成、开发和利用都要受时间的限制。因此，对于人力资源应当适时开发、利用，同时应当注意开发使用的时间不同，所得到的效益也不同。一般而言，25～45岁是脑力劳动者的黄金年龄，37岁是最佳年龄。

4. 持续性

人力资源的使用过程即开发过程具有持续性。员工通过工作和培训不断积累经验和知识，提高自身的综合素质。员工的自我提高过程也是人力资源不断升值的过程。

在已定的组织目标的基础上，人力资源管理部门的职责主要有两部分：一是人力资源管理，主要包括干部的录用、培训、考核、奖惩、调动、人事档案等内容；二是劳动管理，主要指员工的录用、奖惩、调配、劳动计划、劳动组织、劳动保险、生活福利等。

总体而言，人力资源部门管理是旅游景区管理中占据重要地位的环节。旅游景区的服务项目复杂、服务质量难以控制，合理、有序的管理不仅可以使旅游景区的工作有条不紊地进行，更可以保障员工有较高的工作积极性和创造力，全方位的培训可以使不同层次的员工的综合素质得到提高，更加有助于提高劳动效率，也有助于良好的工作氛围的形成。有了高素质的员工队伍做保障，旅游景区的竞争力就可以得到进一步的提升。

二、营销部门的管理

旅游景区营销管理在一定程度上决定着旅游景区的经济效益，决定了旅游景区的生存和发展。因而，有效的营销管理是旅游景区成功经营的保证之一。营销学大师菲利普·科特勒认为，"营销是个人和集团通过创造并同别人交换产品和价值以获得其所需之物的一种社会过程"。在他看来，营销是一种社会行为，是企业的一种"谋生"活动。旅游市场营销是通过分析、计划、执行、反馈和控制的过程，以旅游消费需求为导向，协调各种旅游经济活动，实现提供有效的产品和服务，使游客满意、企业获利，从而实现旅游经济和社会目标的活动。

旅游景区营销部门通过建立广泛深入并高效运转的销售渠道和建设素质精良且系统运作的销售队伍，达到旅游景区的营销目标，并持续推动旅游景区的发展。

旅游景区的营销管理从分析影响营销的因素开始，但随着科技的发展、经济全球化的趋势、游客消费趋向于个性化和特色化等外部因素的变化，给旅游景区的长期发展带来了一定的挑战。旅游景区的营销管理包括以下内容：

1. 营销策划

营销策划是对营销活动的谋划，是在综合分析内外部因素的基础上，对一定时间内组织营销活动的行为方针、目标、战略及实施方案进行的设计和计划。主要包括营销信息调研、营销环境分析、游客行为动机分析、分析营销机会等方面。市场调研是营销策划的前提，为营销策划提供翔实的、第一手的数据和资料，主要包括市场调查和分析，寻找产品的最佳市场点。营销环境分析是策划中一个重要的环节，是产品销售的内外部环境，直接决定产品是否适合市场及能否满足游客的需求。旅游景区的营销对象是游客，因此必须要对游客的行为动机有所了解。对游客行为动机的分析涉及文化背景、社会背景、经济背景、心理因素及个人因素等多方面的信息。在对游客行为动机进行分析后，需要分析旅游景区产品的营销机会，即分析本次产品是否有推向市场的可能性。

2. 选择目标市场

游客的需求是复杂多样的，任何一个旅游景区向市场提供的单项旅游产品都不可能满足全部游客的需求，因此需要按照一定的标准，如地理因素、人口统计因素、心理行为因素、消费行为因素等，把整体旅游市场细分为多个子市场。之后，根据旅游景区的经济实力、经营特点选择适合自己的或有能力满足游客需求的细分市场，以便有效地开展下一步的营销工作。

3. 制定和实施营销策略

营销策略是针对已选定的目标市场制定的一定时期的市场营销的总体设想和规划。制定和实施营销策略是一个系统的过程，应根据不同的营销阶段采用不同的营销策略。

三、康乐部门的管理

康乐部门不是每个旅游景区都必须设置的部门，一般只有大型旅游景区或者康乐功能较突出的旅游景区才设置这个部门。在旅游业"吃、住、行、游、购、娱"六大要素中，"娱"和"购"的比例越高，越能反映出游客消费结构的合理性及旅游景区发展的完善程度。因此，康乐部门的收入占旅游景区总收入的比例具有重要的表征意义，也是旅游景区收入的重要来源。

康乐部门的管理主要是以旅游景区的康乐设施、设备为凭借，对各种康乐服务项目的经营和运转所进行的协调、控制和监管工作，包括不同旅游景区的康乐部门的规模、设施设备会有所不同。同其他部门相比，康乐部门的占地面积较大，是直接面对游客的部门，因此，如何提供优质的服务、保证设施设备的合理使用是康乐部门管理的两个最主要的目标。康乐部门的附近可以设立饮食部、商品部，为游客提供配套服务，为旅游景区带来额外的经济收入。

针对康乐部门主要面对游客这一特殊的性质，对康乐部的管理也是组织游客参观、游览的一个过程。主要内容包括：第一，准备工作，包括设施设备的检查和试运行，工作人员的工作准备（包括员工的着装、票券、用具用品准备等），保证各项工作就绪；第二，组织游览，包括检票、操控设施设备、质量检查等，保证游客满意；第三，游览结束，游客游览完毕后，请游客填写意见表，并编制营业日报。其中，票务管理制度、设备管理制度都需要专门制定，并力行贯彻实施。康乐部门在管理过程中，组织游览需要现场的督导和管理，保证优化配置现场的各种作业要素，使之成为一个有机的系统。同时，现场的管理还可以有效地减少浪费、控制旅游景区的成本、及时解决异常问题，为游客创造一个良好的旅游环境。

对员工而言，康乐部门也是一个锻炼专业能力的地方，通过接待游客、处理突发事件、整理游客意见表、与其他员工合作，可以不断提升工作能力，培养团队合作精神。对游客而言，康乐部门管理的效果直接影响他们对旅游景区的印象和对旅行的满意程度。因此，在一个旅游景区中，康乐部门的管理应该是被着重强调和重视的。

四、园务部门的管理

园务部门主要是负责对旅游景区内的园林景观进行规划、建设、改造、美化绿化和清洁卫生等的管理。[①] 旅游景区园务管理的目的是给游客提供一个良好的游览环境。浏览环境不仅代表了这个旅游景区的形象，也涉及旅游景区的可持续发展。

园务管理包括的主要内容有：

1. 旅游景区景观的规划和建造

旅游景区的建造要遵循美学及景观设计学的原理，从选址、布局到线路设计、功能分区的整个过程都要有序进行。旅游景区通常选在具有垄断性或优势性资源、具有市场优势的地方（但主题公园更多考虑的是市场和经营环境的因素），线路设计也要充分考虑游客的心理和生理需求，如迪士尼乐园就曾根据游客的自发游览线路设计了游览通道。不少旅游景区在建造的过程中追求个性化和特色化，力图表现不同的景区风格。旅游景区建造的目标是达到空间形式上的一致和完善、经济效益和美学价值的统一。旅游景区开放之前要考虑到景区承载力的大小，保证旅游景区资源的持续性利用。

2. 旅游景区景观的保护

旅游景区景观的保护工作是影响园务部门管理的主要因素之一。景区保护工作主要分为美化绿化和清洁卫生两个方面。美化绿化主要是指植物的美化管理，必须依托园艺技术来实现，包括大面积的绿化、景观的观赏植物的处理，以及花坛、草坪的美化处理等工作。景观的保护需要具有专业知识的工作人员，遵循一定的保护规则，对景观进行分区保护。除了专职工作人员，游客对旅游景区景观保护也是必不可少的，甚至是非常重要的。游客直接接触这些景观，并且接触的时间最长，所以，加强对游客的景观保护宣传是非常有效的。

3. 旅游景区景观的清洁卫生

旅游景区的清洁卫生对旅游景区形象的重要意义可想而知。很难想象一个遍地都是垃圾的旅游景区会受到游客的青睐。时时保持清洁卫生的游览环境是游客游览的基本需求，也是较难实现的需求。对于旅游景区景观的清洁卫生需要从员工和游客两方面入手。

对员工，要实行分区负责制，建立卫生管理制度，日常管理和游客高峰期的突击清扫相结合，提高卫生管理质量；对游客，要加强维持环境卫生的宣传，对于个别严重破坏环境卫生的游客应采取一定的处罚措施，以起到警示作用。此外，环境标识也是非常重要的

---

① 岳怀仁. 风景旅游区经营与管理. 昆明：云南大学出版社，1998

指引工具，以自然的材质、新颖的内容、醒目的外形为特点的标识既是旅游景区一道亮丽的风景线，更可以唤醒游客保护旅游环境、维持清洁卫生的意识。

五、财务部门的管理

财务部门是旅游景区组织机构的重要组成部分，财务部门主要负责旅游景区的财务管理，即有关资金的筹集、运用、分配等方面的管理活动。财务管理是旅游景区管理的一部分，良好的财务管理能够保证旅游景区有足够的资金维持旅游景区的日常经营，并确保旅游景区资金的合理、有效利用。

财务部门管理的内容包括资金、成本费用、营业收入及利润管理，以及财务分析。

1. 资金管理

旅游景区资金管理包括筹资管理、投资管理和资产管理。其中，筹资管理指筹集资金的渠道和方式（即资金的来源和途径），以及对筹集到的资金的管理；投资管理指对旅游景区为取得更多的收益而进行的多元化资本投资进行的管理，主要是针对投资项目进行财务评估和投资风险管理；资产管理包括固定资产管理、流动资产管理及无形资产管理等。固定资产管理主要是确定所需固定资金量，编制固定资产折旧计划，考核分析固定资产利用情况。流动资产管理主要是计算旅游景区所需的流动资金量，保留适量的流动资产，以便充分合理利用旅游景区的资金。无形资产管理就是对无形资产资源进行计划、组织、控制，使之发挥最佳效益。

2. 成本费用管理

旅游景区成本费用的管理直接影响旅游景区的经营效益。旅游景区财务管理的重要任务就是通过预测、计划、控制、核算、分析和考核等加强成本费用的管理，通过控制成本费用来提高旅游景区的经济效益。

3. 营业收入及利润管理

旅游景区营业收入指旅游景区提供旅游服务和销售旅游商品取得的收入，主要包括门票收入、旅游景区内有偿服务设施收入、旅游商品及纪念品销售收入、餐饮收入、导游服务收入等。营业收入扣除各种成本费用和税金后就是利润。旅游景区营业收入及利润的管理主要是积极组织旅游景区各项营业收入的回收，考核分析营业收入计划的进展，分析利润构成，拟订利润考核指标，以及利润分配的管理等。

4. 财务分析

对旅游景区经营情况和财务状况进行分析，为旅游景区合理提高效益的决策提供依据。

六、安全保卫部门的管理

安全是旅游业的生命线，是旅游业持续、健康、稳定发展的前提和基础。旅游景区的管理应该把安全管理放在一个非常重要的位置。从目前旅游景区管理现状看，旅游景区安全管理并没有得到充分的重视。安全问题不仅影响到旅游景区的形象和信誉，甚至关系到旅游景区的生死存亡，如 1994 年的"千岛湖事件"就对千岛湖景区造成了巨大的负面影响。

安全保卫部门是旅游景区负责安全监督管理的内设机构，是旅游景区正常运作必不可少的保障。安全保卫部门主要负责落实国家有关安全的法律法规，组织旅游景区内部开展安全活动，负责日常安全检查，及时发现本旅游景区的安全隐患，并监督整改工作，按规定及时、如实地向有关部门报告各类旅游突发事件。其工作人员是专职安全管理人员。作为一名安全管理人员，必须具备与旅游景区经营活动相适应的安全知识和管理能力，能够应对各种突发事故，确保旅游活动顺畅开展。

七、经理的角色和部门间关系的处理

经理是旅游景区的领导者，他们的决策及行为直接影响整个旅游景区的运作，进而影响整个旅游景区的经营效果。从部门管理角度而言，经理（部门）是经营管理中权限最高的部门，这一部门由一个（经理）或几个（包括副经理）人员组成。优秀的经理人员能够有效地利用旅游景区的各种资源来提高工作效率，使上下级之间、不同部门之间的联系更加紧密、沟通更加顺畅，能够更好地实现旅游景区的经营管理目标。

1. 经理的角色

（1）经理要明确自身的职责。旅游景区的经理首先要对旅游景区有总体的了解，不仅要关注旅游景区的日常管理，还要考虑旅游景区的前景及未来。旅游景区的经理还肩负着对外联络官的职责，需代表旅游景区的利益与外部的群体打交道。旅游景区的经理还是冲突管理者，组织内部以及组织与顾客之间出现冲突时，他们要帮助解决冲突。

（2）经理要具有一定的技能。经理应具有的技能包括专业技能、人际关系技能和管理技能。专业技能指为有效领导旅游景区的工作所应具备的专业知识与技术能力，如景观设计、餐饮、娱乐等方面的知识。作为旅游景区的经理，必须懂得各种专业技能，才能在旅游景区工作中了解整个经营运作过程。人际关系技能，即与人相处和沟通的能力。具有良好人际关系技能的领导者能够使员工作出更大的努力，他们懂得如何与员工沟通，如何激励、引导员工的热情和信心。管理技能包括分析决策能力、组织与控制能力、应变和创新能力以及组织协调能力等。

2. 部门间关系的处理

旅游景区部门与部门之间因相互依赖性、任务不确定性、时间与目标取向不同等原因，要相互协作，部门之间的关系不仅会影响到双方部门的工作绩效及各部门员工的工作满意度，甚至会影响到整个旅游景区的经营运作，因此正确处理部门间的关系就显得至关重要。

经理必须善于处理部门间的关系。首先，要从旅游景区的整理利益出发考虑问题。旅游景区的各部门及每个员工的利益必须服从旅游景区整体利益，做好团队建设，推动各部门之间的沟通和理解，使各部门之间团结一致；其次，要制定相关的制度，构建一套完整的规则和程序，明确各部门职责，规范部门成员的行为准则，不推卸责任；再次，经理要具备良好的协调能力。当部门间出现冲突时，可以由经理出面协调。

第三节　我国旅游景区的管理体制

旅游景区是旅游产业的重要组成部分，管理体制是旅游景区行业发展中最受关注的问题，也是旅游景区经营管理的核心问题。旅游景区管理体制决定了其采用怎样的经营机制，进一步形成了景区的发展模式。本节主要分析我国旅游景区行业管理体制。开展旅游景区管理体制研究，实施管理体制改革，有利于推进景区资源的保护和景区的发展。

一、我国旅游景区管理的发展历程

随着我国社会经济的发展及经济体制的改革，旅游景区管理也在不断发展变革。从整体上看，经历了事业管理、政府经营管理、企业经营管理、现代企业管理等四个阶段。

1. 事业管理阶段

新中国成立初期至改革开放前，我国的旅游业还处于发展初期，旅游活动主要是外事接待，因此旅游景区是事业机构，基本沿用苏联管理模式，把旅游景区管理当作纯公益事业进行管理，在管理体制上直接由政府部门经营管理，采用纯粹的事业管理模式。

2. 政府经营管理阶段

改革开放后，旅游业被定位为重要的创汇行业，旅游的主要目标由外事接待变成了创汇，但是在管理体制上仍然是政府部门的事业机构。由于这个时期的主要目标是创汇，追求旅游景区经济利益最大化，在旅游资源国有的前提下，这个时期大多数旅游景区的土地都是无偿划拨的，使旅游景区的经营成本极低，以致旅游业被误认为是"投资少，见效快"的行业。此阶段政府对旅游景区实行专营管理，管理比较混乱。

3. 企业经营管理阶段

20世纪90年代后，我国经济体制发生了转变，旅游景区的管理模式也出现了创新。过去政府直接经营管理，所有权、管理权和经营权合一的管理模式已经不适应现代旅游景区的发展，因此旅游景区的管理也进入一个转型阶段，出现了租赁、承包、买断等经营模式。这些模式充分利用了市场资本，在一定程度上缓解了旅游景区的财政困难，促进了资源的优化和有效利用，但同时也要注意这些管理模式带来的问题，如经济效益上的短期行为、国有资源价格低估、缺乏一个强有力的利益协调机构等。

4. 现代企业管理阶段

随着旅游景区管理理论的不断发展和完善，越来越多的先进管理理念和方法被引入旅游景区管理的实践中，其中最突出的就是用现代企业制度对旅游景区进行经营管理。这种模式是将旅游景区的经营与管理分开，以旅游景区的经营性资产作价，吸引其他经营成分，组成多种经济成分的股份公司。这样，管理者和经营者权责分明，既可以有效避免国有资源的流失，又有利于旅游开发和资源保护，从而使旅游景区的社会效益、经济效益和环境效益得到较好的均衡。

二、我国旅游景区管理体制的现状

随着我国旅游业的发展，旅游管理体制也逐步得到完善，但是相对于饭店业和旅行社业，旅游景区的管理体制一直颇具争议。

（一）我国不同类型旅游景区的主管部门及运营管理

根据我国旅游景区目前的状况，可以把旅游景区分为两大类别，一类以经济开发为主要目的，另一类以资源保护为主要目的。经济开发型旅游景区基本采用现代企业管理模式，如主题公园和旅游度假区等；资源保护型的旅游景区由于其资源的公共性，因此在管理上政府干预程度较高，这类旅游景区包括风景名胜区、森林公园、自然保护区、博物馆和文物保护单位等。

1. 风景名胜区

2006 年国务院颁布的《风景名胜区条例》规定：国家对风景名胜区实行科学规划、统一管理、严格保护、永续利用的原则。风景名胜区所在地县级以上地方人民政府设置的风景名胜区管理机构，负责风景名胜区的保护、利用和统一管理工作。国务院建设主管部门负责全国风景名胜区的监督管理工作。国务院其他有关部门按照国务院规定的职责分工，负责风景名胜区的有关监督管理工作。省、自治区人民政府建设主管部门和直辖市人民政府风景名胜区主管部门，负责本行政区域内风景名胜区的监督管理工作。省、自治区、直辖市人民政府其他有关部门按照规定的职责分工，负责风景名胜区的有关监督管理工作。设立风景名胜区，应当有利于保护和合理利用风景名胜资源。

2. 森林公园

2005 年颁布的《森林公园管理办法》指出：林业部主管全国森林公园工作。县级以上地方人民政府林业主管部门主管本行政区内的森林公园工作。在国有林业局、国有林场、国有苗圃、集体林场等单位经营范围内建立森林公园的，应当依法设立经营管理机构；但在国有林场、国有苗圃经营范围内建立森林公园的，国有林场、国有苗圃经营管理机构也是森林公园的经营管理机构，仍属事业单位。森林公园经营管理机构负责森林公园的规划、建设、经营和管理。设置森林公园是为了合理利用森林风景资源，发展森林旅游。

3. 自然保护区

2005 年颁布的《自然保护区条例》规定：国家对自然保护区实行综合管理与分部门管理相结合的管理体制。国务院环境保护行政主管部门负责全国自然保护区的综合管理。国务院林业、农业、地质矿产、水利、海洋等有关行政主管部门在各自的职责范围内，主管有关的自然保护区。县级以上地方人民政府负责自然保护区管理部门的设置和职责，由省、自治区、直辖市人民政府根据当地具体情况确定。自然保护区的建设与管理应当坚持全面规划、依法保护、科学管理、合理利用的原则。自然保护区以保护为主，实行保护、建设、利用相结合的方针，妥善处理好与当地经济建设和居民生产、生活的关系。

4. 博物馆和文物保护单位

2002 年颁布的《中华人民共和国文物保护法》规定：国务院文物行政部门主管全国文物保护工作。地方各级人民政府负责本行政区域内的文物保护工作。县级以上地方人民政府承担文物保护工作的部门对本行政区域内的文物保护实施监督管理。县级以上人民政府有关行政部门在各自的职责范围内，负责有关的文物保护工作。国家依据"保护为主、抢救第一、合理利用、加强管理"的文物工作方针进行管理。基本建设、旅游发展必须遵守文物保护工作的方针，其活动不得对文物造成损害。

5. 地质公园

自 2000 年我国实施国家地质公园计划以来，目前已批准建立国家地质公园 182 处，其中 22 处被联合国教科文组织批准为世界地质公园。国土资源部是我国地质公园的行政主管部门，公园管理委员会是其业务主管部门。2007 年国土资源部地质环境司《关于加强世界地质公园和国家地质公园建设与管理工作的通知》中指出：省级国土资源行政主管部门要敦促各世界地质公园和国家地质公园所在地人民政府设立专门的公园管理机构。明确地质公园管理机构负责地质公园规划编制、园区建设、地质遗迹保护、科学普及与研究、宣传等主要职责。管理机构领导班子和工作人员中，应配备一定比例的地质专业人员。

6. 旅游度假区

旅游度假区采用的是在政府指导下的企业化管理模式，在行政上设立国家旅游度假区管理委员会负责度假区的总体规划、项目审批、基础设施建设和管理等。如北海银滩国家旅游度假区，北海市政府设立度假区管理委员会，作为北海市人民政府派出的职能机构，代表市政府对度假区实行统一管理。又如大连金石滩国家旅游度假区，设立度假区管理委员会，在大连市人民政府的领导下，对度假区行政事务实施统一管理。旅游度假区内可以由投资者兴办企业或设立代表机构，鼓励投资开发旅游设施和经营旅游项目。

7. 主题公园

主题公园采取完全自主的企业化经营模式。主题公园用舞台化的环境氛围为游客提供主题鲜明的旅游体验。主题公园以盈利为主要目的，采用市场化运作的方式经营。如深圳华侨城集团的主题公园群（锦绣中华、世界之窗、中华民俗村、欢乐谷），广州长隆集团的主题公园群（长隆欢乐世界、长隆水上乐园、长隆野生动物园）等，都采用了典型的企业经营管理模式。

（二）我国现有的旅游景区管理模式

在我国，旅游景区旅游资源的所有权、管理权和经营权的关系比较复杂，根据相关的保护法和管理条例，我国旅游景区旅游资源的所有权归国家，不同类型的旅游景区有不同的行政主管部门，在经营权的问题上更是争论不断，因此我国的旅游景区存在多种管理模式。由于各类旅游景区的权属关系及旅游景区管理主体市场化程度不同，旅游景区管理模式可以分为企业化管理和非企业化管理两大类。

1. 整体租赁经营模式

整体租赁经营模式是指政府授权给企业较长时间的独立经营和管理，组织一方或多方进行投资建设，实行所有权、经营权分离。在这种模式下，旅游景区采取企业型的运作模式，经营主体是民营企业或是民营资本占主导的股份制企业。旅游景区所有权的代表是当地政府，民营企业以整体租赁的形式获得旅游景区 30～50 年的旅游景区经营权，旅游景区所有者和出资经营者按约定比例分享经营收益。旅游景区经营企业在其租赁经营期间，既负责旅游景区资源的开发，又对旅游景区资源与环境的保护负有责任。

这一模式是对旅游景区管理体制的创新，弥补了旅游景区保护资金不足的问题，完善了旅游景区的保护机制；引进了先进的管理理念，提高了旅游景区经营的经济效益。但是在这种模式下，经营企业高度垄断，道德风险和经营风险较大，租赁期末期可能会因一味追求经济效益而造成旅游景区资源的破坏。其代表性景区有四川碧峰峡景区、重庆芙蓉洞景区、天生三桥景区、金刀峡景区，以及桂林阳朔世外桃源景区等。

2. 股份制企业经营模式

股份制企业经营模式是指旅游景区为了筹集开发建设资金，对旅游景区经营企业实行股份制改造，并由政府委托股份制企业独家经营旅游景区，或在旅游景区经营企业的基础上组建一家股份制公司，从而增强旅游景区的市场融资能力，吸纳市场资本的注入，借助股份制的先进机制进行运作的经营模式。股份制企业经营模式按照企业是否上市又可以分为上市公司经营模式和非上市公司经营模式。

（1）上市公司经营模式。

上市公司经营模式即旅游景区经营企业经过股份制改造后上市，受旅游景区管理机构的委托，代理经营包括景区门票在内的一切旅游业务，对旅游景区实行垄断性经营的方式，即将旅游景区的经营性资产从旅游景区管理委员会的管辖中剥离出来，实行所有权与经营权分离，按照现代企业制度的方式组建上市公司，进行市场化运作的经营模式。采用这种模式的旅游景区仅有黄山和峨眉山景区，因该种经营模式最早应用于黄山景区，故又被称为"黄山模式"。

这一模式最大的优势就是可以获得资本市场的强大融资优势，在短时间内募集到大量资金投入到旅游景区的开发建设和资源保护中，优化旅游景区资金来源结构。但是在这一模式中，上市公司的董事长、总经理通常由景区管理委员会负责人担任，而监事会主席一般也由景区管理委员会党委执行书记担任。名义上政企分来，实际上却是上市公司和景区管理委员会"一套人马，两块牌子"。

（2）非上市公司经营模式。

非上市公司经营模式的旅游景区的所有权代表是景区管理机构，对旅游景区的经营和资源保护行使监督管理权，不直接参与旅游景区的经营业务；旅游景区经营权由政府直接委托给股份制经营企业或授权股份制企业较长时期的独家经营。旅游景区经营企业在对旅游景区进行开发建设和经营管理的同时，对旅游资源和环境保护也负有直接责任。

3. 国有企业经营模式

国有企业经营模式即由政府主导，由国有全资企业行使旅游景区的经营权。一般适用于依托公共文物资源的旅游景区。文物资源所有权属于国家所有，由政府统一安排，按照政企分开、事企分开、所有权主体与经营权主体分离的原则，对旅游景区的公共性资产和经营性资产进行整合归类、科学管理。这一模式主要是对旅游景区中的公共性资产和经营性资产进行分类整合、分别管理，因此又被称为"整合开发经营模式"。

此模式的一大特点就是，旅游景区经营权是由政府直属国有独资的旅游集权企业控制，有利于实现企业的规模经营和统一管理，有利于形成强有力的投资、融资平台，增加了旅游景区资源的保护资金，实现了旅游资源的优化配置。但是国有独资的企业形式加大了监督管理和经营决策的成本，增加了文物保护的风险。其代表景区有陕西省各文物旅游景区，周庄、乌镇等。

4. 我国旅游景区管理体制的一般模式

就目前全国旅游景区管理体制看，虽然各不相同，但是可以总结出一般模式，具体如图4-7所示。

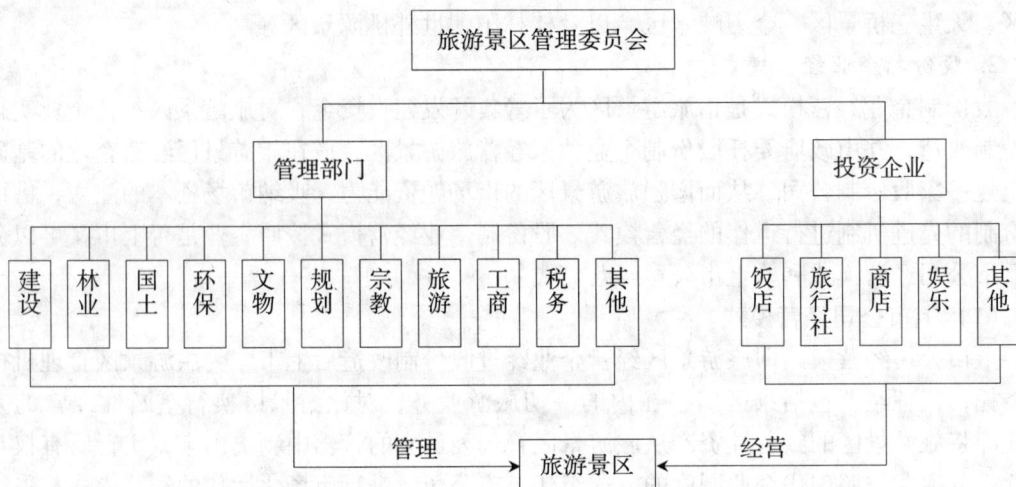

图 4 - 7 旅游景区管理体制的一般模式

（三）我国旅游景区管理体制创新

1. 旅游景区分类管理

旅游景区的经营管理可以借鉴我国国有企业改革的经验，按照分类管理的原则：在重点旅游景区建立现代化企业管理模式，同时明确由国有资产管理部门行使出资人职责，景区管委会对有关规划执行和资源环境保护行使监督权，使景区管理机构与经营机构之间摆脱传统的利益共同体关系；对于一些中小旅游景区，有选择性地放松管制，鼓励更多的民营资金投入到旅游景区的开发、利用中来，促使所有权与经营权彻底分离。对于旅游度假区等经济开发型旅游景区，重点加强对其在执行有关旅游景区保护的法律法规和规章制度的监督检查，规范其开发利用行为，不干涉其经营自主权。

2. 特许经营

将旅游景区的公共性资产与经营性资产分离，向社会公开招标或拍卖其经营性资产的经营权，即把餐饮、住宿、娱乐、旅游购物等旅游服务设施承租给市场化运作的企业来经营，经济上独立于旅游景区。在这种模式下，旅游景区的所有权归国家所有，部分旅游项目的经营权归个人或企业所有。特许经营有利于调动经营者的积极性，最大限度地实现经济效益。但是在利益的驱使下，项目开发往往会有一定的盲目性和短视性。因此，旅游景区在采取特许经营的模式时，政府部门要建立一套健全的管理制度和强有力的监督约束机制，严格按照旅游景区的规划方案进行规划建设，对建设项目认真审核，确保旅游景区的开发和建设规范有序。

3. 明晰产权关系

明晰的产权关系是产权制度安排的一项重要内容。目前旅游景区的改革主要是使旅游景区的所有权与经营权分离。按照我国法律的规定，国家投入到公司中的国有资产，其所有权不发生转移和变化，仍然属于国家所有，公司法人只享有法人财产权，而不享有法人财产所有权。明晰产权关系有利于明确旅游景区各利益主体的责权利关系，政府行政部门行使对旅游景区资源开发利用的宏观调控职能，监督旅游景区的总体规划和资源保护；旅游资源的所有权交由国有资产管理部门代表国家行使。只有建立明确的产权关系，才能真正实现旅游景区的企业化管理。

三、国外旅游景区管理及其启示

（一）国外旅游景区管理体系①

1. 美国的国家公园管理体系

美国的国家公园已经形成了明确清晰的管理体制，国家公园体系实行管理与经营分离。国家公园由内政部的国家公园管理局统一管理。国家公园管理局下设北大西洋、中大西洋、首都、东南部、中西部、落基山、西南部、西部、太平洋、阿拉斯加共 10 个地区局，分片负责管理各地的国家公园。各国家公园设有公园管理局，具体负责本公园的管理事务。国家管理局、地区管理局、基层管理局三级管理机构实行垂直领导，与地方政府没有任何关系。公园经费主要是政府财政拨款，门票收入用于公园的环境和资源保护以及环保宣传等，国家公园内的住宿、餐饮、娱乐等服务设施的经营向社会公开招标，实行特许经营制度。

另外，美国国家管理局设有规划设计中心，地区管理局设有规划设计室，基层管理局设有规划设计小组。通常一个国家公园的规划设计是在国家管理局的规划设计中心领导下，由地区局的规划设计室具体负责规划设计工作，并有基层局的规划设计小组的人员一起参加。另外，规划必须经公众讨论并吸收合理的公众意见，才算完成最终的规划设计方案。在人员配备上，美国国家公园的管理人员均由总局任命、调配。美国国家公园管理者将其自身定位为公园的管家或服务员，而不是所有者。

美国国家公园的管理体系也经历了变革的过程，刚开始国家公园中的纪念地及自然、历史的区域是归军事部门或农业部的林业局管理的，当时并没有一个统一管理的机构。1933 年，美国通过行政法令，将 63 个国家纪念地和军事纪念地从林业局及军事部门移交给国家公园管理局进行管理。至此，国家公园管理局成为国家公园体系的统一管理机构。

2. 日本的自然公园体系

日本的自然公园系统主要包括国立公园、国定公园和都道府县立自然公园，由国家环境厅与都道府县政府、市政府及国家公园内各类土地所有者密切合作管理。其中日本的国家公园由国家环境署主管，自然保护委员会协管。日本自然保护体系的管理把保护放在首位，强调在严格保护的前提下，适当利用公园的保健、休养及科普教育功能。日本的自然公园有专门的、详尽的管理计划，且管理机构及人员的设置精简高效。

其中日本对国家公园实行分区管理，根据生态系统完整和风光秀丽等级、人类对自然环境的影响程度、旅游者利用的重要性等指标将国家公园划分为四种类型：特别保护区、海洋公园区、特别区和普通区。国家公园内允许地方公共团体和个人按照国家公园的使用规划经营酒店、旅馆、化学滑雪场等各类服务设施，实行特许经营制。公共设施的建设由国家环境厅和地方政府共同出资完成，以便与自然和谐统一。另外，日本的法制体系健全，法律体系完备，先后颁布了以《自然保护法》、《自然公园法》、《文化财产保护法》为代表的 16 项国家法律，形成了日本自然保护和管理的法律制度体系。

---

① 邹统钎. 中国旅游景区管理模式研究. 天津：南开大学出版社，2006

（二）经验借鉴

1. 必须建立统一的权威管理机构

建立一个统一的权威管理机构是实现旅游景区统一指挥、监督管理、资源保护与发展的先决条件。无论是美国还是日本，它们无不是通过一个权威机构对全国旅游景区进行统一的管理和监控的。我国应该将国家旅游局设立为旅游最高管理机构，让其对我国的旅游景区进行统一管理。

2. 在保护的基础上合理开发利用

旅游景区的开发要按照"保护第一，合理开发，永续利用"的方针进行，保护是前提，开发是手段，利用是目的，实现可持续利用。

3. 旅游景区要有科学的发展规划

"旅游发展，规划先行"已经成为旅游业开发的响亮口号。旅游规划对于旅游景区的发展至关重要。它对于形成良好旅游目的地、提高资源利用率、形成良好旅游地形象等都具有重要意义。旅游资源也具有不可再生性，对其无序无章地进行开发只会造成旅游资源的浪费和环境的污染。全国各地的旅游开发都应该贯彻落实《旅游规划通则》（GB/T 18971—2003），对旅游景区制订控制性详细规划和修建性规划。

4. 必须建立健全相关法律法规体系

制定旅游景区法律法规体系对于规范旅游景区经营和管理、监控市场秩序等都有重要的作用，我国应尽早将旅游行业的管理纳入法律程序之中。制定旅游业专门的法律法规，增强其指导性。

【本章小结】

旅游景区运营管理的第一步是设置组织机构，理顺管理体制。旅游景区的组织是按照一定的规则、程序所构成的一种责权安排和人事安排。旅游景区组织机构常见的类型有直线制组织机构、职能制组织机构、直线—职能制组织机构、事业部制组织机构、矩阵制组织机构、网络制组织机构。此外，旅游景区组织机构设置向着组织机构扁平化、组织机构虚拟化、组织机构柔性化方向发展。不同类型旅游景区的部门设置不同，但一般而言，旅游景区的职能会包括总经理、营销公关管理、园务管理、人力资源管理、财务管理、安全保卫管理等。我国旅游景区管理体制虽然目前还存在一些问题，但随着我国旅游业的发展，旅游管理体制将逐步得到完善。

【拓展阅读】

碧峰峡模式的成功

碧峰峡景区的所在地四川省雅安市是一个经济十分落后的贫困地区，随着我国旅游业的蓬勃发展和西部大开发战略的实施，雅安市政府根据自身的资源优势和区位优势，确定了旅游兴市的发展思路。与其他贫困地区一样，雅安发展旅游经济的最大障碍在于资金缺乏，政府对旅游开发的投入十分有限。经过雅安市政府的多方争取与协调，碧峰峡景区与成都市的民营企业万贯置业投资有限公司（以下简称"万贯集团"）达成了整体性开发的协议。1998年1月8日，万贯集团与碧峰峡景区所在的雅安市政府签订了《开发建设碧峰峡的合同书》，由万贯集团对碧峰峡景区进行整体租赁经营。根据合同，碧峰峡的资源属国家所有，管理权归政府，万贯公司享有 50 年的开发、保护、经营权，在此期限内万贯集团支付资源保护金 500 万元，并承担相应的责任。此事一传开，立即引发强烈争议。1998 年在峨眉山召开的四川省风景名胜资源保护会上，"碧峰峡模式"成为众矢之的，人们认为这一模式会对生态环境造成破坏。

　　然而，事实胜于雄辩，经过 9 个月的艰苦建设，碧峰峡这个昔日的穷山沟变成了一座环境优美的人间仙境，在经济、社会和生态效益方面取得了巨大的成功。碧峰峡景区开业后的第一年就接待游客 93 万人次，实现旅游收入 6 000 多万元，创造利润 2 600 万元，为年财政收入仅 3 000 万元的雅安市上缴税款 400 多万元，并直接带动相关产业 2 亿多元产值的增长，带动相关就业人员 1 万多人，使景区周边 5 000 多农民直接受益，人均年收入增加了 1 000 多元。据统计，碧峰峡旅游业每年给雨城区创造的综合效益达 3 亿元左右，带动全区农民收入增长 3 至 5 个百分点。这种经营模式造就的持续火爆的旅游局面缔造了企业开发旅游产业大获成功的奇迹，也使昔日名不见经传的碧峰峡成为四川省众多旅游精品中的新星，成为旅游景区管理体制创新的品牌。

　　资料来源：http：//www.bifengxia.com/content.asp? nid = 294

问题：

1. 碧峰峡模式的基本内容是什么？
2. 碧峰峡模式的成功经验是什么？

【思考与练习】

1. 分析旅游景区组织机构的主要类型及适应情况。
2. 讨论旅游景区各主要部门的管理对旅游景区的重要性。
3. 对比分析我国现有的旅游景区管理模式并讨论其未来改进的方向。

第五章　旅游景区人力资源管理

【学习目的】

通过本章的学习，了解旅游景区人力资源管理的概念和基本内容，熟悉旅游景区人力资源的招聘及培训流程，掌握旅游景区人力资源的特点、旅游景区人力资源的绩效与考核的内容，以及旅游景区薪酬与激励的工作内容、基本职责和流程等有关内容。

【学习要点】

1. 旅游景区人力资源的特点
2. 旅游景区人力资源的招聘及培训流程
3. 旅游景区人力资源绩效考核的内容
4. 旅游景区人力资源的薪酬管理
5. 旅游景区人力资源的激励制度

【关键词】

旅游景区　　人力资源管理　　薪酬管理

在旅游景区服务中，员工的能力和态度对提供服务的方式有着重要的影响，会直接影响游客旅游的乐趣及其对旅游景区的看法。对大多数旅游景区而言，劳动力成本是一个比较大的支出项目。因此，在旅游景区管理事项中，人力资源管理占据着重要地位。

第一节　旅游景区人力资源概述

一、人力资源的概念

（一）什么是人力资源

所谓人力资源，是与自然资源或物质资源相对应的一个概念，有广义和狭义之分。从广义而言，人力资源是指某种范围内的人口总体所具有的劳动能力的总和，是存在于人的自然生命机体中的一种国民经济资源；从狭义而言，人力资源是指一个行业的从业人员或者一个组织所雇佣的人员。人力资源是推动组织发展的关键资源。

1965年，美国经济学教授舒尔茨在《由教育形成的资本》和《人力资源投资》等论著中，系统地阐述了"人力与物资、资金、信息一样，都是对提高生产力和发展社会经济具有决定性作用的资源"等观点，首次提出了人力资源管理的概念。也就是说，人已成为竞争取胜的一个具有特殊地位的要素——人既是竞争的主体，又是可利用物资、资金、信息、市场等其他资源并促使其竞争获胜的关键性资源。没有人，就没有一切。

从广义而言，旅游景区人力资源是指一定时期内旅游景区的员工所拥有的能够被旅游景区企业所用，且对价值创造起贡献作用的教育、能力、技能、经验、体力等的总称；从狭义而言，旅游景区人力资源是指旅游景区内所有的从业人员。

"人力资源"（Human Resource）这个名称正在逐渐取代人们熟悉的"职员"（Staff）或"人员"（Personnel）等名词，因为"人力资源"更多地体现了人作为一种资源的价值，即人是一种特殊的财富和资本，对一个组织的利润和效率都起着核心作用。现今的组织已经意识到，如果委派任命的人员不能胜任工作，或是职员因某种原因在短期内辞职，给企业带来的损失将是巨大的。

（二）人力资源的特征

1. 人力资源的时代性

人力资源在其形成和发展的过程中必然要受到时代条件的制约。社会关系中的人生下来就置身于特定的生产力和生产关系之中，当时的社会发展水平从整体上制约着人力资源的素质。他们只能在时代为他们提供的条件下，努力发挥其作用。

2. 人力资源的能动性

人力资源具有能动性，能够有目的地进行劳动，有目的地改造外部物质世界。人力资源的能动性表现在三个方面：一是自我强化，即通过发展教育、努力学习、锻炼身体等积极行为强化自身；二是选择职业，即人可以通过主动选择职业，来达到与物质等其他资源的有机结合；三是积极性的发挥，这对于能否挖掘人力资源的潜力，具有决定性的作用。

3. 人力资源的时效性

矿产资源一般都可以长期储存，即使不采不用，品质也不会降低。人力资源则不然，储而不用，才能就会被荒废、会退化。无论是哪种人，都有其才能发挥的最佳时期、最佳年龄段。一般而言，25～45岁是科技人才的黄金年龄，37岁为峰值。人才开发与使用必须及时，开发使用时间不一样，所得效益也不同。

4. 人力资源的消耗性

人力资源与一般物资资源的一个明显区别是，他们即使处于闲置状态也具有消耗性，即为了维持其本身存在，必须消耗一定数量的其他自然资源，如粮食、水、能源等。

二、人力资源管理概述

人力资源管理是有关人力资源方面的计划、组织、指挥、协调、信息和控制等一系列管理工作的总称。通过科学的管理方法、正确的用人原则和合理的管理制度，调整人与人、人与事、人与组织的关系，谋求对员工的体力、心力和智力最适当的利用与最高的发挥，并保护其合法的利益。传统上也称为"人事管理"。

现在，人力资源管理已经成为企业管理的核心和关键，是企业生存和发展的必要条件，企业要发展壮大，就一定要搞好人力资源管理。所谓人力资源管理，就是企业人力资源的获取、培训发展、整合优化、控制调整、保持和激励等的管理过程与活动以及相应的技术和制度，其目的是追求组织效率和人力资源实用效率的最大化，实现企业目标和员工目标。

现代人力资源管理主要包括以下具体内容和工作任务：

1. 制订人力资源规划

根据企业的发展战略和经营计划，评估企业的资源状况及人力资源现状和发展趋势；收集和分析人力资源供给与需求方面的信息和资料，预测人力资源供给和需求的发展趋势；制订人力资源招聘、调配、培训开发及晋升规划；制定与完善企业人力资源管理制度、政策和措施。

2. 岗位分析和工作设计

对企业中的各个工作和岗位进行分析，确定每一个工作和岗位对员工的具体要求，包括技术及种类、范围和熟悉程度；学习、工作与生活经验；身体健康状况；工作的责任、权利与义务等方面的要求。这种具体要求必须形成书面材料，即工作岗位职责说明书（简称工作岗位说明书或岗位说明书）。这种说明书不仅是招聘工作的依据，也是对员工的工作表现进行评价的标准，还是进行员工培训、调配、晋升等工作的依据。

3. 招聘与选拔

根据企业的岗位需要和工作岗位职责说明书，利用各种方法和手段，从组织内部或者外部吸引应聘人员。经过资格审查从应聘人员中初选出一定数量的候选人，再经过严格的考试等方法进行筛选，最后确定录用人选。

4. 入职教育、培训和发展

提高企业人力资源素质和能力，一方面是为了引入更多有能力的员工；另一方面则是为了不断提高现有员工的整体素质和能力。

所有应聘进入企业的新员工，都必须接受入职教育，这是帮助新员工了解和适应企业组织环境、接受企业文化的有效手段。同时，对现有员工有针对性地开展岗位培训，对提高员工工作能力和技能十分关键，尤其是管理人员。

5. 报酬与激励措施的设计和实施

合理、科学的工资报酬与激励措施关系到组织中员工队伍的积极性和稳定性。人力资源管理部门要从员工的资历、职级、岗位及实际表现和工作成绩等方面，为员工制定具有吸引力的报酬、激励制度。现代报酬福利制度注重动态化、弹性化和长效化，应随着员工工作职务的升降、工作岗位的变化、工作表现的好坏和工作成绩进行相应调整。

6. 工作绩效考核

工作绩效考核，就是对照工作岗位职责说明书和工作任务对员工的业务能力、工作表现及工作态度等进行评价，并给予量化处理的过程。这种评价可以是单视角的，也可以是多视角的。考核结果往往被作为晋升降职、辞退免职、薪资奖金、培训发展等的有效依据。它有利于调动员工的积极性和创造性，检查和改进人力资源管理工作。

7. 人事管理

人事管理包括员工入职手续、员工信息档案、人事档案及员工奖惩制度等方面的内容，是人力资源管理的重要组成部分。

8. 职业生涯管理

职业生涯管理是企业通过规划员工的职业生涯，引导员工把自身发展目标与企业发展目标充分结合，有效发挥自身内在优势，实现良好发展的人力资源管理措施。良好的职业生涯管理体系可以充分发挥员工的潜能，给员工明确而具体的职业发展引导，从人力资本增值的角度达成企业价值最大化。借助教育学、心理学、组织行为学、管理学、职业规划与职业发展等相关理论，结合企业管理特色和个人性格特征，形成了比较完善的职业生涯规划体系。

三、旅游景区人力资源特点

旅游景区作为服务行业，服务宗旨和服务内容有其特殊性，这使得旅游景区人力资源也有其特殊之处，具体表现在：

1. 人员需求多

旅游景区是一种涉及多个旅游企业类型的综合型旅游企业。旅游景区一般都内设有酒店，并配置交通、餐饮、商品零售等，有些旅游景区甚至设置了附属的旅行社，这就需要配备大量的管理人员和服务人员，才能保证旅游景区的正常运转，为游客提供完备的服务。

2. 素质要求高

旅游景区的员工必须做到：在个人能力方面，具有良好的记忆力、敏锐的观察力和优异的交际能力；在职业道德方面，爱岗敬业，刻苦钻研，努力提高自身水平，自觉维护旅游景区的形象和利益；在职业习惯方面，员工清楚并自觉遵守旅游景区的各项规章制度，注意团队协作，能从旅游景区整体利益出发考虑问题。

3. 层次分工细

旅游景区需要多层次的员工队伍。大多数旅游景区是一个完整的企业单位，其人力资源配备要求层次丰富，不仅仅需要素质极高的高级管理人员、高级技术人员，也需要较高素质的中级管理人员和技术人员，同时也要求基层员工具有相对较高的素质。

4. 季节影响大

旅游活动具有明显的季节性，旅游景区的工作具有季节波动的特点。旺季时，游客数量众多，与此相对应，旅游景区要求有较多的服务人员；淡季时，游客数量较少，旅游景区会有大量的人力资源闲置。这就意味着旅游景区的很多工作岗位都是临时性的，因此在旅游景区的人力资源管理过程中必须加强对临时工的聘用和管理。就目前我国旅游景区人力资源管理状况来看，这一部分是整个管理过程中最薄弱也是最容易被忽视的部分。对临时工的管理必须引起管理者的足够重视，才能保证旅游景区的整体服务质量。

第二节　旅游景区人力资源的招聘与培训

旅游景区人力资源开发指旅游景区充分利用人力资源本身体质、智力或特定的才干，对其进行专项、专业培训，使人力资源能够掌握专业的服务知识和业务技能，为旅游景区创造更好的效益，同时为社会创造更多的财富。旅游景区人力资源开发要做以下工作：工作分析、员工招聘和员工培训。

一、工作分析

工作分析，又称职位分析，是指通过观察和研究，掌握职务的固有性质和组织内职务之间的相互关系，以确定该职务的工作任务和性质，以及工作人员在履行职务上应具有的技术、知识、能力和责任。简言之，工作分析就是确定该职务的成分和胜任该职务的条件。

工作分析是旅游景区人力资源开发与管理的基础性工作，它为旅游景区人力资源开发与管理的其他工作，如人员招聘、培训、绩效考核、薪酬管理等提供了重要依据，在旅游景区人力资源开发与管理中起核心作用。

工作分析是对旅游景区工作全面了解的过程，它需要很多的工作信息。一般而言，工作分析可以分为五大阶段：计划阶段、设计阶段、信息收集阶段、信息分析阶段和结果表达阶段。

1. 计划阶段

这是工作分析的第一阶段，旅游景区应该明确工作分析的目的、意义、方法和步骤，限定工作分析的范围并选择具有代表性的工作作为样本，制定详细的工作分析实施时间表，编写工作分析计划，并进行分析工作方面的宣传。

2. 设计阶段

在此阶段中，要设计出职务分析的具体实施内容。如采用问卷调查法时就需要编写一份比较详细的职务分析调查表，该职务分析调查表应能够全面反映该职务的工作内容、工作职责、职务任职资格等内容；采用面谈法时就需要形成一个有效和完整的面谈提纲，面谈提纲的内容与职务分析调查表的内容基本相同。

3. 信息收集阶段

这一阶段的主要工作任务是对整个工作过程、工作环境、工作内容和工作人员等方面作调查，获取相关信息。它又可以分为工作资料收集和人员资料收集两部分。工作资料收集可以通过对现有各部门所执行的规章制度，得到景区的组织架构、各部门的工作组织情况、各部门或岗位的工作流程图、各岗位的办事细则等。人员资料收集可以通过调查，获得有关各岗位的工作职责、工作特征、任职要求、知识水平、基本经历、业务能力等方面的信息。

4. 信息分析阶段

信息分析阶段是对收集到的信息进行统计、分析、研究、归类的过程。在信息分析阶段，最好参照旅游景区以前的职务分析资料和同行业其他旅游景区的相关职务分析的资料，以提高信息分析的可靠性。

5. 结果表达阶段

这是工作分析的最后阶段。前四个阶段的工作都是以此阶段为工作目标的。此阶段的工作任务就是根据工作分析规范和信息编制工作岗位职责说明书。表5-1为岗位说明书范例：

表 5 − 1 岗位说明书范例

一、基本资料				
职务名称				
所辖部门				
直接上级				
辖员人数				
工资水平				
工作性质				
二、工作内容				
工作概要				
职务说明	工作任务			
	工作职责			
	工作权限			
	时间消耗			
工作关系				
三、任职资格				
所需学历及专业	最低学历		专业要求	其他说明
所需技能培训	培训时间			培训科目
所需经验				
基本素质		个性特征		
体能要求				
四、备注				

二、员工招聘

员工招聘是旅游景区人力资源管理的重要环节，是为一定的工作岗位选拔合格人才而进行的一系列活动，是发掘和运用人力资源的开端，是旅游景区经营成败的关键因素之一。

（一）员工招聘流程

旅游景区员工招聘分为四个步骤（如图 5 − 1 所示）：

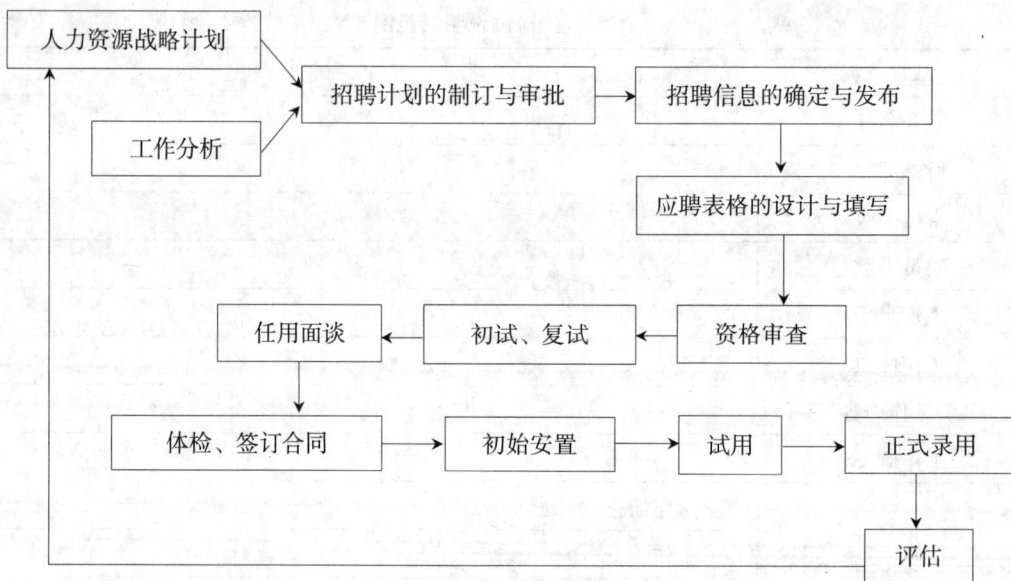

图 5-1 员工招聘流程图

（1）招募。招募是旅游景区为吸引人员前来应聘所做的一系列工作，包括招聘计划的制订与审批、招聘信息的确定与发布、应聘表格的设计与填写等。

（2）甄选。甄选是从岗位职责要求出发，挑选合适的人员来承担某一职位，主要包括审查应聘者应聘资格、初试、复试、任用面谈、体格检查、签订合同等。

（3）录用。录用主要涉及员工的初始安置、试用、正式录用几个环节。

（4）评估。评估是对招聘活动的效益与录用人员质量进行的估计，可为下一次人员招聘提供参考。

（二）员工招募途径

员工招募途径的选择是招聘的重要内容之一，科学选择招募途径对减少旅游景区招募成本、提高招募效率等都有重要影响。

1. 内部途径

内部途径是从旅游景区组织内部进行人员选拔，以补充空缺或新增职位的一种招募途径。它的优点有：

（1）可信度高。组织一般对内部员工的个人资料都有存档，有利于旅游景区组织更客观、更科学地了解员工，提高员工与岗位的匹配度，增强招募的有效性。

（2）文化认同感强。内部员工与组织长期的融合使他们对组织的价值观、道德观等文化理念有较强的认同感，这种认同感使其对组织的忠诚度加强，减少了新进员工文化培训、人员流失等大笔费用。

（3）效率高，节省费用。这一方面表现为员工对组织文化趋同导致的沟通和协调增强，边际摩擦减少，组织运行效率提高；另一方面表现为在同一个旅游组织工作过的员工对组织安排的工作已经比较熟悉，可减少培训项目，提高工作效率。同时，招聘工作比较方便，减少了招聘过程中的费用开支。

当然，内部选拔也存在着明显的不足。例如，内部选拔是一个互相竞争的过程，内部员工竞争的结果必然有胜有败，这可能会影响内部相互关系；另外，组织内过分"近亲繁殖"会影响组织的创新能力；内部选拔还可能因为领导的好恶而导致优秀人才外流或被埋没，也可能出现"裙带关系"，滋生组织中的"小帮派"、"小团体"，削弱组织效能。

2. 外部途径

旅游组织进行员工外部招聘的途径有很多，它是从组织外部招募适合组织需要的员工的一种途径，是现代企业招聘的主要途径。其优势主要有：

（1）利于组织创新。外部人员往往对旅游组织的经营模式不熟悉，这给他们提供了结合自己价值观和新观点、新思路、新方法进行组织创新的机会。

（2）利于增强组织活力。每一次人员招聘都是一个竞争的过程，不仅是外部人员之间的竞争，也是外部人员和内部员工之间的竞争。外聘员工会在无形中给原有员工施加压力，促使其形成危机意识，激发其斗志和潜能。

（3）选择面广。外部挑选的范围很广，有机会招聘到组织需要的优秀人才，尤其是稀缺的复合型人才，这样可以节省组织内部培养这些优秀人才的费用。

当然，外部招聘也不可避免地存在着不足：首先，由于信息不对称，往往造成筛选难度大、成本高，甚至出现逆向选择；其次，外聘员工需要花费较长时间来进行培训和定位，其与组织文化融合的程度还是未知数；再次，可能挫伤有上进心、有事业心的内部员工的积极性和自信心，或者引发内外部人才之间的冲突等。

三、员工培训

旅游景区企业是劳动密集型的服务型企业，人才的含义更多地体现在员工的整体素质上，人才投资也更多地转化为对员工这一人力资本的投入。培训作为对人力资本投资的主要形式，日益受到重视。培训既包括对新员工的培训，也包括对老员工的培训。现有的人力资源面临着知识更新的日益加快，以及目标顾客需求日新月异的局面，如果不经常对员工进行培训，员工将难以跟上发展步伐，甚至有被淘汰的可能。

（一）员工培训的内容

旅游景区培训的内容可分为五个方面，即知识培训、技能培训、态度培训、观念培训、心理培训。对于每个培训项目来说，这五个方面在内容上会有所交叉。

1. 知识和技能的培训

对于旅游景区内部知识和技能培训来说，主要包括两个方面的内容：一是基础知识和技能，即旅游景区各部门本职工作中最主要的知识技能；二是相关知识和技能，如旅游景区的工作人员除了要对本景区的旅游资源有所了解之外，还要对相关历史文化知识有一定的了解。

2. 态度和观念的培训

旅游景区企业是服务型企业，员工的服务意识是旅游景区的生命力，是服务质量的关键，是服务工作的灵魂，是员工素质的标志。旅游景区人力资源管理工作中要特别重视员工服务意识的培养。服务意识是指能自觉地、主动地、发自内心地为他人和社会提供有经济价值的劳动的反映。具体包括两层含义：第一层含义是对服务的认识，即用简单而明确的语言把服务具体化，使服务人员清楚什么是优质的服务；第二层含义是要制定出服务的标准。标准是服务质量的保证，服务标准的制定，可使服务人员明确自己的职责，最大限度地发挥自己的创造力，为顾客提供优质的服务。

3. 心理培训

员工的心理培训越来越受到企业的重视，这是因为随着人才和市场的竞争日益激烈，人们生活和工作的节奏加快、压力增大。旅游企业的员工也是如此。良好的心理教育、疏导和训练，能够增强员工的意志力、自信心、抗挫能力和自控能力，还能提高员工的创新意识、贡献意识、集体意识和团队意识。

（二）新员工的培训

为了让新招聘的员工尽快融入旅游景区的工作体系，达到上岗要求，并使新员工向旅游景区所期望的方向发展，旅游景区需要对新员工进行岗前培训。培训有以下作用：第一，增进新员工对企业、对老员工的了解，减少新员工对不明朗因素的疑虑，同时也为管理人员对新员工的深入了解打下基础；第二，新员工培训的必备内容是让员工了解他们将来要从事的具体工作，掌握工作的基本内容和程序以及相关的技术细节，以使他们尽快进入工作角色；第三，岗前培训可以让新员工对旅游景区产生归属感，使他们在思想、感情和心理上产生对旅游景区工作的认同、参与和投入，培养其对旅游景区的忠诚度和责任感，为旅游景区留住优秀人才奠定基础。

从实际操作的角度看，旅游景区的新员工培训在知识培训、技能培训、态度培训、观念培训、心理培训框架下，重点要明确以下几个方面的内容：

（1）企业文化培训。让新员工了解旅游景区的发展历程、企业宗旨、发展战略，以及对基本职业态度的要求，使新员工知道应该做什么、不应该做什么、应该以什么态度对待工作和对待游客。

（2）规章制度培训。让新员工知道旅游景区目前执行的各种制度及具体规定等。通过制度的培训，进一步规范新员工的行为，使其符合旅游景区的要求，也可以减少旅游景区内部管理中因新员工产生的矛盾，降低问题出现的几率。

（3）职能培训。这包括让新员工掌握旅游景区服务的基本知识，明确服务的质量标准，熟悉各岗位或项目的操作规则和基本工作流程、工作要求等。职能培训对加快新员工的上岗速度、提升上岗后的工作能力有重大作用。

（三）员工培训的方法

员工培训的内容十分丰富，其形式也多种多样。新员工培训的具体方式可以是参观旅游景区的各个工作部门及园区，也可以是高层管理人员和部门负责人员进行授课，还可以是有关领导与新员工的单独面谈等。在实际操作中，应根据培训的要求和特点合理选用具体的培训方法。一般而言，员工培训的方法主要有：

（1）参与式培训。其主要形式包括会议、小组讨论、头脑风暴法和影视法等。通过这种形式的培训，可以让员工与员工、员工与管理者进行充分的讨论与沟通，以获得解决问题的新思路和新方法。

（2）讲授法。授课的对象可以包括经理、主管人员、一线骨干员工等，需要根据不同人群的特点和需要，恰当选择培训的内容。对于培训教师，既可以聘请专家，也可以选择优秀的经理、主管人员、一线骨干员工，分享他们的经验，使培训更贴近实际。

（3）角色扮演法。可以通过模拟训练、事务处理训练进行。通过虚拟情景设计，让员工扮演不同角色，使他们切身体会相关角色人员的思想、感情和反映，帮助他们更好地理解工作。

（4）参观考察法。组织受训员工参观本旅游景区或其他旅游景区，甚至出国考察，让员工在参观考察中进行横向和纵向的比较，学习并借鉴他人先进的工作经验和工作方法，弥补自身的不足，从而使旅游景区获得更好的发展。

（5）操作示范法。操作示范培训是为专业操作技能要求较高的岗位培训而设置的。为了使受训员工熟练掌握正确的操作方法，旅游景区专门安排专业操作技能优秀的员工在工作现场或模拟的工作环境中利用实际使用的器材，进行讲解和示范。

（6）员工自学。员工通过自学提高自身素质，更好地为旅游景区和游客服务。

第三节　旅游景区人力资源的绩效考核

一、绩效与绩效考核的概念

绩效是员工完成工作的结果，是其能力在一定环境中表现的程度和效果，是其在实现预定工作任务的过程中所采取的行为及这些行为的成果。旅游景区员工绩效考核是旅游景区人事部门或业务部门依据若干项目或目标对员工某一阶段工作行为进行系统和科学的分析和评价，然后公平地确定被考评员工在旅游景区的价值。员工绩效考核是旅游景区人力资源管理工作的一项重要内容。

二、旅游景区人力资源绩效考核的内容

旅游景区员工绩效考核的基本内容包括员工的基本素质、工作态度、工作能力和工作业绩四个方面。

1. 基本素质

基本素质包括员工的思想素质、心理素质、职业道德等方面。基本素质是一个人的灵魂，它决定了一个人的行为方向——人生奋斗目标，决定了行为的强弱——为达到目的所努力的程度，决定了行为的方式——为达到目的所采取的手段。

2. 工作态度

工作态度包括员工的事业心、出勤率、服务态度等方面。服务行业的特性决定了工作态度的重要性，员工的工作态度对其工作表现有直接决定作用。员工工作态度的考评主要是依据各岗位的规章制度对员工的纪律性、责任感、积极性及自我提高热情等方面进行的测评。

3. 工作能力

工作能力是指员工分析和解决问题的能力以及独立工作的能力，包括体能、学识、智能和技能等方面。对工作能力的考评一般由两部分组成：一是基础能力考评，如知识、技能；二是业务能力考评，如决策能力、规划能力、沟通能力、协调能力、理解能力、指导能力、监督能力及创新能力等。

4. 工作业绩

工作业绩是指员工的工作效率和效果，包括完成工作的数量、质量、经济效益和社会

效益。进行工作业绩考评首先要根据旅游景区的目标管理体系，确定各级别管理和工作目标，如营运收入目标、成本控制目标、质量管理目标及安全管理目标等，并且依据这些目标制定工作业绩标准，让考评工作有参照体系。另外，还要为各目标确定相应的考评权重，以表现各目标间的层级与关系。一般而言，工作业绩的考评内容包括工作质量、工作效率、工作成果和业务成绩等。

在具体实施考评时，这四个方面又可以表现为多个子项目，如对组织的忠诚度、知识水平的高低等，从而使考评更加客观。表5－2是旅游景区员工绩效考核表范例。

表5－2　绩效考核表范例

姓名			部门		考核期				
考核项目		评分标准			标准分	评　分			小计
						自评	部门评议	分管领导评议	
工作行为与态度（45分）	责任心	积极主动，责任心强，能很好地完成任务			13				
		有责任心，可放心交付工作			10				
		尚有责任心，基本能完成工作			8				
		无责任心，自由散漫，上班时间常做与工作无关的事情			6				
	勤奋度	任劳任怨，爱岗敬业			12				
		守时守规，不偷懒，积极工作			10				
		时间观念不强，主动积极性不够，需有人督促			8				
		私事为重，经常脱岗、迟到、混日子，交办工作完成不力			6				
	忠诚度	对公司的现状和前途有信心，奉献在先，回报在后			10				
		视承担的工作和责任为重，而不仅仅是谋生手段			8				
		言行尚规范，无越轨行为			6				
		自我意识重，只讲获取，不讲奉献			4				
	诚信度	品行兼优，言行一致，以身作则			10				
		言而有信，品行好			9				
		诚实，行为规范			8				
		不够诚实，不能实事求是			4				
工作能力与效果（55分）	团队合作	善于团结合作，起带头作用，发挥部门优势			12				
		尚能与他人合作，保证部门完成任务			9				
		主动性不够，勉强配合领导和他人完成任务			7				
		难以与他人合作，成为公司、部门的包袱			6				
	执行力	认真执行领导交办的各项工作，理解力极强，办事得力、快速			15				
		快速执行领导交办的各项工作，时有提出合理化建议			13				
		执行力度一般，需督促			10				
		能力差，态度不积极			6				

（续上表）

考核项目		评分标准	标准分	评　分			小计
				自评	部门评议	分管领导评议	
工作能力与效果（55分）	工作效率	完成交办的工作精确，速度快，质量高，没有差错	15				
		能分清主次，按时按质完成任务，效果满意	13				
		在上级指导和督促下完成任务，工作时有差错	10				
		工作不分主次，效率低，工作时有差错	8				
	综合素质	善于学习，有创新精神，有经济意识，有创效能力	13				
		以公司利益为重，维护公司的形象，尊重和维护领导威信	10				
		不做有损于公司利益的事，不说有损于公司形象的话	8				
		各方面对自己没有高要求，工作能力有待提高	6				
合　计			100				
出勤奖惩记录	迟到	早退	事假	病假	超假	旷工	奖励	处罚	计分
加、扣分									

三、旅游景区人力资源绩效考核的方法

绩效考核的方法多种多样，都是从业者在多年管理实践中积累并经过管理理论学者升华、改进的成果。但是，无论哪一种评估方法都因其特定的适应范围而有其优点和缺点。因此，在绩效考核时应根据实际情况选择最适用的方法。下面列举出几种常用的绩效考核方法。

（一）图表尺度评价法

图表尺度评价法是旅游景区人力资源绩效考核最普遍、最容易操作的一种方法。它的流程是：首先，根据工作分析，将被考核岗位的工作内容划分为相互独立的几个模块，在每个模块中用明确的语言描述该模块工作需要达到的标准；然后，将标准分为几个等级选项，如"优"、"良"、"合格"、"不合格"，赋予不同等级以具体分数；之后，考核人员根据被考核人员的实际工作表现，对每个模块的完成情况进行评估，最终得出的总成绩便为该员工的考核成绩。

此方法的优点是简便、易操作，考核人员只要在表格中相应位置填写上相应等级即可；其缺点是主观性太强，具有很大的随意性。有研究表明，管理人员倾向于将被考核人员评为较高等级，从而使企业出现大量优秀员工。

（二）排序法

1. 简单排序法

简单排序法是考核人员根据员工工作的总体情况将其从最好到最差进行排序的一种方法。这种方法有利于识别绩效最好的员工和绩效最差的员工，在人数较少的情况下，简单、易操作、成本低；但人数较多时，排序将会变得很烦琐，容易出现分数差距不大而名次悬殊的情况，造成不公平的错觉。

2. 交替排序法

交替排序法由简单排序法改进而来。在进行排序时，首先根据绩效评定的标准挑选出最好和最差的员工各一名，将之列为第一名和最后一名，然后从剩下的员工中挑选出次优秀和次差的，以此类推，得到一个完整的序列。这种方法优于简单序列法。

3. 配对比较法

配对比较法是依照同一标准对相同职务的员工进行考核的一种方法。它是对员工进行两两比较，任何两名员工都要进行一次比较。两名员工相互比较之后，工作较好的员工记"1"，工作较差的员工记"0"。所有的员工相互比较完毕后，将其得分相加，分数越高者，绩效考核成绩越好。使用此方法时每次比较的员工不宜多，否则会使考核工作变得烦琐不堪，一般在5～10名即可。这种方法是对员工整体印象的比较，不涉及具体工作行为，较适合进行报酬决策，而不适合以培训等为目的的决策。

（三）强制分布法

强制分布法的假设前提是在正常情况下所有员工的最终排序在统计上基本符合正态分布。根据此原理，优秀的员工和不合格的员工的比例基本相同，大部分员工属于工作表现一般的员工。在考核过程中，要强制规定优秀员工的人数和不合格员工的人数。此方法适用相同职务员工较多的情况。其最大的优点是可以有效地避免由于考核人员的个人因素而产生的考核误差，缺点是这种强制性有可能会引起员工的不满。

（四）关键事件法

关键事件法（Critical Incident Method，CIM）是指主管或负责考评的管理人员把员工工作过程中发生的好的和不好的重要事情进行记录、汇总，以反映员工的全面表现，并以此对员工进行考核。采用这种考核法时，如实地对从上次考评到本次考评这一整段时间内发生的每件事情及时地做好记录是考核成功有效的基础，记录必须包括正反两方面，才能使考评公平正确。

（五）目标管理法

目标管理法（Management by Objectives，MBO）运用到绩效考核中，就是考核人员与员工共同讨论和制定员工在一定考核期内所需达到的绩效目标，以及实现这些目标的方法和步骤。到规定的考核期末，由双方共同对照原定目标测算实际绩效，找出成绩和不足。然后根据实际情况制定下一个考核期的绩效目标。

第四节　旅游景区人力资源管理的薪酬与激励

一、薪酬管理

（一）薪酬和薪酬管理的概念

薪酬是指员工参与组织劳动而从组织中得到的各种酬劳的总和。薪酬管理是组织分配给员工的直接和间接的货币激励以及非货币激励的过程。现代薪酬管理理论认为，薪酬是激励员工积极工作的主要手段之一，达到或是超出员工期望的薪酬能使员工满意，从而激发他们的工作积极性。这些酬劳可以是货币形式的，如基本工资、奖金等，也可以是非货币形式的，如带薪假期、工作环境的改善等。在发达的市场经济国家中，"薪酬"是一个薪酬组合或薪酬包的概念。它通常由基本工资、奖金、福利计划和股权激励组成。

旅游景区薪酬制度是指旅游景区通过与员工互动、了解员工需要来建立一套完整、系统、高效、科学的薪酬制度体系，以达到吸引员工、留住员工、激励员工，进而提高旅游景区经济效益和市场竞争力的目的。

（二）薪酬的内容

传统上，薪酬的具体内容一般分为三大部分：工资、奖金和福利。

1. 工资

工资是以货币形式定期支付给员工的劳动报酬。旅游景区员工的工资一般包括基本工资、工龄工资、职位工资和若干国家政策性津贴。工资是旅游景区员工劳动收入的主要部分，也是确定其劳动报酬和福利待遇的基础，一般具有稳定性、常规性、基准性和综合性的特点。工资的多少受很多因素的影响，包括国家整体经济状况、旅游景区短期经营状况、个人短期绩效、个人任职资格等。

2. 奖金

奖金是一种基于旅游景区经营业绩或者员工个人业绩的短期激励，是为了达到旅游景区年度目标而设立的。奖金与工资不同，工资是一种连续的收入形式，具有延续性、稳定性、持久性和刚性的特点；而奖金是一种短期激励性薪酬，具有一次性、不稳定性的特点。对于旅游景区而言，支付奖金有更大的自由度。奖金的额度除了与旅游景区经营利润相关外，还与个人绩效、个人特别贡献及旅游景区的经营战略有关。

3. 福利

福利与奖金、工资不同，它的表现形式是非货币化的，更多的是以实物和服务的形式支付，如带薪休假、保险、子女教育津贴等。福利的主要用途是给员工的生活提供保证和方便，以提高员工对组织的忠诚度。福利通常可以分为两大类，即法定福利和自助福利。法定福利是旅游景区组织按照国家规定向员工提供的那部分福利，具有强制性，一般包括社会养老、医疗、工伤、失业保险等。自助福利是旅游景区组织根据自身情况和员工需要，自行定制的一个福利包，包括住房补贴、免费旅游、定期体检、专用交通工具等。自助福利的主要目的是利用这种方式体现旅游景区对员工无微不至的关怀和重视，以此提高员工的满意度，增加他们对组织的忠诚度。

（三）薪酬的作用

薪酬作为员工为企业所付出的劳动的一种直接回报，是员工工作与责任的象征。薪酬的多少标志着员工的才能、积极性和贡献的大小，象征着员工的地位和荣誉。薪酬的作用有：

（1）补偿功能：薪酬实际上是一种公平的交易，用以补偿企业员工的劳动付出，他们用薪酬可以获取食物、保障、社会关系及尊重等。

（2）激励功能：薪酬作为旅游景区组织人力资源管理的重要工具，可以用来评价员工的工作绩效，促进劳动者工作数量和质量的提高，从而保护和激励他们的工作积极性。因此，从旅游景区组织管理的角度看，激励功能是薪酬的核心职能。

（3）协调和配置功能：薪酬管理与旅游景区组织的其他管理结合起来，就可以通过薪酬变动来调节企业各个生产环节的人力资源，达到有效配置旅游景区组织内部各种资源的目的。同时，薪酬水平的变动，也可以将组织目标和管理者的意图及时、有效地传递给员工，促进个人行为与组织目标一致化，调节员工与组织、员工与员工的关系。

（四）薪酬管理的原则

对于大多数人而言，工作是生活的核心活动。薪酬的支付是否合理得当，会影响员工的工作态度、工作效率、员工对企业的忠诚度等。因此，进行有效的薪酬管理，一定要遵循以下基本原则：

（1）公平性。薪酬系统要公平，这是最主要的原则。要使员工认识到，人人平等，只要在相同的岗位上作出相同的业绩，都将获得相同的薪酬。

（2）认可性。薪酬系统是由旅游景区管理层制定的，但应该使大多数员工认可，这样会起到更好的激励作用，当然要符合法律。

（3）激励性。薪酬虽不是激励的唯一因素，却是关键的因素。按劳分配、多劳多得能够提高员工的工作效率和满意度。

（4）竞争性。旅游景区各个职位的薪酬与同行业、同地区或者同等规模的其他旅游景区的相似职位相比，具有竞争力，以吸引和保留优秀人才。

（5）成本控制法。一般而言，薪酬系统应该接受成本控制，即在成本许可的范围内制定薪酬系统。

二、激励机制

（一）激励与激励机制的概念

激励，顾名思义就是激发和鼓励。激励的目的是激发人的潜在能力，激励的过程就是调动人的积极性的过程。旅游景区人力资源的激励机制就是为调动员工的积极性，发掘其潜力而采取的措施。激励即通过高水平的努力实现组织目标的意愿，这种努力以能够满足个体的某些需要为条件。

机制原指机器的构造和工作原理，现已广泛应用于自然现象和社会现象，指其内部组织和运行变化的规律。在任何一个系统中，机制都起着基础性、根本性的作用。激励机制（Motivate Mechanism），也称激励制度（Motivation System），是激励主体（管理者）依据法律法规、价值取向和文化环境等形成的一套理性化的制度，对激励客体（管理对象）从物质、精神等方面进行激发和鼓励以使其行为继续发展。

（二）激励的类型

激励的形式多种多样，根据激励的内容可以将激励分为物质激励和精神激励；根据激励的作用可分为正向激励和负向激励；根据激励的对象可分为他人激励和自我激励；根据激励产生的原因可以分为外附激励和内滋激励。

1. 物质激励和精神激励

美国著名心理学家亚伯拉罕·马斯洛的需要层次理论概述了人的整个需要过程。需要理论的基本规律是：只有当低层次的需要得到满足（相对满足）时，高层次的需要才能成为人所追求的目标。当然个人对需要的满足程度有不同的要求，总体而言，需要层次之间有内在的重叠性，同一时期同一个人可能同时拥有多种需要。

物质激励和精神激励有不同的内涵，可以满足人们不同的需要及不同人的需要，如奖金可以满足人们的物质需要，但不能满足人们的荣誉感需要，而职位晋升可以满足人们的成就感需要，但不能满足人们的物质需要。

2. 正向激励和负向激励

正向激励是一种通过强化积极意义的动机而进行的激励；负向激励是通过采取措施抑制或改变某种动机。负向激励也是一种激励，通过影响人们的动机来影响其行为，使人们从想做某种事转变为不想做某种事。

3. 他人激励和自我激励

他人激励是调整他人动机。自我激励是对自己进行激励，是调整自己的动机。自我激励也应从需要、目标着手，通过分析自己的需要，选择合理的目标并实现这些目标。

4. 外附激励和内滋激励

美国管理学家道格拉斯·麦克雷戈把激励分为外附激励和内滋激励。

外附激励是指掌握在管理者手中，由经理运用，对被激励者来说是一种外附的激励。以下四种外附激励的方式是行之有效的：

（1）赞许。这是一种常用的激励方式，当面称赞、当众夸奖、通报表扬等属于赞许，即客观上对受赞许者的行为给予肯定，因而有强化其动机的作用。

（2）奖赏。奖赏也是一种赞许和鼓励，但它的激励作用要大得多。奖赏既可以是物质的，也可以是精神的，还可以是物质奖赏和精神奖赏并用。

（3）竞赛。一般人都有好胜的心理，特别是有高度成就感的人，其好胜心理更为强烈。因此，竞赛有激励的作用。但必须注意以下几点：竞赛要事先公布评比的标准，使大家明白争夺的目标及胜败的后果；标准要具有可比性；竞赛的结果要公布，许诺的奖励要兑现。

（4）考试。对员工的录用、选拔、晋升，采用考试的办法，有较好的激励作用，而且可以在一定程度上减少拉关系、走后门的弊端。

内滋激励，是指被激励对象自身产生的发自内心的一种激励力量。包括学习新知识和技能、责任感、光荣感、成就感等。内滋激励有助于员工"开发自己"，使自己始终保持"一种良好的舞台激情"。主要表现在以下两个方面：

（1）认同感。一个人对组织目标有了认同感以后，就会产生肯定性的感情和积极态度，从而迸发出为实现组织目标而奋斗的动力。

（2）义务感。这是人们的一种内在要求。人们往往把自己愿意承担的各种义务看成是"应该做的"，义务感能对自己的行为产生一种自觉的精神力量。

【本章小结】

人力资源是与自然资源或物质资源相对应的概念，有广义和狭义之分。人力资源是推动组织发展的关键资源。而人力资源管理是有关人力资源方面的计划、组织、指挥、协调、信息和控制等一系列管理工作的总称。旅游景区进行人力资源管理，首先必须制订人力资源规划，然后进行招聘和选拔，之后是入职教育、培训和发展、报酬与激励措施的设计和实施、工作绩效考核、人事管理、职业生涯管理。旅游景区在进行人力资源管理时要依据自己的特色，制订适合自己的人力资源管理方案。

【拓展阅读】
如何加强旅游景区员工培训管理

比较几个不同行业的企业人力资源管理工作，相对而言，景区的人力资源管理工作更加注重培训。从部门到系统，各级管理人员均会被培养成有效的培训讲师，这主要是因为景区员工，特别是基础员工流动性较强，如导游往往在一年内就出现更替。所以景区的人力资源管理工作、培训工作显得十分重要。

1. 培训是自上而下的事

曾接触过几家中小型景区的老板，他们的苦恼是如何提升服务质量，如何找到"物美价廉"的员工。但在问及细节时，他们反映，大多数的新入职员工是当天上班，当天就上岗，根本就没有受过培训。对于规范性的工作流程，他们认为是虚的，没有必要，而且在他们的意识中，一定要找熟手员工，但是又觉得他们工资要求高、留不住等。这种自寻烦恼式的管理，是最大的时间浪费，最主要的是按部就班做好内部员工培训，连基础员工都想从其他景区挖取，这是对自己景区完全不自信的表现。广州长隆集团下辖三个景区，每年从学校引进的学生达400余人，各个部门都有分配，部门负责人普遍愿意接收，而且很认真地制订培训计划。在新员工入职时，企业的高层要与他们见面，而且各个部门负责人会在见面会上介绍本部门的情况。从集团总经理、集团人力资源部到各部门都把新员工入职培训工作当作头等大事。如果员工工作不到位，人力资源部就要检讨培训是否到位。这样，景区就不会因人员变更而降低服务质量。因此，培训工作要从企业总经理带头做起，这样由上至下的重视才能做好。

2. 景区需要什么样的培训

不管如何定位培训，其实它每天都存在于工作中，如管理人员在落实工作时，与下属进行沟通交流，这实际上就是一种培训过程，若用心于此则更富有实效。那么如何进行有实效的培训呢？培训的主要目的就是发扬优良、改变不足、提高技能、缩短与同行差距、营造具有个性的企业文化，更形象地说，培训就是为企业添加营养。

培训不是无目的的，关键要做好以下四件事：一是常规培训，有无定期讨论培训内容，如企业发展、项目更新、管理结构调整、相应的行为规范的调整等。二是专业技能培训，有无定期分析，如导游解说词的调整、讲解的技巧、接待客人的行为等。同时对不同工种做好相应的调查与分析，按"缺什么补什么"的方式开发新的培训课题。三是员工素质培训，有无深入了解等。员工的素质分析曲线图有助于掌握整体质素的均衡，如岗位英语口语、广东省外籍员工的广州话、广东省内籍员工的普通话、形象礼仪、公关技巧培训等。四是员工价值观培训，只有企业与员工价值观调整到相互吻合时，企业的活力才能更有效地显现，如进行企业文化生活的组织，不仅仅是安排旅游或一场活动那么简单，而要将企业的价值观融入进去，运用拓展式训练等休闲培训方式。

3. 如何开发景区专业培训课题

景区的服务对象就是游客，景区管理人员需要换位思考，即站在游客的角度，怎样的游玩才能尽兴，这样就会产生很多培训需求。在长隆集团，所有的管理人员每天都要到一线，去查看需要提升什么，人力资源部员工经常到服务前线的部门（如游客服务中心、餐饮部、商场部、动物管理部、车辆管理部）了解情况，针对部门所需及时进行现场培训。对于纠偏、改正的事项，依照具体场景和事件开展培训，培训后及时听取反馈意见，为下一次系统培训做好充足的准备。

同时，企业发展的需要、政策的推导、员工求知的需求、管理知识变更等这些都是培训所要开发的课题。不管什么课题，都要有轻重缓急之分，都要采用首要原则。

4. 旺季考核，淡季练兵

一年365天，景区没有休息的日子，而且景区的应急、突发事件相对较多，如何做好景区的培训工作呢？景区每天都要营运，岗位每天都不能缺人，而景区给予员工的例休每个月也只有4~5天，因此，在景区要想全员、全方位组织培训是很难的事情。

根据工作规律，利用淡旺时节，组织培训，将培训时间拉长或因地制宜是培训的首选。节假日及学生寒暑假期是景区的旺季，而剩下的时间就可以充分组织培训，这时的培训既可以深入一线，也可以采取局部集中培训。如保安人员的培训工作，往往采取三班（二十四小时值班，分日班、中班、晚班）人员岗位压缩，集中人员在交换岗时组织培训，这样既不耽误上班，也不耽误培训，而且能够很好地保证培训的效果。而旺季就是平时培训的大考，人力资源部不仅要做好全区的人力调度工作，还要做好人员平时培训效果的检查工作，最常用的手法就是摄录法、游客反应法。

当然，这样的组织培训需要人力资源部具有很强的计划与统筹能力。培训的组织工作分为事先、事中、事后三段，事先的准备充分与否直接关系到培训效果。所以在淡旺季区分式培训组织过程中，准备工作是首要的事情，准备工作应由企业的核心管理人员甚至是总经理亲自把关。

5. 培训就要缩短原来的差距

曾经有一位景区老板告诉我，他很害怕给员工做培训，培训完了，人就离开公司了。经过了解，该老板格外器重一小部分员工，他在公司员工中选了两名优秀的人才作为企业重点人才进行培养，送他们到名校读昂贵的 EMBA，没想到送出去的人完成学业后竟直接到其他企业就职了。不管这两个人的人品如何，就这件事情而言，该老板对企业培训并不了解，培训与教育最明显的区别就是：培训要求改变现有的不足，缩短与同行的差距；教育是为了启智，为了更深入地研究专业领域知识。EMBA 固然是好的，但对于景区管理来说，它并不是亟需的或必须的，EMBA 是通用的，但景区讲究的是实战的，EMBA 对于个人的价值更明显一些，企业将此项列入激励方式更为恰当。企业培训最主要的目的就是缩短与同行业的差距。

6. 参观、考察、评判性地借鉴是培训的一种特殊方式

为了促进景区产品的丰富，使管理人员能够更深刻地体验与认识到自己的不足，选择优秀的景区参观是非常必要的。广州长隆集团每年都组织中高层管理人员到其他景区游玩，一方面作为企业文化生活，另一方面作为福利，更主要的是让大家在游玩时体验做游客的滋味，同时以游客的身份去学习他人的管理经验，而且回来后，每个人都要写体会，这就是一种特殊的培训。他们选择的景区有欢乐谷、乐满地、香港的迪士尼、韩国乐天与爱宝等，多数以国外为主，范围涉及欧美等地。通过这种直接的、务实的培训方式，使得原先并没有从事过景区管理的人员迅速地成长起来。作为景区管理工作者本身就要见多识广，所以"走出去，引进来"式的培训是景区人力资源管理的一个重要途径。

不管景区企业主是否意识到培训的重要性，但要想企业长期、稳定、健康的发展，就不能忽视企业人力资源管理的战略地位，而人力资源管理中的培训模式更应引起企业主的高度重视。培训是景区发展的营养源。

资料来源：盛代宏. 中国人力资源开发网，http：//www. chinahrd. net/zhi_ sk/jt_ page. asp？articleID＝110286（有改动）

问题：

1. 长隆集团是如何加强旅游景区员工培训管理的？
2. 如何在时间上保证旅游景区员工培训工作的进行？
3. 旅游景区一般需要进行哪些培训？

【思考与练习】

1. 简述旅游景区人力资源的特性。
2. 分析旅游景区人力资源的招聘及培训流程。
3. 探讨旅游景区人力资源绩效考核的内容及科学机制。

4. 结合目前我国人力资源薪酬管理的现状，讨论旅游景区人力资源的薪酬管理机制。

5. 论述旅游景区人力资源的激励制度。

第六章 旅游景区环境和卫生管理

【学习目的】

通过本章的学习，熟悉旅游景区环境卫生管理的内容，了解环境卫生管理的意义；掌握旅游景区环境容量的概念和测量方法等；了解旅游景区环境卫生管理的标准、办法和技术。

【学习要点】

1. 旅游景区环境卫生管理的内容和重要性
2. 旅游景区环境容量的概念及测量
3. 旅游景区环境卫生的管理标准

【关键词】

旅游景区　环境卫生管理　环境容量

旅游景区的环境卫生是关系到游客及当地居民身体健康的重要因素，是旅游景区赖以生存的基础条件，是旅游景区形象的重要组成部分，也是旅游景区可持续发展的重要保证。良好的环境卫生状况能给游客带来更舒适的享受，增加旅游体验值，提升对旅游目的地的形象认识。所以，旅游景区的环境和卫生管理也是至关重要的，它是旅游景区良性发展的必要条件。

第一节　旅游景区环境和卫生管理

一、旅游景区环境和卫生的概念

环境是指围绕着某一事物（主体）并对该事物会产生某些影响的所有外界事物（客体），即环境是指某个主体周围的情况和条件。旅游景区的环境既包括以空气、水、土壤、动物、植物等为内容的物质因素，也包括以观念、制度、行为准则等为内容的非物质因素；既包括自然因素，也包括社会因素；既包括生命体形式，也包括非生命体形式。

卫生指个人和集体的生活卫生和生产卫生的总称。"卫"即卫护、维护；"生"即生命、生机；卫生即卫护人的生命、维护人的健康。旅游景区卫生一般指为增进人体健康、预防疾病，改善和创造合乎游客生理、心理需求的游乐环境和工作条件所采取的有关卫护、维护的措施。

旅游景区环境卫生是旅游景区的基本资源，但时刻会遭到破坏。破坏旅游景区环境卫生的因素是多方面的：一是自然因素，诸如自然灾害、动物干扰等。二是人为因素，首先是经济行为不当，如经营行为不当造成污染，还有掠夺式利用、破坏性建设影响景区环境；其次是游览活动不当，如过度接待、游客不文明游览行为造成影响；再次是管理行为不当，如景区疏于管理、管理方法不当造成环境被破坏。

二、旅游景区环境及其管理

按环境的属性，可将旅游景区的环境分为自然环境、人工环境和社会文化环境。旅游景区的环境卫生管理也是从这三个方面入手。当然，旅游景区环境卫生主要是指物质环境的卫生。

（一）自然环境

对于旅游景区而言，自然环境可分为大气环境、土壤环境、水环境、生物环境等。因此，旅游景区的自然环境卫生也包括以下四个方面：

1. 大气环境

大气是维持一切生命所必需的重要资源，大气质量的优劣，对整个生态系统和人体健康有着直接的影响。恶劣的气象、气候条件，如冰冻、暴雨、沙尘暴等，会对顺利开展旅游活动形成障碍，甚至会对游客的生命财产造成威胁，特别是大气污染会影响旅游景区的发展。而良好的大气环境是吸引旅游者的重要资源。旅游者对高质量大气有强烈的需求，如张家界的黄石寨、金鞭溪等景区在进行宣传时，就突出强调其空气质量好、负离子含量高，有"天然氧吧"之美誉。因此，大气环境的好坏对旅游景区有着重要的影响，改善大气环境卫生是旅游景区环境卫生管理的一个重要内容。

（1）破坏大气环境的因素。

现代社会工业、交通等的发展，使得大气遭受的破坏越来越严重。影响大气环境的因素是多方面的，对于旅游景区而言，破坏其大气环境的因素主要有以下三方面：

一是交通工具的污染。随着旅游业的发展和人们生活水平的提高，越来越多的人选择自驾车出游，大量含有多种有害气体的尾气排放到空气中，对旅游景区的大气环境造成污染。

二是旅游景区内的餐饮企业、宾馆等所排出的废气。主要是指燃烧煤、煤气和液化气等排放的二氧化硫、二氧化氮、一氧化碳和烟尘等，其总量虽较工业少，但排放源分散、高度低、距景点近且多无除尘设施，对旅游景区大气质量影响较大。

三是垃圾堆积产生的多种有害气体。旅游景区内的垃圾等固体废弃物有机含量高，如处理不当，会滋生细菌，特别是堆放在底层的有机物，因严重缺氧，厌氧菌迅速繁殖，病原菌滋生，并产生恶臭。另外，旅游公厕如管理不善也会产生恶臭，增加大气含菌数。

除此之外，如果旅游景区周边存在一些工业企业，它们在生产过程中排放出的废气也会严重破坏旅游景区的大气环境。

（2）防治对策。

第一，限制和减少旅游景区内交通工具的尾气排放量。已有不少旅游景区如张家界武陵源景区，禁止外来车辆在旅游景区内行驶，而采用换乘旅游景区内的电瓶车、节能车等方式来减少车辆的尾气排放量。

第二，减少煤等易造成空气污染的燃料的使用量，代之以环保节能燃料。

第三，采取高效的垃圾处理措施，如加强跟踪式清扫力度、设置生态型垃圾箱、加强垃圾清运等。

第四，提高旅游景区内的绿化覆盖率，绿色植物大多能吸收空气中的废气，可以改善旅游景区的大气质量。

第五，建设环保、绿色旅游公厕，减少对空气的污染。

2. 土壤环境

土壤是旅游景区环境构成的重要内容，对于自然旅游景区更为重要。随着旅游活动的开展和旅游设施的开发，很多完整的生态地区已被逐渐分割，形成岛屿化，生态环境面临着各种人工改造，如地表铺面、植被更新、外来物种引入等。无论是陆地还是水域表面都会受到旅游活动的影响，岩岸、沙滩、湿地、泥沼地、天然洞穴、土壤等不同的地表覆盖都会受到不同程度的冲击，地表植物赖以生存的土壤有机层更是首当其冲。土壤一旦受到冲击，其物理结构、化学成分、生物因子等都会随之发生变化，进而影响土壤上植物的种类与生长，昆虫、动物也会随之迁徙或减少。

（1）破坏土壤环境的因素。

一是游客践踏土壤。游客为休息、取景拍照、寻找"野趣"，扩大了土壤遭受践踏的范围，或接待量超过旅游承载量，加深了旅游景区土壤受践踏的程度，这使得旅游景区内的许多草地都变成了板结的土地。

二是固体废弃物的污染。目前，在旅游景区随处可见旅游者将塑料袋、饭盒及其他垃圾随手乱扔。固体废弃物污染已成为旅游景区环境卫生一个亟待解决的问题。

（2）防治措施。

第一，提高游客的环保意识，这是保持旅游景区良好卫生环境的重要前提。在旅游景区内设置提示标语，提醒游客不要随意践踏草坪、乱扔垃圾等。

第二，增设垃圾桶、增加卫生清洁人员，确保第一时间清除旅游景区内的各种垃圾，保持旅游景区良好的卫生环境。

3. 水环境

无论是以水景为主的旅游景区，还是其他类型的旅游景区，水都扮演着一个重要的角色。一方面，旅游景区水资源是旅游者和工作人员饮用水的重要来源，水的质量影响着他们的健康安全；另一方面，水还是旅游景区景观资源的构成要素。无水不活，水是资源构成的基本元素之一。几乎每一个旅游景区都有水景，大到瀑布、湖泊，小到喷泉、水池等。而对于如杭州西湖等以水景为主的旅游景区而言，水环境的保护管理应该摆在更加重要的位置。

（1）影响旅游景区水体水质的因素。

一是旅游景区内经营活动的污染。旅游景区内的宾馆、餐饮等单位每天都会产生大量的污水、废水，有些旅游景区甚至将未经处理的污水直接排入水源或水体中，对旅游景区内的水体造成污染。

二是旅游者造成的破坏。旅游者缺乏环境保护意识，在旅游景区的水体内任意丢弃垃圾、有害物品。不仅破坏了水体景观，影响了旅游资源的价值，而且一旦污染物的数量超过水体的净化能力，将造成水质的恶化。

三是旅游景区外的污染。旅游景区周围的工业废水、生活污水、农业污水等有害物质排入水体，随着地表水的流入和地下水的渗透进入景区，也会影响旅游景区的水体卫生。

（2）防治措施。

第一，建立污水处理设施，将污水经过净化后再排放。

第二，配备专门的水面清洁人员，保证第一时间清除水面的垃圾，并及时清理水底的垃圾沉积物。

第三，在旅游景区的选址过程中，要避免选在有重大污染的区域下游。

第四，在水景旁边设立提示标语并采取其他宣传教育手段，提醒游客不要向水中扔垃圾或有害物质。

第五，运用法律手段、经济手段、行政手段保护旅游景区的水体安全。

4. 生物环境

动植物是旅游资源的重要组成部分。因动植物具有观赏、疗养、科研等功能，所以许多旅游景区把动植物作为专门的旅游景观，如武陵源的银杏和水杉、四川的大熊猫等。一般的旅游景区也常常以动植物为旅游景区的装饰、美化之用。但随着一些不合理旅游活动的开展，旅游景区的生物环境也遭到了不同程度的破坏。

（1）破坏旅游景区生物环境的因素。

一是大面积移除。旅游景区为兴建宾馆、停车场、索道、电梯或其他旅游设施，将地表植物大面积地移除，甚至破坏受保护的森林、湿地等，对植物造成了难以挽回的破坏，同时摧毁了动物的生存空间。这种破坏不仅影响了旅游景观的整体和谐性，也使旅游景区的可持续发展面临挑战。

二是游客践踏。游客为了游玩、拍摄方便，常常"不走寻常路"，不顾旅游景区的警告标示，踩踏绿地。大量游客长期的踩踏，造成植被被破坏、土壤板结，植物无法生长。

三是旅游活动的干扰。游客从事户外旅游活动时，不可避免地会对较为敏感的鸟类和哺乳动物造成干扰。如西双版纳的野象谷，由于大规模游客的进入，影响了野象的生活规律，使经常出没于原始森林溪水旁的野象现在只有一两头出没。

四是对野生动物的消费。游客对野生动物的消费行为是旅游活动对野生动物影响最严重的一种。我国的游客不仅爱吃海鲜，更爱吃山珍，各种珍禽异兽都有可能成为游客猎食的目标，从而造成这些族群数量下降甚至绝迹。除直接食用外，游客还喜欢购买野生动物的相关制品，如动物毛皮、象牙等。

（2）防治措施。

第一，在设计旅游景区时，规划好游客的步行道和车道，尽量避免游客踩踏绿地。

第二，对于以动植物为主要景观的旅游景区，开放时间应合理安排，适当给植物和动物留出休整时间。

第三，加强游客的素质教育，增强环保意识，提高环保知识水平。

第四，加强法律法规建设，对食用或贩卖受保护的野生动物的行为进行惩罚。

（二）人工环境

1. 设施设备卫生

旅游景区的设施设备按其功能可分为旅游基础设施、旅游接待服务设施、娱乐游憩设施三类。旅游基础设施包括交通设施、排水及排污设施、电力通信设施、绿化环卫设施等；旅游接待服务设施包括接待服务设施和导游服务设施等；娱乐游憩设施包括旅游景区内的各种游乐设备和建筑，如索道、缆车、茶室、酒吧等。

保持这些设施设备的清洁卫生，是旅游景区环境卫生管理的重要内容。旅游景区设施设备环境卫生管理也可参照餐饮等企业的"五常法"进行。"五常法"是用来创造和维护良好工作环境的一种技术，包括常组织、常整顿、常清洁、常规范、常自律。常组织，即判断必需与非必需的物品并将必需物品的数量降低到最低限度，将非必需的物品清理掉，把"空间"腾出来活用并防止误用；常整顿，即要用的东西依规定定位、定量、明确标示地摆放整齐；常清洁，即清除工作场所各区域的脏乱，保持环境、物品、仪器、设备处于清洁状态，防止污染的发生；常规范，即连续地、反复不断地坚持前述的"三常"活动，养成坚持的习惯，并通过制度化来维持成果；常自律，即要求人人依规定行事，养成规范认真的习惯。

2. 卫生设施管理

旅游景区中卫生设施主要有公共厕所、垃圾桶、废弃物处理设施、公共盥洗室等。

公共厕所是景区基础设施的必要组成部分，也是影响游客满意度的重要因素。随着城市现代化的发展，厕所，尤其是公共厕所已经发展成为具有生理代谢、卫生整理、休息乃至审美、商业、文化等多种功能齐全的公共场所。旅游景区公厕已成为现代景区文明形象的窗口之一，是旅游景区服务质量和管理水平的重要标志，体现着旅游景区物质文明和精神文明的发展水平。

旅游景区厕所应尽量达到"六有"和"六无"标准。"六有"是指达到有水、有纸、有篓、有挂钩、有专人值守、有残疾人厕位的星级标准；"六无"是指厕所标识醒目，干净卫生，无污垢、无堵塞、无异味、无破损、无滴漏、无垃圾。同时，旅游景区公厕的设置、布局及格调应与旅游景区环境相协调。

垃圾桶的设置应该达到的标准是标识明显、布局合理、数量能满足需要、造型美观实用、与背景环境协调。按照垃圾的可否再使用，将垃圾桶分为可回收垃圾桶、不可回收垃圾桶及有害垃圾桶。游客应按照垃圾的类别，将垃圾投入相应的垃圾桶。

（三）社会文化环境

随着旅游业发展层次的提高，人们越来越重视旅游的文化层面。旅游景区在开发过程中重视挖掘文化因素，突显其文化内涵。旅游的发展使得外来人口大量涌入，对旅游目的地的经济、文化等方面产生深刻影响，而对旅游景区文化环境更多的是产生冲击，恶化文化环境。特别是比较偏远落后的旅游目的地，传统的习俗、质朴的民风都受到了较大的冲击，社会治安问题不断增加，这些都严重破坏了旅游景区的文化环境，使得当地居民对游客的态度发生变化。

1. 旅游景区文化环境恶化的表现

（1）当地文化受外来文化冲击。

大多数游客来自经济发达地区，他们在物质和文化上具有优越感，这种外来文化不断地对旅游景区社区原有的相对朴素、原始的文化造成冲击。游客的行为习惯、穿着打扮、生活方式、语言等都对旅游地的社区产生影响。当地的居民会逐渐认同并接受这种外来文化，特别是年轻人，他们会对外来文化产生羡慕和向往，继而进行模仿，甚至抛弃原有的传统文化。外来文化有积极影响的一面，也有消极影响的一面。另外，当游客发现旅游景区的文化与自身趋同时，便会失去游玩的兴趣。旅游景区失去了当地文化的依托，其吸引力将大为减弱。对于旅游景区而言，这也是重大的损失。

（2）当地居民对旅游产生排斥态度。

旅游开发初期，绝大多数居民对旅游抱着积极的态度，认为旅游可以改变当地落后贫困的局面，会给他们带来经济上的收益。然而，在旅游开发的现实中，往往不能达到当地居民最初的愿望。他们原本赖以生存的森林、土地等资源被旅游景区占据，却没有得到相应的经济补偿。当地居民没能参与到旅游的开发中，无法从旅游发展中受益，容易导致他们心理严重失衡，继而导致他们对旅游产生排斥态度。譬如，刻意破坏旅游景区的设施、砍伐旅游景区的树木、对游客恶言相向等。

（3）当地社会治安状况恶化。

旅游景区的开发建设改变了当地居民原有的生存状态，容易导致当地居民心理和文化上的失衡。特别是随着旅游景区、游客和社区居民关系的恶化，违法犯罪的行为日益增多，治安状况不断恶化。如一些旅游景区原本民风纯朴，人们安居乐业，违法犯罪的行为甚少发生。但随着游客的不断涌入，当地居民的生活状态发生了很大变化，欺诈游客的现象出现了，偷盗、打架等行为也增多了，严重破坏了原本纯朴的民风民俗。

2. 治理措施

（1）保护当地文化。

旅游景区只有依托当地文化才有生命力。旅游景区在开发过程中，要大力发掘、尊重并保护当地的文化，尽量使其少受外来文化的干扰。对于文物古迹等有形文化资源应当妥善保护，对于无形的民风民俗、传统表演艺术要避免舞台化、商品化。在文化产品化的过程中，要注意保持文化的原真性，切忌一味地投其所好，从而破坏了传统文化本身的韵味。

（2）加强社区参与。

当地居民是旅游规划开发经营中重要的利益相关者，旅游景区开发过程中必须要考虑到他们的利益。在旅游景区的开发过程中，应当注重社区参与，让当地居民从旅游开发中获益。在旅游景区规划过程中，就要考虑到当地居民的利益需求，如在旅游景区规划时不要破坏居民的生存环境，并划分专门区域供当地居民售卖土特产使用。在旅游景区的经营过程中，也要充分考虑到当地居民的利益，如旅游景区的接待工作，尽可能聘用当地居民。加强社区参与度，让更多的当地居民参与到旅游开发中，有利于解决旅游景区和当地社区的冲突。

（3）加强治安管理。

保障游客的人身财产安全，这是旅游发展的最基本要求。如果旅游景区治安问题恶劣，游客将大大减少。因此，旅游景区必须加强治安管理，在当地政府的支持下，与当地宣传、公安、工商等部门合作，开展旅游景区及其周边环境的综合治理，创造一个和谐、稳定的旅游环境。

第二节 旅游景区环境和卫生管理的标准

一、旅游景区环境保护法律依据

旅游景区环境保护要做到有法可依。目前，对旅游景区环境保护具有约束力的法律有：《中华人民共和国宪法》、《风景名胜区条例》、《城市园林绿化管理暂行条例》、《中华人民共和国环境保护法》、《中华人民共和国森林法》、《中华人民共和国城市规划法》、《中华人民共和国土地管理法》、《中华人民共和国海洋环境保护法》、《中华人民共和国文物保护法》、《中华人民共和国野生植物保护法》、《中华人民共和国野生动物保护条例》、《中华人民共和国民事诉讼法》等。

上述法律文件对旅游景区环境保护提出了一些具体要求，诸如：①旅游景区的土地，任何单位和个人都不得侵占；②在旅游景区及其外围保护地带内的各项建设应与景观相协调，不得建设破坏景观、污染环境、妨碍游览的设施；③在游客集中的游览区内不得建设宾馆、招待所以及休养、疗养机构；④在珍贵景物周围和重要景点上，除必需的保护和附属设施外，不得增建其他工程设施；⑤对旅游景区内的文化古迹要认真加以保护。

以下是某旅游景区按照《风景名胜区条例》和有关环境卫生法规制定出的《环境卫生管理办法和工作制度》（标准）：①风景名胜区内按规划设置公共厕所、垃圾箱、果皮箱等公共设施。定期清理、保持清洁卫生；②主要景点的公共厕所为深坑无害化厕所或水冲厕所，并有专人管理。做到基本无臭味、无蚊蝇、无蛆虫、无随地便溺现象；③妥善处理粪便、污水，对垃圾等废弃物做到日产日清，对粪便和垃圾要设立处理场；④风景名胜区的废水、废气、废渣等有害物质要按国家有关标准经过处理后排放，无随意排污现象；⑤风景名胜区内道路完好、清洁；⑥主要游览区无牲畜粪便，绿地中无垃圾和其他废弃物；⑦驻景区单位、住户落实"门前三包"，经常保持周围环境整洁，门前无乱搭、乱建、乱堆、乱挂；⑧驻景区居民有良好的卫生习惯，不随地吐痰，不乱丢污物，不乱倒垃圾，不乱泼污水，不随地大小便。

此外，一些行业规范也提出了环境卫生管理的要求，如《中国旅游服务质量等级标准操作规范》（GB/T 19001—2000）对游览参观点的卫生有以下规定：①每日游览时间开始前必须做到游览参观点内的地面、设施清扫完毕，必要时要洒水防尘；②在游览时段内派卫生员随时监控各自负责的卫生区域，及时清除地面污渍、果皮、纸屑等脏物；③游览点内的垃圾箱表面应每日擦洗，保持外表整洁，垃圾箱要用垃圾车清除，不可出现外溢现象；④栏杆每日应擦净，并定期重新涂上油漆；⑤草地绿篱应修剪规整，无灰尘、纸屑、脏物；⑥餐饮点环境整洁，采取消除苍蝇、老鼠、蟑螂等有害动物滋生条件的措施，禁止出售腐败变质、不洁、受有毒有害物污染的食品及超出保存期的食品。

《中国旅游服务质量等级标准操作规范》对厕所卫生有以下规定：①厕所在开门接待客人之前必须打扫干净，做到地面无污物、尘土、积水，便池无污物、不堵塞，墙壁无蛛网、积土，无明显异味，纸篓倒净；②在游览时间内，厕所要随时或定时清扫；③每位清扫工负责的厕所必须达到卫生标准；④收费厕所有专人全日服务，视厕所等级提供卫生纸、洗手水、烘手机、肥皂、擦手巾等；⑤按以下顺序进行厕所保洁：墙壁、天花和门窗，厕所和厕池，纸篓，地面。

二、景区环境卫生分类标准

（一）空气标准

我国现行的《国家环境空气质量标准》（GB 3095—1996）是于1982年颁布实施的，并先后于1996年和2000年进行修改，为旅游景区的空气环境质量监测提供了权威的标准。

1. 环境空气质量功能区分类

环境空气质量功能区分为三类：一类区为自然保护区、风景名胜区、名胜古迹和疗养地等其他需要特殊保护的地区；二类区为城镇规划中确定的居住区、商业交通居民混合区、文化区、名胜古迹、一般工业区和农村地区；三类区为大气污染比较严重的城镇和特定工业区，以及城市交通枢纽、干线等地区。

2. 环境空气质量标准分级

一类区执行一级标准：为保护自然生态和人体健康在长期接触的情况下不发生任何危害影响的环境空气质量要求。二类区执行二级标准：为保护人体健康和城市、乡村的动植物在长期和短期接触的情况下不发生伤害的环境空气质量要求。三类区执行三级标准：为保护人群不发生急、慢性中毒和城市一般动植物正常生长的环境空气质量要求。

3. 大气污染物综合排放标准

我国空气中各项污染物的浓度限值（GB 3095—1996）如表6-1所示。

表6-1　我国空气中各项污染物的浓度限值

污染物名称	取值时间	浓度限值			浓度单位
		一级标准	二级标准	三级标准	
二氧化硫（SO_2）	年平均	0.02	0.06	0.10	mg/m³（标准状态）
	日平均	0.05	0.15	0.25	
	1小时平均	0.15	0.50	0.70	
总悬浮颗粒物（TSP）	年平均	0.08	0.20	0.30	
	日平均	0.12	0.30	0.50	
可吸入颗粒物（PM10）	年平均	0.04	0.10	0.15	
	日平均	0.05	0.15	0.25	
氮氧化物（NO_X）	年平均	0.05	0.05	0.10	
	日平均	0.10	0.10	0.15	
	1小时平均	0.15	0.15	0.30	
二氧化氮（NO_2）	年平均	0.04	0.04	0.08	
	日平均	0.08	0.08	0.12	
	1小时平均	0.12	0.12	0.24	
一氧化碳（CO）	日平均	4.00	4.00	6.00	
	1小时平均	10.00	10.00	20.00	
臭氧（O_3）	1小时平均	0.12	0.16	0.20	

（续上表）

污染物名称	取值时间	浓度限值			
		一级标准	二级标准	三级标准	浓度单位
铅（Pb）	季平均	1.50			μg/m³（标准状态）
	年平均	1.00			
苯并（a）芘（BaP）	日平均	0.01			
氟化物（F）	日平均	7①			μg/（dm².m）
	1 小时平均	20①			
	月平均	1.8②	3.0③		
	植物生长季平均	1.2②	2.0③		

注：①适用于城市地区；②适用于牧业区和以牧业为主的半农半牧区，蚕桑区；③适用于农业和林业区。

（二）水体环境标准

《地表水环境质量标准》（GB 3838—2002）是自 2002 年 6 月 1 日起执行的最新的关于地表水环境质量的标准，为旅游景区的水体环境质量监测提供了权威的标准。

1. 适用范围

（1）本标准按照地表水环境功能分类和保护目标，规定了水环境质量应控制的项目及限值，以及水质评价、水质项目的分析方法和标准的实施与监督。

（2）本标准适用于中华人民共和国领域内江河、湖泊、运河、渠道、水库等具有使用功能的地表水水域。具有特定功能的水域，执行相应的专业用水水质标准。

2. 引用标准

《生活饮用水卫生规范》（卫生部，2001）和本标准中表 4 至表 6 所列分析标准及规范中所含条文在本标准中被引用即构成本标准条文，与本标准同效。当上述标准和规范被修订时，应使用其最新版本。

3. 水域功能和标准分类

依据地表水水域环境功能和保护目标，按功能高低依次划分为五类：Ⅰ类，主要适用于源头水、国家自然保护区；Ⅱ类，主要适用于集中式生活饮用地表水源地一级保护区、珍稀水生生物栖息地、鱼虾类产卵场、仔稚幼鱼的索饵场等；Ⅲ类，主要适于集中式生活饮用水地表水源地二级保护区、鱼虾类越冬场、洄游通道、水产养殖区等渔业水域及游泳区；Ⅳ类，主要适用于一般工业用水区及人体非直接接触的娱乐用水区；Ⅴ类，主要适用于农业用水区及一般景观要求水域。

对应地表水上述五类水域功能，将地表水环境质量标准基本项目标准值分为五类，不同类别分别执行相应类的标准值。水域功能类别高的标准值严于水域功能类别低的标准值。同一水域兼有多类使用功能，执行最高功能类别对应的标准值。实现水域功能与功能类别标准为同一含义。

4. 《景观娱乐用水水质标准》（GB 12941—91）

该标准于 1991 年 3 月 18 日经国家环境保护总局批准，并于 1992 年 2 月 1 日实施，其目的是贯彻《中华人民共和国水污染防治法》及《中华人民共和国海洋环境保护法》，保护和改善景观、娱乐用水水体的水质，恢复并保持其水体的自然生态系统，促进旅游事业的发展。

（1）适用范围。本标准适用于以景观、疗养、度假和娱乐为目的的江、河、湖（水库）、海水水体或其中一部分水体。

（2）标准分类。本标准按照水体的不同功能，分为三大类：A类，主要适用于天然浴场或其他与人体直接接触的景观、娱乐水体；B类，主要适用于国家重点风景游览区及那些与人体非直接接触的景观娱乐水体；C类，主要适用于一般景观用水水体。

景观娱乐用水水质标准如表6-2所示。

表6-2　景观娱乐用水水质标准

序号	分类标准值		A类	B类	C类
1	色		颜色无异常变化		不超过25色度单位
2	嗅		不得含有任何异味		无明显异味
3	漂浮物		不得含有任何漂浮的浮膜、油斑和聚集的其他物质		
4	透明度，m	≥	1.2		0.5
5	水温，℃		不高于近十年当月平均水温2℃		不高于近十年当月平均水温4℃
6	pH 值		6.5～8.5		
7	溶解氧（DO），mg/L	≥	5	4	3
8	高锰酸盐指数，mg/L	≤	6	6	10
9	生化需氧量（BOD$_5$），mg/L	≤	4	4	8
10	氨氮，mg/L	≤	0.5	0.5	0.5
11	非离子氨，mg/L	≤	0.02	0.02	0.2
12	亚硝酸盐氮，mg/L	≤	0.15	0.15	1.0
13	总铁，mg/L	≤	0.3	0.5	1.0
14	总铜，mg/L	≤	0.01（浴场0.1）	0.01（海水0.1）	0.1
15	总锌，mg/L	≤	0.1（浴场1.0）	0.1（海水1.0）	1.0
16	总镍，mg/L	≤	0.05	0.05	0.1
17	总磷（以P计），mg/L	≤	0.02	0.02	0.05
18	挥发酚，mg/L	≤	0.005	0.01	0.1
19	阴离子表面活性剂，mg/L	≤	0.2	0.2	0.3
20	总大肠菌群，个/L	≤	10 000		
21	类大肠菌群，个/L	≤	2 000		

注：①氨氮和非离子氨在水中存在化学平衡关系，在水温高于20℃，pH≥8时，必须用非离子氨作为控制水质的指标；②浴场水温各地区根据当地的具体情况自行规定；③本标准未作明确规定的项目，执行《地面水环境质量标准》和《海水水质标准》中的标准值及其有关规定。

（3）标准的实施与管理。①各地环境保护部门会同同级有关部门划定景观、娱乐水域的保护范围及其使用类型；②若是景观、娱乐水体中有些标准项目的自然本底值（即没有受到人为的污染）高于本标准所规定的标准值，应维持原自然状态；③在不发生事故和特殊自然条件干扰情况下，景观、娱乐水体的水质一年内应有95%以上的分析样品数符合本标准值的规定；④A类水体内的天然浴场在游泳季节内水质应保证全部分析样品符合本水质标准；⑤含有毒有害污染物的废水，禁止排入景观、娱乐用水水域，一般工业废水、生活污水禁止直接排入A类、B类水域，该废水必须经过处理并保证其受纳水体符合水标准的情况下方可排入C类水域；⑥同一水域兼有多种功能的，执行最高功能用水的水质标准。

（三）噪声标准

环境噪声标准制定的依据是环境基本噪声。各国大都参考国际标准化组织（International Organization for Standardization，ISO）推荐的基数（如睡眠为30分贝），根据不同时间、不同地区和室内噪声受室外噪声影响的修正值以及本国具体情况来制定。

我国根据《中华人民共和国环境保护法》，在进行大量的调查研究基础上，于2008年颁布了《声环境质量标准》（GB 3096—2008），将城市按不同社会功能划分为六类区域，规定各类区域的环境噪声标准。在总结十年的执行情况后，该标准规定我国环境噪声允许的范围（如表6-3所示）。

表6-3　我国环境噪声允许范围　　　　　单位：分页（A）

人的活动	最高值	理想值
体力劳动（保护听力）	90	70
脑力劳动（保证语言清晰度）	60	40
睡眠	50	30

该标准还规定了我国城市区域环境的噪声标准（如表6-4所示），位于城郊和乡村的疗养院、高级别墅区、高级宾馆区等严于0类标准5分贝（A）执行；乡村居住环境可参照1类标准执行；穿越城区的内河航道两侧区域，穿越城区的铁路主次干线两侧的背景噪声（指不通过列车时的噪声水平）限值按4类标准执行；夜间突发的噪声，其最大值不超过标准值的15分贝（A）。

表6-4　我国城市区域环境噪声标准　　　　　单位：分页（A）

类别		适用区域	时段	
			昼间	夜间
0类		特殊安静区（疗养院、高级别墅区）	50	40
1类		居住、文教机关区	55	45
2类		居住、商业、工业混杂区	60	50
3类		工业区	65	55
4类	4a类	高速公路，一、二级公路，城市快速路，城市主、次干道，城市轨道交通（地面段），内河航道两侧区域	70	55
	4b类	铁路干线两侧区域	70	60

《声环境质量标准》（GB 3096—2008）规定：旅游景区作为人们休憩娱乐的高级场所应尽量满足其 0 类、1 类、2 类标准。环境噪声标准控制在 60 分贝以内。

（四）固体废弃物排放标准

这里的固体废弃物排放主要是指地表的污染物排放。与此相关的已颁布的卫生标准有《危险废物鉴别标准》、《进口可用作原料的固体废物环境保护控制标准（试行）》（GB 16487—1996）。同时，景区还须规定固体废弃物排放的限量标准、废物处理标准等。

（五）公共场所卫生标准

已颁布的公共场所的卫生标准有《旅店业卫生标准》（GB 9663—1996）、《公共浴池卫生标准》（GB 9665—1996）、《理发店、美容店卫生标准》（GB 9666—1996）、《文化娱乐场所卫生标准》（GB 9664—1996）、《体育馆卫生标准》（GB 9668—1996）、《商场（店）、书店卫生标准》（GB 9670—1996）、《医院候诊室卫生标准》（GB 9671—1996）、《公共交通等候室卫生标准》（GB 9672—1996）、《公共交通工具卫生标准》（GB 9673—1996）等。旅游景区根据设立场所的性质，参照相应的标准，制定可行的、科学的、适用的标准。

（六）设施设备卫生标准

旅游景区的设施设备的卫生管理包括设施设备原材料采购量的控制、设施设备对环境的影响等。由于各种设施设备的管理不尽相同，旅游景区应以保证良好的环境质量为宗旨来决定添置、拆除、迁移设施设备等活动。

（七）饮食卫生标准

1. 《食品卫生标准》

饮食服务是旅游景区服务的一个重要组成部分，有时，美味卫生的饮食也是吸引人们前来游玩的因素之一。旅游景区的饮食卫生应严格遵循《食品卫生标准》（GB/T 13494—92）的规定。饮食业具有极强的波动性，例如 2003 年的传染性非典型肺炎（SARS）病毒、2004 年的禽流感，都使饮食业受到了严重影响，主要原因还是游客不信任旅游景区的饮食卫生。饮食业应在危机期间提高卫生标准的要求，采取有效的应对措施，保证食品的卫生安全。

2. 《饮食业油烟排放标准（试行）》

为贯彻《中华人民共和国大气污染防治法》，防治饮食业油烟对大气环境和居住环境的污染，特制定该标准。旅游景区的饮食业必须在保证本身质量的同时，将其对旅游景区的环境影响控制在最小限度。

（八）卫生服务标准

旅游景区要在国家服务业卫生服务标准的基础上，根据旅游景区各种服务的特性和流程的特性，制定相应的卫生规范。服务人员是旅游服务提供的主体，制定服务人员的个人卫生保健标准也是旅游景区卫生管理的内容之一。

（九）其他标准

此外，旅游景区对绿化覆盖率有很高的要求，除特殊地貌景观地域（如沙漠、盐湖、冰川）外，均应达到一定标准。其他的如垃圾处理率、旅游利用容量强度等指标的规定适用于个别客流量大、游客满意度低的景区类型。旅游景区的环境卫生管理具有灵活性的特点，在制定标准时可根据需要，参考相应的国际或国家标准，在旅游景区实际状况的基础上，制定卫生标准。

第三节　旅游景区环境容量

一、旅游环境容量的概念

（一）旅游环境容量理论的发展

旅游环境容量的概念来源于环境容量（Environmental Carrying Capacity）。环境容量是指某一时刻环境系统所承受的人类系统的作用量。这里的人类系统主要是指社会系统和经济系统。环境容量是环境系统功能的外在表现。郭怀成（2001）认为，环境容量既不是一个纯粹描述自然环境特征的量，也不是一个描述人类社会的量，它反映的是人类与环境相互作用的界面特征，是研究环境与经济是否协调发展的一个重要判断依据。

1963 年，Lapage 首次提出了旅游环境容量（Tourism Environmental Carrying Capacity，又称旅游容量或旅游环境承载力）的概念，但未进行深入研究。进入 20 世纪 70 年代以后，生态学家与环境学家开始意识到旅游环境容量的重要性。1971 年，环境学家 Lime 和 Stamkey 对这一问题进行了进一步的讨论，旅游环境容量的概念被重提并引起人们的关注。世界旅游组织（WTO）在其年度报告（1978—1979 年）中，正式提出了旅游承载容量的概念，开始有了讨论旅游容量与旅游报告的内容或专门的研究报告。

我国对旅游环境容量的研究晚于欧美国家，但随着我国旅游业的迅猛发展，旅游环境容量的问题日益突出，对旅游环境容量的研究更加迫切和重要。1983 年，赵红红首次提出了旅游容量问题。1989 年，楚义芳对旅游容量进行了系统分析，并给出了测量公式。1995 年，崔凤军提出了旅游环境容量的概念。近年来，旅游环境容量成为旅游界的热点问题。不少学者对旅游环境容量进行了实证分析，使旅游环境容量成为一个实用性和普及性广泛的理论。

（二）旅游环境容量的内涵

旅游环境容量是一个建立在旅游环境系统的基础之上，涉及自然环境、社会、经济等多个方面的综合性概念。其大小与旅游地规模、旅游资源质量和数量、自然条件、基础服务设施、人口构成、传统观念、活动类型等因素密切关联。

根据崔凤军（1995）的定义，旅游环境容量是指在某一旅游地环境（指旅游环境系统）的现存状态和结构组合不发生对当代人（包括旅游者和当地居民）及未来人有害变化（如环境美学价值的损减、生态系统的破坏、环境污染、舒适度减弱等过程）的前提下，在一定时期内旅游地（或景点、景区）所能承受的旅游者人数。

依据这些认识，我们认为：旅游景区环境容量是指在可持续发展前提下，旅游景区在某一时间段内，其自然环境、人工环境和社会经济环境所能承受的旅游及其相关活动在规模和强度上极限值的最小值。一般包括景区空间容量、生态环境容量、社会经济容量和旅游心理容量等。

旅游景区具有地域性和季节性等特征，开发时间、开发者的行为、设施的设计方式等行为又会对旅游景区产生不同程度的影响，而且环境本身具有动态的特点。因此，在旅游景区的开发建设过程中，应该对旅游景区的建设、旅游者的活动等综合考虑。鉴于环境容量的综合性和动态性特征，有些学者认为，计算一个旅游景区的准确容量有失科学性，转而提出应当研究生态旅游景区可接受的环境变化范围究竟有多大。这种观点认为，只要开展旅游而产生的负面影响在可接受的范围之内都是可行的。但就目前的研究而言，对旅游景区环境容量的计算仍不失为一种操作性较强的、定量的旅游景区环境管理方法。

（三）旅游景区环境容量的构成

目前对于旅游景区环境容量的构成研究略有差异，但主要有生态环境容量、资源空间容量、当地居民心理容量和经济容量四个方面的内容。

1. 生态环境容量（Ecological Environment Carrying Capacity）

生态环境容量包括环境空气、地表水体、地下水体、自然植被、生态系统抗干扰稳定性等自然环境。这些自然环境本身具有一定的纳污能力，如大气、土壤、水等都有自净作用，即自我维持功能。其自净强度决定了其承受污染的能力，没有一个生物物理系统经受得起毫无限制的开发利用。因此，要在对生态系统脆弱性评估的基础上，设定一个明确的开发使用界限。自然环境的容量水平取决于环境的面积、复杂性等，相对而言，这一容量较易测定，故在旅游管理的实践中被广泛利用。

2. 资源空间容量（Resource Environment Carrying Capacity）

资源空间容量是指根据游客对资源的占有时间、空间要求，旅游地在某一时段内对游客的承纳量。

3. 心理容量

心理容量是指目的地居民和游客的心理承载力。

4. 经济容量

经济容量是指旅游地满足游客基本生活条件的承纳量。

二、旅游景区环境容量的测算

（一）生态环境容量

生态容量的值取决于自然生态环境净化与吸收旅游污染物的能力，以及一定时间内每位游客所产生的污染物。旅游景区生态容量测算公式为：

$$EECC_1 = \frac{\sum_{i=1}^{n} S_i T_i}{\sum_{i=1}^{n} P_i}$$

式中，$EECC_1$ 为旅游景区生态容量（日容量），即每日接待游客的最大允许值；S_i 为自然生态环境净化第 i 种污染物的数量（量/日）；T_i 为各种污染物的自然净化时间（天）；P_i 为每位游客一天产生第 i 种污染物的数量；n 为污染物的种类数。

对于绝大多数旅游景区，旅游污染物的产出量都超出了旅游景区生态系统吸收和净化能力，因而一般都需要对污染物进行人工处理。在人工处理污染物的情况下，旅游景区的生态容量将会大大增加。计算公式如下：

$$EECC_2 = \frac{\sum_{i=1}^{n} S_i T_i + \sum_{i=1}^{n} H_i}{\sum_{i=1}^{n} P_i}$$

式中，$EECC_2$ 为扩展性的生态容量；H_i 为每天人工对第 i 种污染物的处理能力。

事实上，人工处理污染物的速度要比自然的净化和吸收速度快得多。为保护旅游景区的生态环境，一方面，旅游景区应当配备旅游污染物的人工处理系统，并配备专门的清洁人员，保证旅游景区的污染物及时得到处理；另一方面，旅游景区应尽量使用无污染的环保材料，如使用纸盒、纸袋代替塑料袋和塑料盒，并积极引导游客保护环境，不要乱扔垃圾。

（二）资源空间容量

游客对旅游资源的欣赏具有时间、空间占有性，这就表明在一段时间内，旅游景区接待游客的数量是有限的。资源空间容量的计算公式为：

资源空间容量 = 资源空间总面积 / 人均基本空间标准

其中，基本空间标准因地而异，不同的旅游活动对应的旅游场所的基本空间标准各不相同。表6-5列出了日本关于旅游场所基本空间标准。

表6-5　旅游场所基本空间标准（日本）

场所	基本空间标准	备注
动物园	25 m²/人	上野动物园
植物园	300 m²/人	神代植物公园
高尔夫球场	0.2~0.3 hm²/人	9~18洞，日利用者228人（18洞）
滑雪场	200 m²/人	滑降斜面的最大日高峰率为75%~80%
溜冰场	5 m²/人	都市型的室内溜冰场
海水浴场	20 m²/人	沙滩
旅游牧场、果园	100 m²/人	以葡萄园为例
郊游乐园	40~50 m²/人	
游乐园	10 m²/人	
野营场：一般露营	650 m²/人	

资料来源：陈水源编译. 观光·游憩计划论. 台北：淑馨出版社，1987

在资源空间容量的测算中，主要使用两种模型，即总量模型和流量流速模型。总量模型适用于旅游景区，流量流速模型适用于游览线的游客容量测算。

1. 总量模型

$$D_m = S/d$$
$$D_n = D_m \cdot T/t$$

式中，D_m 为旅游景区瞬时客流容量（单位：人）；D_n 为日客流容量；S 为旅游景区游览面积（单位：平方米）；d 为游客游览活动最佳密度（单位：平方米/人）；T 为每天有效游览时间（单位：小时或分钟）；t 为游客每游览一次平均所需时间（单位：小时或分钟）。其中：

$$d = \text{mix}\ (d_1,\ d_2,\ d_3,\ d_4)$$

d_1 为植物被踩踏而能够正常恢复生长所容许的游客密度；d_2 为自然净化及人工清理各种污染物（如垃圾）状况下所容许的游客密度；d_3 为游客因对个人空间需求而允许的心理密度；d_4 为因噪声等因子造成的游客感应气氛容许密度。（各项指标内容因旅游景区性质不同而有所区别）d 取几种密度中的最小值。

2. 流量—流速模型

一个旅游景区以若干点为结点，以既定的精细均匀的游览路线为通道，连接成网络系统，游客按既定线路游览。

$$D_m = L/d'$$
$$D_n = V \cdot T/d'$$

式中，L 为游览区内游览线路总长度（单位：米），d' 为游览线路上的游客合理间距（单位：米/人），V 为游客的平均游览速度（单位：米/分钟）。

（三）心理容量

1. 社区居民的心理容量测算模型

$$PECC_1 = A_1 \cdot P_a$$

其中，A_1 为旅游景区或其依托的居民点（城镇）面积（单位：公顷）。P_a 为当地居民不产生反感的游客密度最大值（单位：人/公顷），若居民点与旅游景区合二为一，则 P_a 值较大；若居民区与旅游景区基本分离但作为其依托区，则 P_a 值较小；若景区与居民区不关联，游客到达不了居民区，$PECC_1$ 则取无穷大。

2. 游客心理容量测算模型

游客的心理容量极限值的产生，与两方面因素有关：一是由于游客人群过度拥挤而导致的视觉干扰和感觉气氛破坏；二是由于自然风景区开发程度过高、人工建筑过于密集而导致的景观美感度的损害。选取人群敏感阈值和景观敏感阈值作为游客心理容量的两个分量。人群敏感阈值的计算公式为：

$$PECC_2 = A_2/P_a$$

式中，A_2 是旅游景区的游览面积或线路，P_a 是游客不产生反感的游客密度最大值。P_a 的具体值需要通过实际测算和问卷调查结合的方式来测量。

（四）经济容量

旅游景区的经济容量，主要由旅游景区基础设施、服务设施和投资力度、规模等决定，反映了旅游地的其他产业水平和人们的生活水平。影响经济发展容量的因素主要有两个方面：一是旅游业内部的经济因素，主要指旅游设施；二是旅游业外部的经济因素，以基础设施和支持性产业为主。一个区域经济背景条件优越的旅游业，如果资源丰富且品位高，客源市场充分，那么作为发展旅游业的专门设施，其他相关基础设施及支持性产业一般都能满足旅游需求。影响旅游需求最敏感的问题是食宿供给条件，其次是娱乐、购物条件设施。

如果将住宿设施视为旅游景区的经济容量，则：

$$S_t = \frac{B \cdot T}{t}$$

式中，B 为旅游景区所能提供的床位总数，T 为某时间段（通常为一年或一个月），t 为游客平均住宿天数。

（五）旅游环境容量综合值

$$TCC = \min（PCC，SCC，ECC）$$

表 6 - 6　旅游环境容量测算模式

测算内容	计算模式	备注
资源空间容量	面容量计算 $D_m = S/d$　$D_n = D_m \cdot（T/t）$	D_m 为瞬时客流容量；D_n 为日客流容量；S 为旅游景区游览面积；d 为游人游览活动最佳面积；T 为每天有效游览时间；t 为游人游览一次平均所需时间
	线容量计算 $D_m = L/d'$　$D_n = V \cdot T/d'$	L 为游览区内游览线路总长度，d' 为游览线路上的游客合理间距，V 为游客的平均游览速度
生态环境容量	$F_o = \sum_{i=1}^{n} S_i T_i + \sum_{i=1}^{n} Q_i / \sum_{i=1}^{n} P_i$	F_o 为旅游生态容量（日容量），P_i 为每位游客一天内产生的第 i 种污染物量；S_i 为自然生态环境净化吸收第 i 种污染物的数量（量/日）；T_i 为各种污染物的自然净化时间，Q_i 为每天人工处理 i 种污染物的量，n 为旅游污染物种类数
旅游经济容量	$C_e = \sum_{i=1}^{m} D_i / \sum_{i=1}^{m} E_i$ $C_p = \sum_{j=1}^{n} D_j / \sum_{j=1}^{n} E_j$ $C_b = \sum_{i=1}^{H} B_i$ $C = \min（C_e，C_p，C_b）$	C_e 为主副食供应能力所决定的旅游容量（日容量）；C_p 为水、电等因子所决定的旅游容量（日容量）；C_b 为住宿床位决定的旅游容量（日容量）；D_i 为第 i 种食物的日供应能力；D_j 为水、电等因子的日供应能力；E_i 为每人每日对第 i 种食物的需求量；E_j 为水、电等因子的日需求量；B_i 为第 i 类住宿设施床位数；m 为游客所耗食物的种类数；n 为水、电等因子数量；H 为住宿设施的种类数；C 为旅游景区经济容量
当地居民心理容量	$P = A \cdot P_a$	P 为当地居民心理承载量（容量）；A 为旅游景区或其依托的居民点（城镇）面积；P_a 为当地居民不产生反感的游客密度最大值

资料来源：杨美霞. 武陵源风景名胜区旅游环境容量管理研究. 地质灾害与环境保护，2008，19（1）：42 ~ 47

三、生态旅游环境容量调控对策

1. 统筹规划，适当分流

针对生态旅游景区长期连续性饱和或超载的状况，应统筹规划，协调好旅游供求关系，适当地采取以下分流措施：一是通过大众传播媒介，向潜在的生态旅游者陈述已发生的饱和超载现象及由此带给旅游者的诸多不便；二是允许或以立法形式要求生态旅游景区经营者和管理者实行浮动价格机制，在旅游旺季提高门票、食宿、交通等费用，以使部分旅游者改变流向。

2. 休养生息，环境补给

针对短期生态旅游环境饱和或超载的生态旅游景区，如云南石林圭山森林公园、楚雄紫溪山国家级森林公园等，应充分重视旅游淡季的休养生息和环境补给。由于在旅游旺季生态旅游环境系统的物质、能量、信息等消耗过量，在旅游淡季时就不能仅依靠环境本身的调节能力去休养生息，还需要人工补给大量物质、能量和信息等来促使生态旅游环境尽快恢复，保持其容纳能力。

3. 轮流开放，分区恢复

针对局部性生态旅游环境容量饱和超载的生态旅游景区，除可采取上述排斥旅游者进入饱和超载旅游景区及分区引流调控措施外，还有一个可以利用的措施就是轮流开放和分区恢复。例如，黄山实行热景点单独出售游览证，从而有效地控制客流量。

4. 人工治理，加快恢复

生态旅游环境受损较大的地域单靠短期的环境自净能力和自我恢复能力难以解决其生态环境问题，应采取人工治理措施，依靠人工干扰恢复其生态平衡。对受污染的水体等要采取相应的措施加以治理，如政府投资160多亿元治理滇池等。

5. 低碳消费，源头控制

低碳经济，是指在可持续发展理念指导下，通过技术创新、制度创新、产业转型、新能源开发等多种手段，尽可能地减少煤炭石油等高碳能源消耗，减少温室气体排放，达到经济社会发展与生态环境保护双赢的经济发展态势。

旅游景区对"资源"、"环境"具有很强的依赖性，只有保证资源环境的可持续发展，才能保证旅游景区的可持续发展。要在旅游景区管理中引入可持续发展的理念，从旅游景区的人力资源管理、财务管理、经营管理、旅游者管理、营销管理等方面着手，实行旅游景区的低碳消费、绿色管理，从源头控制旅游景区的污染。

【本章小结】

旅游景区环境与卫生是两个不同的概念，环境是指某个主体周围的情况和条件；卫生是指个人和集体的生活卫生和生产卫生的总称。按环境的属性，旅游景区的环境可分为自然环境、人工环境和社会文化环境。目前，对旅游景区环境保护具有约束力的法律有《中华人民共和国宪法》、《风景名胜区条例》、《城市园林绿化管理暂行条例》等。此外，旅游行业也提出了一些环境卫生管理的要求，按照相应的标准与规范加强旅游景区环境卫生的管理。合理地计算与控制旅游环境容量非常重要。旅游环境容量是涉及自然环境、社会、经济等多个方面的综合性概念，其大小与旅游地规模、旅游资源质量和数量、自然条件、服务设施、人口构成、传统观念、活动类型等因素有密切的关系。

【拓展阅读】

濒危世界遗产增至34处

2010年7月28日在巴西首都巴西利亚召开的第34届世界遗产大会上，决定将马达加斯加阿齐纳纳纳雨林、美国大沼泽地国家公园、格鲁吉亚巴格拉特大教堂及格拉特修道院和乌干达卡苏比王陵4处世界遗产列入《濒危世界遗产名录》，并将厄瓜多尔的加拉帕戈斯群岛从该名录中删除。目前，经过更新的《世界濒危遗产名录》中"濒危名单"共有34处世界遗产，其中濒危遗产数最多的国家是刚果（金），有5处；美国大沼泽地国家公园是第二次进入名单。

世界遗产大会官方网站分别陈述了上述 4 处世界遗产被列入濒危名录的原因。其中，阿齐纳纳纳雨林遭到乱砍滥伐，致使生活在其中的狐猴等 70 多种濒危动物受到威胁。该雨林由分布在马达加斯加岛东部的 6 个国家公园组成，那里遍布珍稀和濒危物种。马达加斯加全部 123 种陆上哺乳动物中有 78 种栖息在这片雨林中，其中包括被世界自然保护联盟列入《濒危物种红色名录》的 72 个物种。美国大沼泽地国家公园位于佛罗里达州最南端，被称为"从内陆流向大海的绿地之河"。国家公园中水域辽阔，为许多鸟类和爬行动物提供了栖息之所，也是海牛等濒危动物的庇护所。1993 年，由于台风灾害和城市发展等原因，公园水生态系统不断恶化，水质富营养化，水生生物大量死亡。格鲁吉亚巴格拉特大教堂于10 世纪末动工修建，于 11 世纪初完工。部分建筑在 1691 年被土耳其人摧毁，但遗迹仍保存在库塔伊西市中心；格拉特修道院的主建筑于 12 世纪至 17 世纪期间兴建，以精湛的镶嵌工艺和精美绝伦的壁画著称。大教堂和修道院反映了中世纪格鲁吉亚建筑的繁盛。世界遗产大会认为，目前涉及这一遗产地的一项改建工程将会破坏其完整性，强烈建议停止该工程。卡苏比王陵位于乌干达首都坎帕拉市郊，前身为布干达王国的王宫，布干达王国由布干达人于公元 1000 年在乌干达南部地区建立。卡苏比王陵建成于1882 年，后成为王室墓地，陵地内有 7 座大小不等的圆锥形茅草建筑。2010 年 3 月，卡苏比王陵失火，王陵内主建筑物在火灾中严重受损。此次失火的是最大的也是埋葬布干达王国最后 4 任国王的茅草建筑，一直被布干达人视为圣地。失火受损的王陵将被重建。

资料来源：毕玉明，陈威华. 濒危世界遗产增至 34 处. 中国新闻网，http：//www. chinanews. com. cn/cul/2010/07 – 31/2437984. shtml（有删改）

问题：

1. 一些旅游景区被列入"濒危名单"的原因是什么？
2. 如何保护濒危的世界遗产旅游景区？

【思考与练习】

1. 简述旅游景区环境卫生管理的内容。
2. 试述旅游景区环境容量的概念及测量方法。
3. 简述旅游景区环境卫生的管理标准。

第七章　旅游景区设施设备管理

【学习目的】

通过本章的学习，了解旅游景区设施设备管理的基本理论，了解设施设备规划与实施的内容，掌握旅游景区的设施设备维护、维修和更新改造管理的基本内容。

【学习要点】

1. 旅游景区设施设备的分类
2. 旅游景区设备管理的内容
3. 旅游景区设备的维护、维修和更新改造管理

【关键词】

旅游景区设施设备　设施设备维护、维修和更新改造　可持续发展

旅游景区设施设备是旅游景区开展经营管理的物质基础。对旅游设施设备的有效管理，一方面可以充分发挥设施设备的作用，提高旅游景区服务质量，保障设施设备安全，满足游客的需要；另一方面也可以促进设施设备正常使用、降低设施设备生命周期费用，提高景区的效益。旅游景区设施设备管理是指旅游景区基础性的管理工作。

第一节　旅游设施设备管理概述

旅游景区的设施设备是指构成旅游景区固定资产的各种有形物品，是旅游景区提供旅游产品和服务的物质依托。一般而言，设备是单一的，设施是成系统的，由多套设备组成。设备以机电为主，设施范围较广，如道路设施、排水设施等。但我们有时将它们作为一个合成词"设施设备"一并使用。

一、旅游景区设施设备的分类

根据其用途，可将旅游景区的设施分为基础设施、接待服务设施、娱乐游憩设施三大类。

（一）基础设施

旅游景区基础设施主要有道路交通设施、导游设施、给排水及排污设施、电力通信设

施、绿化环卫设施、建筑及安全防护设施等。旅游景区基础设施是开展旅游活动的基础。

1. 道路交通设施及导游设施

道路交通设施是保证游客在旅游景区正常合理流动的前提条件，是旅游景区游客使用最普遍、最基本的设施。道路交通设施是供游客进出景区和在景区内移动的道路基础设施，包括车行、步行、水运、缆车、索道、乘骑、单轨列车（游览列车）等基础设施，以及交通使用的通信设施等。导游设施主要有游客中心、景点引导牌和标志牌等设施。

2. 给排水及排污设施

水是游客在旅游景区开展旅游活动必不可少的重要条件，因此旅游景区内必须有足够的水源或蓄水、提水工程设施，有完善的给排水系统设施。为保证不污染环境，还必须有污水处理设施。旅游景区的给水设施主要有水净化处理设施、上下水管道、提水、蓄水设施；排水设施主要有排水管道、污水处理设施。

3. 电力通信设施

电力设施是旅游景区其他设施的动力和夜间照明的光源。旅游景区是游客游览、参观、娱乐、住宿、会议的重要活动场所，对供电的可靠性有较高要求。而通信设施是旅游景区内游客和管理者与外界保持联系的基本保证。因此，旅游景区应备有一个能保质、保量、安全可靠的供电、输电网，以及方便、快捷的通信设施，才能保证整个景区正常的运转。

4. 绿化环卫设施

在旅游景区内布置一些绿化设施，不仅可以起到美化的作用，还可以保护环境、维护生态平衡。而一定数量的环卫设施可以保持旅游景区内环境的整洁和卫生。

5. 建筑及安全防护设施

建筑设施主要是指旅游景区内的公用、基础建筑设施，如邮政局、各种游览标识、停车场、海滨浴场更衣室、园林建筑、民俗建筑等。安全防护设施主要起防火、防洪、防雷、防盗等安全保障的作用。

（二）接待服务设施

旅游景区接待服务设施主要有餐饮住宿设施、商业服务设施、公共服务设施等。旅游景区服务设施，是开展旅游活动的支持系统。

1. 餐饮住宿设施

餐饮住宿设施包括各种宾馆饭店、休疗养院、野营地、度假村、民居等。餐饮住宿设施的选址应符合旅游景区的生态要求，与旅游景区的环境一致，外观要体现特色化、生态化、景观化，能够为游客提供良好的就餐住宿环境。

2. 商业服务设施

商业服务设施是指为游客提供日常用品和旅游商品购买的商业网点，其选址应考虑游客在旅游景区内活动的生理和心理习惯。商业服务设施的布局除了分散于旅游过程当中，有时还设置于旅游过程的结束阶段，如华侨城欢乐谷就将购物商店设置在出口处。

3. 公共服务设施

公共服务设施包括旅游景区的电脑售票系统和检票系统、公共厕所，以及交通运载工具，如观光电梯、电瓶车、单轨车等。

（三）娱乐游憩设施

旅游景区娱乐游憩设施是旅游者在景区开展旅游活动的娱乐游憩对象设施，按所处位置可分为水上娱乐游憩设施、陆上娱乐游憩设施和空中娱乐游憩设施。

1. 水上娱乐游憩设施

水上娱乐游憩设施主要有天然游泳池、嬉水池、溜索、竹筏、漂流、垂钓场、海水浴场、沙滩排球、游艇、游船、帆板、水面跳伞、水族馆等。

2. 陆上娱乐游憩设施

陆上娱乐游憩设施主要有歌舞厅、会议厅、健身房、保龄球馆、茶室、棋牌室、温泉、美术馆、展览厅、纪念馆、滑雪滑草、游乐场等。

3. 空中娱乐游憩设施

空中娱乐游憩设施主要有旅游景区缆车、蹦极、跳伞、充气球、太空游船等，还包括游乐场内的过山车、摩天轮等。

三、旅游景区设施设备管理的内容

旅游景区设施设备管理是指旅游景区为了实现经济效益的最大化、保证为游客提供优质服务、保障设施设备正常有效使用、精减设施设备生命周期费用，使其发挥最大效能的目标，应用现代科技的管理方法，动员旅游景区全体工作人员参加，对设施设备系统进行的综合管理。旅游景区设施设备管理包括以下几个方面的内容：

（一）人员管理

人员管理是实施旅游景区设施设备管理、保证旅游景区正常运营的基础和前提。旅游景区设施设备管理有关人员管理的内容包括：

（1）人员的角色管理。在基础设施、景观设施、表演设施上的工作人员要求定岗配备，操作人员与维修人员均为专职。而服务类设施及娱乐设施中的操作人员是双重岗位，他们既是设施设备的操作人员，也是旅游景区的服务人员。

（2）人员的技能培训。旅游景区设施设备的工作人员在上岗前需要具备相应的工作等级证。工作人员即使具备上岗工作等级证，企业也要针对具体不同的设施设备，对操作人员进行技能培训，让操作人员熟悉设备的性能、运行规程和操作规程，确保设施设备的正常运行。

（3）人员的人性化管理。由于长期单调的操作工作枯燥乏味，操作人员的麻痹大意容易成为安全隐患的源头。因此，旅游景区要时刻注重培养员工的敬业精神和安全责任意识，并且充分利用各种激励机制，有针对性地开展人性化管理，激发员工的工作积极性，使之以饱满的热忱和良好的精神状态投入工作之中。

（二）安全管理

旅游景区设施设备的安全管理是保证旅游景区正常运营的基本要求。旅游景区设施设备的安全不仅会影响游客在旅游景区的旅游活动，而且会对旅游景区的形象和品牌建设与推广产生重大影响。旅游景区设施设备安全管理要做到：

（1）建立健全设备安全管理体系。旅游景区的基础设施和景观设备等都是不直接产生效益的设施设备，因其运行成本大、维护费用高，安全问题很容易被忽视。旅游景区必须设立自上而下的设备安全管理体系，明确分工、责任到人，并直接与员工的绩效考核挂钩，做到"安全无盲区，责任有人担"，确保旅游景区设施设备的安全运行。

（2）对各种设施设备制定相应的操作规程，并要求相关操作人员认真学习、熟练操作。

（3）制定旅游景区设施设备的维护、保养、检测制度。制度中应包括每天的日常检查内容及检测参数，还有每月检查和年度检查等内容。

（4）设施设备的作业人员要求持证上岗。特种设备如客运索道、大型游乐设施的作业人员，应当按照国家规定，经地级市以上特种设备安全监督管理部门考核合格，取得相应的特种设备作业人员证书后，方可上岗或者从事管理工作。

（三）档案管理

旅游景区内的各种设施设备需要进行详尽的档案管理。在设备安装调试正常投入使用时，需要建立规范的设备档案。设施设备的各种技术资料，包括设备的说明书、图纸，设备维修、检修周期、内容和要求等都要存档保管，以备日后维修时查阅。对于设备运行中的维护、检修、技改等内容也要详细记录，作为设备管理的基础性技术资料。

（四）应急管理

旅游景区的设施设备需要进行应急管理，以主动的方式，确保设施设备的正常运行，将安全事故扼杀，防患于未然，杜绝大型安全事故。由于旅游景区服务的特殊性，为了不影响正常运营，许多设备要求故障停机时间尽量缩短，这样就需要准备充足的备品备件，以备维修时更换，确保设施设备得到及时、有效的抢修。同时，旅游景区要制订完善的应急预案，以便在突发事件发生时能紧急启动应急方案，应对突发事件所带来的影响。

第二节　旅游景区设施设备规划与实施

一、设施设备的现状调查与需求预测

（一）设施设备现状调查

对现有水电供应能力、电信设施、交通道路状况、林木花卉绿化、接待服务设施、娱乐文化设施进行调查，关注旅游景区是否可以提供充足的水电资源、游客与外界联系是否方便、旅游景区是否具有良好的可进入性、内部交通路网和游道是否完善、旅游景区的绿化环境如何。调查设施设备现状，对开展旅游景区规划具有重要意义，不仅关系到游客的旅游体验价值，还关系到旅游景区的旅游形象和良性发展。

（二）设施设备需求预测

1. 设施设备需求预测所需的资料

旅游景区设施设备需求预测所需的资料包括以下几个方面的内容：

（1）在目标年和过渡阶段预期抵达的游客人数。当游客人数接近或超出旅游景区的接纳能力时，在旅游景区资源等条件允许的条件下，应开发新旅游景区、拓展旅游景区范围、开发后期工程或开发其他旅游项目，以增强旅游景区的接待能力。

（2）游客参加旅游活动要求的预测计量资料。即游客逗留日期、各类旅游点的游览时间（小时）、对各种服务设施的最低要求的数量资料。

（3）游客在各类设施服务项目上的预计开支。

（4）需要的季节性变化。由于旅游的季节性变化，游客的数量在淡旺季相差非常明显。许多旅游景区的设施设备在旺季不能满足游客需求，而在淡季又过度闲置。

（5）与上述资料相对应的区域性分布数据，作为本旅游景区规划的参照。

2. 设施设备需求的预测方法模型

（1）定性预测模型。

定性分析方法也被称为"有判断力的方法"，专家在预测变量时对过去信息使用的判断力要多过使用数学规律，它不是依靠数学模型计算所得，而是依靠经验、知识、技能、判断和直觉来作出预测的一种方法。定性预测的方法很多，典型的有头脑风暴法、经验判断法、专家会议法、德尔菲法、主观概率法和景气预测法等。

（2）动向外推模型。

动向外推模型即根据历史数据推断未来，用数字绘制成图表是最常见的一种方法。图表上的纵轴表示旅游需求量或市场活动量，而横轴表示时间等单位，将数据连成一条线，然后延伸到未来的某一点上。除此之外，也有较复杂的方法，如简单回归模型、指数模型、逻辑模型、二次方程式模型等。由于方法各异，每种模型的外推曲线形状不尽相同，但预测者仍可以从中推测出动向变量未来的变化趋势。

（3）结构模型。

结构模型即依靠识别旅游需求量和一系列因变量之间的关系来进行预测，如价格、收入、距离或竞争等。识别这些关系的方法通常有复合回归法或方差分析法及截面数据法。一旦模型建立起来，因果变量的未来值便可用在模型中以预测未来旅游需求。

二、设施设备规划

（一）给排水设施规划

蓄水、提水设施的规模，供排水干管的走向，污水、污物处理工程设施是旅游景区基础的设施设备。

如果旅游景区地表水、泉水资源十分丰富，水质良好，绝大多数旅游景区可以就近取得优质水。取水点（蓄水池）应划出适当的保护范围，防止水源污染。旅游景区应根据游客量、旅游服务设施规模，结合各游览区的实际情况，规划蓄水设施或取水设施的规模。如现有供水设施只能满足现状，根据游客量的增长，必须扩建供水设施或寻找新的水源，新建供水设施，以满足旅游景区发展需要。

一些旅游景区内河流纵横、水量丰富、植被较好，有一定的环境自净能力。规模小的服务网点产生的污水可巧借地势，通过排污管道，分散排污；如自净能力差，必须集中通过简易的污水处理设施处理排放。规模较大的一些接待服务、商业服务设施及各游览区产生的污水，宜采用中、小型生物氧化池的方式解决，根据污水的性质，建立级别不同的污水处理站。排水设施采用分流制，清污分流，"散"、"蓄"并重。处理后的污水应符合国家有关规定方能排放。

（二）电力及通信设施规划

旅游景区电力及通信设施包括各种等级电压的输电线路的走向及通信设施。

一般旅游景区用电是依托于就近城镇或电站，各游览区就近主要骨干线路架设 10 千伏的输电线，就可满足旅游景区的用电。电力线一般以架空为主，但不得破坏旅游景区景观。在主要游览区和游览点应采用地下电缆铺设。如乌镇在古城保护中，采用"管线地埋"模式，投入巨资对电力高压线、低压线、有线电视、自来水管、排污管线等进行了地埋。

旅游景区内应根据游客发展规模规划安装程控电话交换设施，总容量应满足中远期旅游通信需要。在各旅游景区设置的程控交换设施，通过中继线与市话网连接，构成外部通信系统设施。在一些小景点、景区、服务设施内设置电话，构成旅游景区内部通信系统。主要景点附近电信线路尽量采用地下线路，以免破坏景观。旅游景区也需要移动电信商设置无线电话机站，覆盖旅游景区，方便游客使用手机通信。有条件的话，尽可能实现计算机网络覆盖，满足游客和工作人员对方便、快捷通信的需求。

（三）道路及交通设施规划

旅游景区游道是旅游景区的脉络，既要有使用功能，又要与环境协调。旅游景区道路是旅游景区的重要组成部分，起着组织空间、引导、联系并提供休憩场所等作用。

旅游景区交通设施规划不同于一般的城市公共交通规划，它有特殊的要求，要在"安全、舒适、美观"思想的指导下，采取基于景观的设计手法，来创新设计各项设施，一般要遵循以下原则：①交通设施与景观协调。停车场、码头等交通设施要与旅游景区的景观相协调，布局合理。注重设施与自然环境的协调，做到尊重自然、保护自然，最大限度地减少工程对环境和景观的破坏。②游览线路布局合理。旅游景区内的游览线路或航道布局合理、顺畅，通行便利，路面平整、坚实。③旅游景区内尽量不使用对环境造成污染的交通工具。④旅游景区内交通设施的布置要体现"安全第一"的理念。

旅游景区交通设施的规划，应该特别注意以下几点：

（1）有一些分散的景点或相距中心景区较远的景区，只有通过汽车或船才能到达。为使游客安全快捷地到达景区、景点，要求有质量较高的道路和安全可靠的水路以及安全完善的交通运输设施。联系各景区和分散景点的道路都应尽可能改扩建为四级柏油路以适应旅游景区的发展。水路应选择河道较宽、水流较缓的地段，以确保游客安全。

（2）旅游景区入口附近必须有管理完善、布局合理的与景观环境相协调、符合生态理念的专用停车场或者码头。旅游景区内的标识系统除了要符合国家相关标准外，还要做到以下几点：一是与景观环境相协调；二是体现人与自然和谐；三是体现当地旅游景区自身独特的韵味；四是材料经久耐用。

（3）缆车和索道作为一些旅游景区常采用的交通设施，既可以为游客节省时间、减轻游客攀爬的辛苦，又可从另一个角度观赏风景，在资源允许和环境保护的情况下可以考虑建设，但必须严格遵守安全标准和生态破坏限制，以免给游客造成人身伤害和财产损失，给旅游景区生态环境造成不可挽回的损失。如泰山修建索道和张家界修建电梯给世界遗产造成了无可弥补的损害，都受到过联合国教科文组织的批评。

旅游景区内连接各景点的步行路以 1~2 米宽为宜，道路选择应依山就势。具体要求如下：①根据步行的长度和攀登的高度，适时设置休息点，走走停停，随处可安，灵活行止；②旅游景区游道要有选择性，供不同年龄、兴趣的游客选择；③小径宜曲不宜直、宜险不宜夷、宜狭不宜宽、宜粗不宜平，要尽量保留自然风貌。游人或攀山、或越涧、或穿林、或涉水，不断变幻空间、变幻视线，错落有致，处处领会诗情画意的意境；④沿途有丰富的风景观赏面，有最佳的视角和视距，可以让游客从不同角度重复观赏；⑤游道尽量为环行，不走回头路，使游客处处感到新奇，游兴未尽。

（四）建筑设施规划

在旅游景区开发中，每个景点中的建筑设施都应作为景观的组成部分来对待。应运用工程和艺术手段，通过改造地形、种植花草树木、布置园路、设置假山水景等途径创造"园林化"、"景观化"的自然环境和游憩区域。对于以人文景观为主的景区，空间上应力求曲径通幽、曲折有度，视觉上强调建筑与自然的协调效果，提高观赏性、艺术性。对于以自然景观为主的景区，区内建筑设施要坚持"宜小不宜大、宜低不宜高、宜藏不宜露、宜疏不宜密"的原则。如巴厘岛就是典型的以自然景观为主的景区，区内的酒店设施全部掩映于树木之中而不突兀，给游客带来良好的旅游体验。

为了满足游客求新、求异的需求，景区建筑的样式应尽量避免雷同，要勇于创新，不断增加景区的观赏性和吸引力。

（五）绿化及环卫设施规划

旅游景区要注重园林艺术和景观绿化，做好重点地段绿化、树种花卉的选择及环卫设施的规划。

旅游景区要坚持植被保护与人工绿化相结合、生态建设与园林绿化相结合、绿化树种的经济效用与观赏特色相结合等原则，营造景区优美的生态环境。适地适树选用绿化树种，在以乡土树种为主的基础上，注重绿化树种的多样性。重视发展花果兼优的风景林经济树种，注意选用观赏特性突出、季相变化明显的珍贵树种，以丰富景区景色，力求达到三季有花、两季有果、四季见绿的效果。

属于旅游景区一级保护区的区域为重点绿化区，应在现有植被和林带基础上，增植和更植一些适应性强、生长迅速、观赏价值高且又突出地方特色的植物种类，也可在局部区域或大面积突出植物的特性。游览区内应注意植物景观的季节色彩，错落有致的外观轮廓。种类上，将乔木、灌木、藤木、草本巧妙有机地组合起来。

在旅游景区内，一些有碍风景的建筑物，如公厕、配电房等不美观建筑可用丛林、林带、树丛、绿篱进行隐蔽和遮挡。在漫长或广阔的墙面上和缺少变化的屋面上，蔓布攀缘植物可打破其单调之感。二层以上的楼房，可种植悬垂植物，形成花帘。

同时，接待服务设施也要遵循和贯彻生态、绿色、低碳、环保的原则，采用生态技术、环保设施、环保材料进行清洁生产、节约生产，营造生态化旅游氛围。在旅游景区内增加一些趣味性强、造型精美的垃圾箱，引导游客将垃圾丢入垃圾箱内，或在部分旅游景区内实行垃圾换奖品活动，提高游客的环保意识。

（六）旅游服务设施规划

从规划建设的成本来看，旅游景区服务接待设施建造费用是旅游设施费用中最昂贵的部分。旅游服务设施的规划主要考虑以下三个方面：一是根据旅游需求的预测，确定床位、餐位数等；二是从区域规划、旅游景区总体布局的角度，研究它的位置、风格、间距、体量、建筑密度、等级标准等问题；三是考虑将来发展、扩建的可能性。

1. 住宿服务设施

一个旅游景区服务接待设施的旅游床位数，是该地旅游业规模的重要标志，也是衡量该旅游地的影响力、吸引力的重要指标。有些山岳景区如武陵源张家界旅游景区，由于山上用水、用地、食物供应都很困难，且大规模修建旅馆等服务设施会造成景观被破坏，所以旅馆的布局按照"山上游，山下住"的原则。但也不是完全"山下住"，因为山岳景区都以山顶作为观日出、日落、云海的最佳处，如峨眉山顶、黄山山顶、泰山山顶等。所以高山顶部的旅游床位设施也要有一定的规模，在选址上，适宜建在山坡开阔处，建设标准也可以根据实际情况灵活变动。

随着旅游业的发展、旅游规划的不断完善，业内人士都主张建设低层旅游接待服务设施，其理由有四个方面：一是可减少对电力、机械等基础设施设备的依赖；二是可节约材料，降低造价，加快建设与回收投资速度；三是可充分利用当地材料及当地施工力量；四是采用低层院落式，与周围景观、地方建筑风格相协调。

2. 饮食服务设施

饮食服务建筑是旅游景区商业服务设施中另一个重要的设施，它也是旅游服务设施中所必需的辅助设施。在旅游景区建设住宿、餐饮设施，是为了满足游客对住宿、餐饮的需求，是保证游程顺利完成的重要条件。

随着都市居民对于生活水准要求的逐步提高，游客希望游得高兴、住得舒服，如能够住在环境条件十分优越的自然景观中，就是在经济上多付出一些也是可以接受的。自然旅游景区中的餐饮住宿设施的设立并不一定就会破坏景观的自然风味，如果根据自然景观特色建设融入自然环境中的餐饮住宿设施，既满足游客需求又可以成为景观的组成部分。例如，在西双版纳有许多外表像一个个小竹楼，内部设施完备、服务优质的四星级酒店。总之，在自然景观中设计的住宿设施在外观上不应该设计过于现代化的建筑，最好不要建设超过二层的酒店式建筑，而应该建设成具有当地建筑特色、与旅游景区景观协调的休闲式建筑。有的国家对于自然景观中的住宿设施的建设的外部结构有明确的限制，对内部设施的使用产品要求必须是环保的、对自然没有影响。只要通过科学合理的规划和设计，住宿餐饮设施不仅不会破坏景观，还会给景观增添新的特色。

（七）娱乐、游憩设施规划

在旅游景区一般不宜设置城市型的游乐设施项目，应该充分考虑到自然和人文环境对其的影响，如在民风淳朴的山林旅游景区设置大型的歌舞厅，不仅是对旅游景区生态环境的严重破坏，更是旅游景区规划设置的败笔。应因地制宜、因景制宜，设置一些与山水风景、地方民俗有关的文化体育游乐设施，如在以山体为主要景观的旅游景区，设置山顶远望台，方便游客观看日出日落；开辟登山探险道，满足游客挑战自我的需要；将有科考价值的山林植被加以圈养保护，设置植物园，供游客或科研工作者学习之用等。通过合理的规划设置将游、娱、教相结合，达到寓教于游的目的，从而提升游客的旅游体验价值。

同时，各类游憩娱乐设施应严格遵守安全标准，并配备相应救助设施与专门的监管维护人员。对于游乐场和主题公园这类游憩设施比较密集的旅游景区，更要做好安全防护工作，建立健全旅游景区危机管理体制。

三、设施设备规划的实施

1. 设施投资项目的呈报和审批

设施设备的投资是旅游景区成本构成中的大额投资部分，所以对设施设备的申报和审批的程序是非常严格的。设施投资项目的可行性论证是其中最关键的环节，一份完整的项目投资可行性报告必须包括以下内容：①旅游景区各类设施现状；②与项目有关的市场状况和前景；③设施安装和施工的环境条件；④设施项目技术方案；⑤设施投资方案的经济评价；⑥设施项目实施计划；⑦可行性研究的结论。

2. 投资决策、编制计划方案

做好设备的投资决策工作对保证设备质量、充分发挥旅游景区设备技术水平和系统功能、取得良好投资效益都具有重要意义。购置设施设备一般需要旅游景区投入一定的资金，在购置前必须进行合理的投资决策分析，必须坚持"经营上适用，技术上先进，经济上合理，运行可靠且便于维修"的原则。根据调查结果和实际需要，列出所需投资的旅游景区设备，并编制具体的采购方案。

3. 设施设备的购置、施工与安装

设施设备的购置要考虑它的适用性、经济性、可靠性、安全性、节能性、环保性、特色性等要素，通过旅游景区采购部或工程部进行统一购置。旅游景区设施设备的施工与安装的质量对设施设备的服务效果产生直接影响。因此，在设施设备施工与安装时必须由旅游景区派工程技术人员监理或委托给专业安装单位。若委托给专业安装单位，必须对安装单位的资格进行审查。对于重要设备，可以由设备生产商或者由该生产商指定的安装单位进行安装。安装完成后还要进行调试，这也是对设备安装质量的检查。

第三节 旅游景区设施设备维护、维修与更新

一、设施设备使用管理概述

（一）设施设备服务期管理的实质

旅游景区从对外开放接待游客起即进入运营阶段，在此期间对设施设备的管理关系到旅游景区经济效益的发挥及旅游景区的声誉的提升。设施服务期管理的实质就是要达到最好的服务质量和获得最大效益，防止安全事故的发生，保证游客完成高质量的旅游活动。

（二）设施设备管理的人员系统

旅游景区的设施管理的人员系统包括以下人员：

（1）管理层人员。设施管理层人员，负责旅游景区内设施设备的管理协调工作，指挥日常工作的进行。

（2）运行操作人员。设施设备的运行操作人员，负责设备的正常运行和保养，做到"三好"（用好、管好、保养好）、"四会"（会使用、会保养、会检查、会排除故障）。

（3）维护检修人员。设施设备维护检修人员，负责设施设备的检查和维修，及时发现设备存在的问题并及时解决，保证设施设备的正常运行。

（4）操作监督人员。设施设备日常操作监督人员。

（5）游客。游客作为旅游景区设施的主要使用者，其行为也影响着景区设施设备的管理，不文明的游客行为会造成景区设施设备的损坏。因此，需要对设施服务对象即游客进行提醒和教育。

二、设施设备的维护管理

（一）设施设备的使用维护管理

设施设备的使用维护管理包括以下几个方面：

（1）对操作人员的规范化管理。必须强化管理人员的责任心和敬业精神，让操作人员学习和掌握设施设备的原理、性能、结构、使用、维护及技术等方面的知识。

（2）对服务人员的规范化管理。服务人员必须参加旅游景区设施设备的使用操作学习和培训，向游客介绍设备的使用方法和注意事项。服务人员在游客使用过后要定期对设施设备进行清洁和维护。

（3）制定设施设备使用管理的制度。旅游景区设施设备使用管理的规章制度包括运行操作规程、设备维护规程、设施设备操作人员岗位责任制、交接班制度和运行巡检制度等。

（二）设施设备维护制度

1. 日常维护

设备的日常维护是设备最基本的保养，又称为例行保养。由于旅游景区的各种设施性能、结构和使用方法不同，对其维护保养的工作也不尽相同，一般有清洁、润滑、防腐、防虫、浇水、施肥、修剪整形等。日常保养又分为每班保养和周末保养两种，每班保养的主要工作是对设备进行清洁、润滑和点检；周末保养则要求用 1 ~ 2 小时的时间对设备进行彻底清洁、擦拭和上油等。

设施的日常维护是维护工作的基础，具有经常化、制度化的特点。旅游景区设施的日常维护及保养主要包括：做好清洁卫生工作，定期检查设备是否存在漏油、漏气、漏电等情况，检查设施是否有虫害、腐蚀等现象，紧固松动的螺丝和零部件等。

2. 定期维护

设备的定期维护是指由工程部编制设备维护计划，由专业设备维修人员实施的对设备的维护、修理工作。定期维护保养的时间间隔视设备的结构情况和运行状况而定。

根据保养工作的深度、广度和工作量可以将定期维护分为一级保养和二级保养。一级维护保养的工作内容包括对设备的全面清洁，沟通油路，调整配合间隙，紧固螺丝、螺栓及对有关部位进行必要的检查等。其目的是使设备处于正常工作状态，减少设备的磨损，消除设备的隐患，排除小故障。二级维护保养的工作内容着重为对设备进行局部解体检查，清洗换油，修复或更换磨损的零部件，排除故障，恢复局部工作精度，检查并修理电气系统等。其目的是使设备达到完好标准，延长设备的使用寿命。

3. 区域维护

设备的区域维护又称维修工包机制。维修人员承担一定生产区域内的设备维修工作，与生产操作人员共同做好日常维护、巡回检查、定期维护、计划修理及故障排除等工作，并负责完成管区内的设备完好率、故障停机率等考核指标。区域维修责任制是加强设备维修，为生产服务、调动维修人员积极性，以及使生产操作人员主动关心设备保养和维修工作的一种有效形式。

4. 计划维护

计划维护是一种以时间为基础的预防性维护方法，一般是根据设备的磨损规律事先确定维护内容。在对设备实施计划维护时，一般会参考该设备的使用说明书、其他单位同类型设备的定期维修经验及景区设备使用特点。

设备维护保养工作的关键是合理制订并有效实施维护保养计划。设备维护保养计划是设备维护保养的指导性文件，编制设备维护保养计划是根据设备的实际技术情况，贯彻以"预防为主"的方针的重要技术措施。通过维护保养计划确定设备维护保养的类别、时间、工作量、材料、费用预算、停机时间内容，正确编制维护保养计划，合理安排维护保养工作，可以为保养工作做好充分的准备，缩短停机时间，提高工作效率，降低维护费用。

（三）设施设备的点检制度

1. 点检的分类及重要性

设施设备的点检是对影响设备正常运行的关键部位进行经常性检查和重点控制的一种方法，分为日常点检、定期点检和专项点检三部分。日常点检是每日通过当班的员工对设备运行中的关键部位的声音、振动、温度、油压等进行检查，并将检查结果记录在点检卡上；定期点检是按一定的时间间隔，用专用检测仪表工具对设备的性能状况进行检查；专项点检是有针对性地对设备特定项目进行检测，使用专用仪器工具，对设备进行检查。

设施设备的点检可以及时发现和消除故障隐患，提高设施设备设备的完好率和利用率，节省设施设备费用，提高总体效益。

2. 点检的工作步骤

点检的步骤主要包括以下几个方面：①确定设施设备检查点和点检路线，检查点的设定应以设施设备的关键部位和薄弱环节为重；②确定点检项目和标准；③确定点检的方法；④确定点检周期；⑤制定点检卡；⑥落实点检责任人员；⑦点检培训；⑧建立和利用点检资料档案；⑨点检工作的检查。

三、设施设备的维修管理

（一）设备的磨损

设备在使用或闲置过程中，总会受到各种外力和环境的影响而发生磨损，包括有形磨损和无形磨损。有形磨损是指设备实体上的磨损，也称物质磨损；无形磨损是指设备实体形态上看不见的磨损，也称精神磨损，是指固定资本在其有效使用期内，由于技术进步而引起的价值上的损失。

（二）设备的维修

1. 设备维修的概念

设备维修是指当设备的技术状态劣化或发生故障后，为了恢复其功能和精度而采取的更换或修复磨损、失效的零部件，并对整机或局部进行拆装、调整的技术活动。

2. 设备维修信息的获得

根据发现设备故障的不同途径，设备维修信息的获得主要有四种方式：报修、巡检、计划维修和预知性维修。

（1）报修是旅游景区员工在发现设备故障后，通过填写"设备报修单"或以电话、计算机信息传递的方式将设备的故障情况通知工程部，由工程部安排人员进行维修。通过这种方式可以及时获得设备状态信息，使设备得到及时修复。

（2）由于许多设备是在旅游景区的公共区域，发生故障时不一定能被及时发现，这就需要通过巡检来发现。通过工作人员根据既定路线和检查内容对设备进行逐一的检查，可以发现故障并及时处理。

（3）计划维修是一种以时间为基础的预防性维修方法，一般是根据设备的磨损规律事先确定维修内容。在对设备实施计划维修时，一般会参考该设备的使用说明书、其他单位同类型设备的定期维修经验及景区设备使用特点。

（4）预知性维修是一种以设备技术状态为基础的预防维修方式，是根据设备的日常点检、定期检查、状态检测和诊断提供的信息，经统计分析、处理来判断设备的劣化程度，进行的有针对性的维修。由于这种维修方法对设备适时地、有针对性地进行维修，不但能保证设备经常处于完好状态，而且能充分利用零件的寿命，提高维修效率。

3. 设备维修的方式及实施

旅游景区设备维修主要有四种方式：

（1）事后修理。事后修理是指设备发生故障后进行的修理。这种情况出于事先不知道故障在什么时候发生，缺乏修理前准备，修理是无计划的，常常打乱旅游景区活动。

（2）预防维修。为了加强设备维修，减少设备停工时间，可以定期进行设备预防维修，在设备运用过程中做好维护保养工作，根据设备被磨损规律和检查结果，在发生故障之前有计划地进行修理。

（3）生产维修。预防维修虽有优点，但有时会增加维修工作量，造成过分保养。生产维修要求以提高生产经济效果为目的来组织设备维修。即根据设备重要性选用维修保养方法，重点设备采用预防维修，一般设备采用事后修理。这样，既可以集中力量做好重要设备的维修保养工作，又可以节省维修费用。

（4）维修预防。维修预防是指在设备的设计、制造阶段就考虑维修问题，提高设备的可靠性和易修性，以便在使用中尽可能地减少或不发生设备故障。即使发生故障，也能使维修工作顺利进行。

旅游景区设备维修的实施有两种情况：一种是当设备存在故障时，由旅游景区的维修人员自行修理；另一种情况是委托外修，即由专业维修公司的维修人员在旅游景区内实施维修。

旅游景区必须从自身特点出发，制定适当的设施设备维修策略，可以按照维护保养—检查监测—日常小修—项修—技术改造的次序进行设备的维修。对于一些小设备可以放弃项修和改修，大修项目可以通过专业维修公司或设备厂家来完成。旅游景区也应培养出自身的全能维修队伍，提高设施设备管理和维修的效率。

四、设施设备的更新改造管理

随着旅游景区设备使用年限的增加，设备的有形磨损和无形磨损都日益加剧，可靠性相对降低，导致维护费用上升，也影响了游客的感知质量，应通过设备的改造和更新对设备磨损实施补偿。

（一）概述

旅游景区设施设备的更新是指用经济效果好、技术先进、可靠的新设备替换原来经济效果差和技术落后的老设备。就实物形态而言，设备更新是用新的机器设备代替旧的机器设备；就价值形态而言，是机器设备在运转中消耗掉的价值重新得到补偿。景区设施设备的改造是指通过采用先进技术对现有的落后的设施设备进行技术改造，使其提高节能效果、改善安全和环保特性。

随着科学技术的进步，性能更加完善、生产效率更高、服务功能更全的新设施设备不断涌现，设施设备淘汰的周期越来越短，而很多旅游景区的服务设施设备老化、质量差、效率低，已成为景区提高服务质量的严重障碍。同时，随着旅游需求的不断变化，旅游景区面临新设施、新设备的更新需求。旅游景区需要添置新设施、改造旧设施，加快设施设备更新是提高旅游景区接待能力、服务质量和服务水平，实现技术现代化，不断提高经济效益和社会效益的重要途径。

（二）更新改造分类

更新改造一般分为三种情况：

（1）全面更新改造。全面更新改造一般是在基本保留原有的项目基础上，对一些已陈旧或不能满足需要的主要大型设备进行改造或更新。

（2）系统设备更新改造。系统设备更新改造是针对某一设施设备内具有特定功能的配套系统设备性能下降、效率低或者能耗高、环保特性差等具体问题所采取的改造和更新。

（3）单机设备更新改造。单机设备更新改造是对设施设备内某一单机设备所采取的技术措施。

（三）设施设备更新决策

对每一个列入改造、更新计划的设备都应进行技术、经济的可行性分析。很多设备使用到最佳更新期以后不必立即报废，可以通过大修或技术改造来恢复设备的技术性能。如果大修或改造已不经济，那么就应更新。旅游景区的设施设备，特别是大型的设施设备的更新，往往需要投入大量的资金，属于旅游景区的重大决策，一般要进行全面的决策分析，综合考虑设施设备可利用现状、市场潜力、竞争对手状况、投入回收的各种方案比较等。

总之，在进行设施设备技术改造和更新时，要突出重点，力求将有限的人力、财力和物力优先用于关键设施设备和重点项目。依据计划性和资金的投入产出等技术、经济分析进行设施设备的更新和改造工作。旅游景区要根据发展目标，制定3~5年的设备添置和技术改造、更新等计划。对设备的处理，要及时在财务账目和固定资产账目上具体反映出来。

【本章小结】

旅游景区的设施设备是指构成旅游景区固定资产的各种有形物品。旅游景区的设施分为基础设施、接待服务设施、娱乐游憩设施三大类。旅游景区设施设备管理是为了实现经济效益的最大化、保证为游客提供优质服务、保障设施设备正常有效使用、精减设施设备生命周期费用。旅游景区设施设备管理包括人员管理、安全管理、档案管理、应急管理等。设施设备的使用维护管理包括对操作人员的规范化管理、对服务人员的规范化管理、制定设施设备使用管理的制度。设施设备的点检是对影响设备正常运行的关键部位进行经常性检查和重点控制的一种方法，分为日常点检、定期点检和专项点检。设施设备的更新改造一般分为全面更新改造、系统设备更新改造、单机设备更新改造。

【拓展阅读】

浙江舟山普陀山景区旅游公共交通

普陀山是一个面积为 12.5 平方千米的小岛，以深厚的观音文化、优美的自然风光和独特的生态环境在国内外享有盛名，素有"海天佛国"之称。2007 年被国家旅游局评为首批 AAAA 级风景名胜区。随着景区旅游经济的快速发展，景区居民生活水平的日益提高，小康社区建设的扎实推进，发展普陀山景区旅游公共交通系统显得尤为重要。但目前由于景区道路和车辆的限制，岛上旅游交通成了提升景区综合水平的"瓶颈"。

一、旅游景区交通现状

目前，普陀山通车里程 25.19 千米，非道路里程数 6.82 千米。全山道路主要有短梵线、广佛线、海飞线、人龙线和文落线五条主干线，道路呈弯多、坡陡、路面狭窄的特点，宽度普遍在 6 米左右。景区交通流量主要集中在客运码头至索道、客运码头经息末小庄至文物馆、客运码头至龙沙小区、客运码头至龙湾村等总长约 15 千米的道路上，每天约 11 000 人参与交通活动，交通流量相对较大。

景区居民的出行方式主要依靠步行、自行车、人力三轮车和公交车，其中自行车和人力三轮车出行约占 70%，步行出行约占 15%，乘坐公交车出行约占 15%。如果遇到大风、大雨天气，居住在合兴、落桥的居民出行受到严重的制约，使得居民冒险使用电动车、摩托车等违禁交通工具。虽然近几年管委会投入巨资修建了游步道，使行人和车辆得到了分流，改善了道路旅游交通环境，但是由于道路条件差，非机动车驾驶人安全意识差，自行车和人力三轮车的行驶不仅严重影响了景区旅游交通环境，而且给景区道路交通带来了严重的安全隐患。2006 年，景区发生涉及自行车和人力三轮车的道路交通事故 6 起，占交通事故总数的 50%。

目前景区共开设了 1 路和 11 路、2 路和 12 路、3 路和 13 路，以及从银云山庄至落桥的 9 辆公交专线车，而且银云山庄开往落桥的公交车只有 2~3 个班次，无法真正满足广大居民的出行需要。

二、解决居民出行和方便香客、游客的对策

为了能够适应景区旅游经济的快速发展，加快小康社区的建设，保证普陀山居民和来山香客、游客的安全出行，大力发展景区旅游公共交通系统显得尤为重要。

1. 增设公交线路

目前的 7 条公交线路，虽然覆盖了息末小庄—客运码头—百步沙—法雨寺—梵音洞—索道等旅游景点和银云山庄至落桥的居民专线，但是无法到达居民比较集中的龙沙小区、龙湾村等地，给两地居民的出行带来很大的影响。

2. 增加单线公交车辆

出于对景区的安全考虑，车辆不得超员，因此经常会遇到公交车在经过几个站点后就满员的现象，后几个站点的乘客无法乘坐，只好等下一个班次，而下一个班次往往也是满员的。应增加单线的公交车辆，缩短班车的间隔时间，方便居民和香客、游客的出行。

3. 延长公交运行时间

目前公交的运行时间为 6 点至 18 点，1 路和 11 路根据夜班船时间作相应延迟。虽然能满足普通上班族居民的出行需要，但由于普陀山很多单位都实行机动上班制，有的居民上班时公交车还未运行，有的居民下班时公交车已经停止运行，只好依靠自行车或者电动车、摩托车等交通工具来满足出行的需要。因此，公交车可以根据实际，适当延长运行时间，进一步方便居民的出行。

4. 健全和完善公交值班制度

目前公交车有值班制度，如在节假日、重大活动等期间，都有夜间值班车辆，平时就没有全天候值班的车辆，这给夜间有急事需要出行的居民带来严重不便，无奈，他们只好寻找其他的出行途径，甚至通过违法违规的途径，以致影响景区整体形象。因此，通过健全和完善夜间值班制度，使居民在非工作时段（无公交车时）也可以达到出行的目的。

5. 建立公交优惠机制

虽然现阶段普陀山居民乘坐公交车可享受一定的优惠政策，但对经济收入较少的弱势群体来说这也是沉重的负担，因此乘坐公交车的费用可以通过管委会、所在社区、所在单位和居民个人共同来分担，给遵章守法的居民予以优惠政策，推进福利型、舒适型景区的建设。

由于受旅游景区道路发展限制，从旅游景区发展的整体要求考虑，居民依靠步行、自行车、三轮车出行不是长久之计，必须通过大力发展景区公共交通，为广大居民提供良好的出行条件，进一步促进福利型、舒适型景区建设，为打造平安景区，构建和谐社会提供良好的保障。

资料来源：张明华，姚麟. http://yuanjian.1122.6464.cn/index.php? act = news & code = view&ids =9017

问题：

1. 浙江舟山普陀山景区现有的交通系统存在哪些问题？
2. 浙江舟山普陀山景区应该如何解决居民和游客的交通问题？

【思考与练习】

1. 旅游景区设施设备如何分类评价？
2. 旅游景区设施设备维护制度有哪些？
3. 旅游景区设施设备在什么情况下应采取维修或更新改造？
4. 旅游景区设施设备管理的人员系统包括哪些？

第八章 旅游景区安全管理

【学习目的】

通过本章的学习，了解旅游景区安全管理的意义，学会分析可能出现的安全问题，掌握实施综合防治的安全管理手段。

【学习要点】

1. 旅游景区安全管理的重要性
2. 旅游景区安全管理系统的构建
3. 游客行为管理的内容
4. 自然及人为灾害的预防及处理

【关键词】

旅游景区安全管理　游客安全　事故预防及处理

旅游景区的安全问题关系到游客的生命财产安全，关系到旅游景区乃至所在地区、国家的旅游形象，是旅游景区管理之重。旅游景区管理必须坚持"以人为本"理念，把安全管理放在首位，做好旅游景区常见安全事故的预防与处理，加强游客安全管理，促进旅游景区的有序发展。

第一节　旅游景区安全管理的基本认识

一、旅游景区安全管理的概念

旅游景区安全管理（Security Management）是旅游景区管理的一项重要内容，它是为实现旅游景区安全目标而进行的有关决策、计划、组织和控制等职能，有效地使用人力、财力、物力、时间和信息，开展安全防范而进行的各种活动。旅游景区安全管理运用现代安全管理原理、方法和手段，分析和研究旅游景区各种不安全因素，从技术上、组织上和管理上采取有力的措施，解决和消除各种安全隐患，防止安全事故的发生。

"平安景区"是旅游景区建设的重点内容，旅游安全关系到游客的生命财产安全，关系到一个旅游景区、一个地区、一个国家的旅游形象，是旅游经济稳定运行的重要保障。对游客而言，旅游景区安全是游客的基本需要，是提高游客满意度的重要保证。对旅游景区经营者而言，旅游景区安全是保证旅游活动顺利进行，维护旅游景区良好形象和声誉，取得良好经济效益的前提。对旅游业而言，旅游景区安全是旅游业可持续发展的基础。

二、旅游景区安全问题发生的原因

旅游景区安全问题时有发生，究其原因主要有以下几个方面：

1. 旅游景区安全防范不足

旅游景区安全防范意识不强、防范不足主要表现在：第一，旅游景区重生产轻安全。为追求经济利润，没有处理好生产与安全、效益与安全、发展与安全的关系，忽视安全生产投入，造成安全生产基础薄弱、安全技术落后、安全设施不足、安全设备老化，以至消防、交通、饮食、治安等方面存在安全隐患；第二，旅游景区应急救援体系不健全，机制不完善。突发事件的应急预案不完善，缺乏具体的可操作性，滞后于旅游发展。安全生产宣传教育和培训工作不够普及、深入、细致和实用，对教育和培训重要性的认识有待加强。

2. 游客对旅游安全重视不够

游程中游客为追求精神愉悦和身体放松，经常流连于山水之间而放松安全防范，导致安全问题时有发生，还有的游客对旅游活动场所的安全隐患认识不足，再加上游览过程中麻痹大意，没有做充足准备就冒险行动，以致酿成灾害事故。

3. 管理部门监管不力

有些旅游景区的监管制度不完善，监管力度不足，人员、经费和设备投入不够，技术手段落后，造成监管工作不能及时到位。根据国家有关政策和法规，旅游景区的主管机构有旅游局、林业厅、环保局、水利厅、建设部等，这些部门形成了旅游安全管理的外围机构群体，能有效地抑制安全问题的发生，但有时也会因主管机构分散而导致集体不作为行为的发生。

4. 旅游管理存在法律盲区

近年来，随着旅游大众化的到来，旅游景区安全事故和法律纠纷也大量出现，在纠纷解决过程中出现了适用法律不明确和安全责任界定的问题，这与目前我国旅游法制还不够健全紧密相连。一方面，旅游政策法规相对于经营实践具有滞后性，使得一些颇受游客欢迎且对安全需求较高的特殊旅游项目还未纳入安全管理范畴；另一方面，在实践中安全管理政策的贯彻并不十分彻底，仍有不少旅游景区没有专门的安全管理人员。

5. 其他因素的影响

导致旅游安全事故的其他因素主要是自然因素，如洪水、泥石流、山体滑坡、地震、海啸、自燃火灾等自然灾害，这些因素往往会给旅游景区造成重大损失。这不仅破坏景观环境，还会对旅游景区形象造成负面影响，削弱旅游吸引力。此外，也有人为因素，如旅游设施设备的设计不合理、质量不过关等，也会给旅游景区的安全运营埋下隐患。

三、旅游景区安全问题的表现形态

旅游景区安全问题的表现形态多种多样，主要有以下几种形式：

（1）游乐设施设备的安全问题。如机械游乐设施设备安全事故、水难事故、缆车索道事故等，这些问题主要是由于设施设备自身存在安全隐患或者是设施设备操作人员操作不当造成的。如贵州马岭河峡谷缆车坠落事件的主要原因是该项目在立项报批、设计建造、运营管理等各个方面均存在安全隐患，且缆车的操作人员不具备熟练的操作技能。再如2010年6月29日，深圳东部华侨城太空迷航娱乐项目顶部的高压仓突然爆裂，几十名游客坠落，造成6人死亡、9人受伤的重大事故。

（2）犯罪问题。在旅游景区存在的犯罪行为，具有其特定的规律和特点。可以分为侵犯公私财产类犯罪、危害人身安全犯罪、性犯罪及与毒品、赌博、淫秽等有关的犯罪。这些犯罪行为给游客和社会带来了严重的负面影响，旅游景区必须采取严格的措施加以控制。

（3）旅游活动产生的安全问题。有些旅游活动诸如攀岩、探险、漂流、蹦极等项目本身具有一定的危险性，对于这些危险性项目旅游景区必须特别加强安全管理，确保游客的人身安全。

（4）自然及人为灾害。地震、海啸、洪水、泥石流等自然灾害，火灾、爆炸等人为灾害，往往造成不可预料的严重后果，如人员的伤亡、基础设施遭到破坏、财产遭受损失等，严重时甚至造成整个旅游景区设施系统的紊乱。旅游景区的消防部门、环境地质部门等必须参与其中，共同营建良好的旅游景区环境。

（5）其他意外事故。游客在旅游景区游览过程中由其他不可控、不可预期等意外因素引起的安全事故。例如，1998年4月18日，郑州某游客在黄山旅游时，被一块从10多米高的山崖上滚下来的2千克重的"飞来石"砸中，成了一个失去记忆、瘫痪在床的残疾人。

四、旅游景区安全管理系统的构建

（一）外部旅游安全管理系统的构建

1. 建立旅游景区安全管理的法规体系

目前，景区安全管理有关的法规条例主要有《风景名胜区条例》（国务院发布，2006年12月1日起施行）、《漂流旅游安全管理暂行办法》（国家旅游局发布，1998年5月1日起实施）；《游乐园（场）安全和服务质量》（1997年4月由国家技术监督局批准的国标GB/T 16767—1997）等。相关部门应该进一步完善旅游景区安全管理法律体系，使法律理论超前于旅游实践，能够对实践起到积极引导作用，进而提高安全管理的运作效率。

2. 建立自上而下的监管和执法体系

贯彻从高层宏观指导和管理到基层日常监督和严格执法。如旅游行政管理部门对旅游景区的监督检查方式有日常监督、专项监督、个案监督、年度监督等。总之，要确保各项宏观工作落到实处。

3. 建立旅游景区安全宣传教育体系

配合旅游景区做好旅游安全宣传、旅游事故事实澄清和发布旅游安全信息等各项公共职能。对旅游安全的宣传教育，既要面向游客，又要面向旅游地社区和旅游从业人员。对游客可通过旅途中的各种宣传册和旅游从业人员的安全建议来进行宣传；对旅游地社区可通过各种招贴告示、新闻媒体乃至学校等各种渠道来宣传教育；对旅游从业人员可通过两种方式来宣传教育，一是宣传旅游安全问题的危害性及其与旅游业的关系，二是加强对旅游安全事故的处理。

4. 建立旅游安全社会联动系统

旅游安全涉及旅游业各部门和社会各环节，倡议建立一个由旅游行政管理部门牵头，由旅游地居民、旅游从业人员、旅游管理、治安管理、社区医院、消防、保险、交通等多部门、多人员参与的社会联动系统，形成资源共享、全社会关注旅游安全的局面。

（二）内部旅游安全管理系统的构建

1. 完善旅游景区安全的组织系统

旅游景区旅游安全组织是确保旅游安全的基础。大型旅游景区应建立包括旅游安全宣传组织、旅游安全过程管理组织、旅游安全预警组织、旅游安全救助组织等在内的组织体系；小型旅游景区应做到有专人专职负责这些工作，并落实责任。

2. 加强旅游安全宣传、教育与培训

依托旅游宣传组织或人员向游客、旅游地社区及旅游从业人员进行旅游安全宣传教育工作。对于游客可通过旅途中的各种告示及解说系统和旅游从业人员的安全建议等进行宣传。对社区居民和旅游从业人员的安全宣传教育包括两部分，一是加强安全教育与培训，二是严肃处理旅游安全事故。从业人员的安全意识和安全技能直接关系到安全事故的发生概率，培养具有较高安全素质的旅游从业人员，可以避免许多悲剧的发生。

3. 完善安全救助应急系统

在旅游景区内应组建一支健全的抢救和医疗应急反应队伍，开展一系列服务活动，如运送紧急药品，紧急就地处理，及时送往医院并安排需住院的游客入住，入院后的追踪服务，尽快与游客亲友进行联系等。这不仅关系到游客的旅游体验问题，而且直接关系到游客的人身安全。

4. 建立旅游景区安全预警系统

依托旅游安全预警组织或人员开展这一工作，包括建立旅游景区安全监测网络、将高新科技运用到旅游景区安全监测中，如在森林旅游景区和山岳景区运用全球定位技术进行安全监测。另外，设立完备的旅游景区安全标志也可以对游客的行为起到预先警告和提示作用。

5. 完善旅游保险服务

完善旅游保险是适应旅游发展需要、做好安全事故善后工作、保障旅游者合法权益的保证工作。目前我国旅游保险非常不完善，存在诸多问题。为了旅游业更长远的发展，旅游景区应与保险业联合研究，制定出适合不同类型、不同情况、旅游景区的各种旅游保险险种，并针对不同游客和特殊游客群体的需要，制定出相关实用的保险险种和提供配套的保险服务。

第二节　游客行为安全管理

游客有序的行为可以消除一些安全隐患，而游客不合理的行为可能给旅游景区及自身造成安全问题。因此，必须加强游客行为安全管理。

一、游客管理概述

（一）游客管理的概念

游客管理是指旅游管理部门或机构通过运用科技、教育、经济、行政、法律等各种手段组织和管理游客行为的过程。一方面，由于游客在旅游活动中带来的诸多负面影响，需要面向游客的教育管理措施；另一方面，游客自发游览时总是集中于某些季节、部分时段及少数景点，容易造成拥挤、等待等不愉快的旅游体验。因此，对游客进行管理是十分必要的。

（二）游客管理的目标

1. 保障游客的人身财产安全

保护游客人身财产安全是旅游景区的基本职责。游客外出旅游是基于满足自我实现的需求，这种需求必须是在安全需求得以满足的前提下产生的，没有游客愿意冒着生命危险或财产损失的危险去旅游。因此，旅游景区游客管理必须做好提醒、防范、检查等工作，保证游客的人身财产安全。

2. 提升游客体验价值

使游客获得良好的旅游体验是旅游景区游客管理的一个重要目标，也是旅游景区树立良好形象、扩大美誉度、提高游客回头率的重要基础。游客不文明行为本身往往成为其他游客在游览活动中的视觉污染，影响游兴，破坏环境，进而影响其他游客的体验质量。旅游景区游客管理通过把游客数量控制在游客心理容量范围之内，同时抑制游客不文明行为，以提升旅游体验的质量。

3. 保护旅游景区旅游资源和旅游环境

旅游景区内游客的行为直接影响旅游景区的资源和环境，如过度践踏使旅游景区土地板结，乱刻乱画、违章野炊、燃放爆竹等行为，不仅会影响其他游客的旅游体验，也严重降低了旅游景区的吸引力。旅游资源和旅游环境是旅游景区赖以生存和发展的物质基础，旅游景区的某些旅游资源具有珍稀性和不可再生性，游客的破坏将给景区带来灾难性的影响。因此，旅游景区必须把控制游客数量和游客活动强度放在重要位置，减少或杜绝游客对资源环境的破坏。

（三）游客管理的内容

1. 数量管理

游客的体验值和对环境的负面影响程度与游客数量存在普遍的相关关系，正因为如此，环境容量理论在被不断地发现存在缺陷后还能一直在实践中运用。例如，喀斯特溶洞、石窟等，其环境和保护文物等负面影响的直接因素主要是二氧化碳、细菌含量的增多，而这种情况主要与游客数量相关，与游客行为无明显联系。为此，旅游景区必须考虑限制游客进入数量。然而对游客进行数量控制还存在很多缺陷，未找到合适的管理办法。最常用的方法就是强制性限制，但考虑到对旅行社业务、游客出游计划的影响，一般必须要采取建立客流信息系统、预定系统、价格策略以调节、控制。有时为达到控制数量的目的，可以采取特别的办法，如美国黄石国家公园采取抓阄进入的办法控制每天进入公园的人数。旅游景区可以采用适当保持或提高旅游景区进入难度、减少宣传等手段以控制游客数量。

2. 分流对策

限制游客进入数量对游客而言是件不愉快的事，所以在游客数量与环境的影响并无主要关联的多数旅游景区，应该考虑实施游客分流，降低客流在旅游景区内部局部景点的时空集中程度，从而缓解局部景点游客的拥挤状况。对游览线路顺序及时间安排、客流的时空分布情况的掌握非常有助于游客的分流，通过信息的及时传递反映各处的游客拥挤情况，可组织引导游客分流或实现游客自发分流。有时需要考虑游客的心理特征，如人们在进入某个空间的时候，习惯向左行，为此应尽量分散游客的注意力把游客吸引到其他景点去。

3. 队列管理

分流措施并不能保证一定可以解决游客数量过多的问题，其效果与措施的实施成本也有联系，因此排队现象难以避免，这种现象在主题公园等旅游景区十分突出。排队是影响游客总体体验的重要因素。因此要尽量采取措施缩短游客的排队时间。以下是一些可供借鉴的改善游客体验的队列管理方法，如提供排队的详细资料、超额估算剩余时间、使人们排队时有事可做。各种措施的目的主要在于减少或避免游客在枯燥单调的环境中的等待。在英国奥尔顿塔楼、伦敦眼等主题公园引入绩效排队体系，即通过计算机订票系统保留各自位置，并在指定时间获得相应位置，绩效排队的意义在于基本避免了排队等待现象。

4. 游客体验的团队管理

保持适宜的团队规模、频率、距离对游客体验的质量是非常重要的。团队规模过大易造成空间拥挤。在旅游景区狭小的景点往往有几个团队的导游在同时解说，造成相互干扰是经常出现的现象。所以，对旅游团队适当进行节奏和步调的调整是有必要的。

5. 游客投诉管理

要高效地处理投诉，需要建立一套完善的投诉处理程序。首先，必须要有一个完善便捷的投诉受理渠道；其次，对游客的投诉要作出及时的、合适的反应，注意对游客的意见做到耐心倾听、安慰、负责；最后，要能快捷地拿出一个使投诉游客满意的处理方案。

6. 解说系统的建设

解说系统通过各种媒体形式在提供信息服务的同时，实现对游客的分流、安全提示、行为提示等的管理功能。解说系统形式可以分为向导式解说和自导式解说，包括各种导游讲解、咨询服务、影音材料、标志、牌示、地图、手册等。让游客有更多的机会获得信息是关键的一步，对此应充分发挥导游的解说、引导作用。旅游景区应设置专门的游客中心为游客服务；尽量低价或免费提供地图、手册等资料供游客浏览。首先，旅游景区内牌示、标志等的位置应得当，信息应醒目、简洁、准确；其次，人性化的设计、提示更能赢得游客的配合。完善的解说系统可以起到变对游客的直接管理为间接管理的作用，真正体现游客管理的服务性特点。

7. 游客行为管理

行为管理内容包括：环境卫生方面的常规行为管理，如垃圾、吸烟、践踏、吐痰、随地小便、争吵、大声喧哗等；破坏性行为管理，如涂刻、攀折、拍照、收集纪念品、闯入保护地带的活动；安全行为管理，如进入危险性地带、接近一些大型动物等。不同的旅游景区对游客行为的要求是不同的，如在生态旅游景区，对游客的活动范围、装备乃至所穿的鞋子都有要求；而在文物古迹景区，重点是监管游客的触摸、涂刻及拍照等行为。除配备足够的人员进行监管外，导游的配合是有效的补充，为此必须加强对导游的管理。管理的方式主要通过提醒、宣传教育，但强制性手段也是必不可少的。

二、旅游景区内游客行为的管理

（一）游客行为的影响因素

由于不同游客在年龄、个性气质、爱好、教育程度、组织方式等方面存在差异，在旅游景区旅游时会表现出不同的行为方式。

1. 年龄

不同年龄阶段的游客在身体健康状况、体力、精力、个性心理等方面有很大差异，其行为方式也表现出不同的特点。

青少年游客精力充沛、好奇心强，富于冒险精神和挑战精神，喜欢互动，自尊感强烈，情绪较为敏感，易波动，行事不太顾及他人感受，我行我素。在旅游景区中受奇异景观和特殊活动的影响，青少年游客容易激动，自制力较差，容易违反旅游景区内游客行为规范和安全准则，作出一些危及自己及他人安全的举动。

中年游客的自我控制力较强，行为较稳重，但这一群体的游客往往也具有较强的自我中心意识，在旅游景区活动时过分强调自己的思想和行为的正确性，某些问题上坚持按自己的方式行事。

老年游客具有充足的时间和一定的经济基础，但由于身体状况的原因多会选择具有休闲性质的旅游活动。

2. 个性气质

气质是游客的个性心理特征之一，是游客行为产生的内在驱动力，不同个性气质的游客行为方式差距较大。

多血质游客具有热情开朗、反应迅速、行动敏捷、喜欢交际、能够很快适应变化的环境等优点；其缺点是兴趣广泛而不定向、注意力容易分散、缺乏毅力。在情绪反应方面，表现为快而多变；在行动方面，表现为活泼好动，爱参加各种活动，但常常有始无终。

胆汁质游客具有热情坦率、精力充沛、言语明快、表情丰富、有较强的毅力等优点；其缺点是性格急躁、思维粗糙、容易激动。在情绪反应方面，这类游客大多十分热情、直爽且精力旺盛，心境变化剧烈，易动感情；在行为方面，这类游客的自制力较差，容易感情用事。

黏液质游客具有安静稳重、情绪体验深刻而不外露、忍耐力强、踏实谨慎等优点；其缺点是反应较慢、行动迟缓、沉默寡言、缺乏灵活性。在情绪反应方面，这类游客大多安静、稳重，注意力不易转移；在行为方面，反应较为迟缓，做事力求稳妥。

抑郁质游客具有体验深刻、细心谨慎、智慧聪颖、想象力丰富等优点；其缺点是多愁善感、优柔寡断、敏感多疑、孤立不合群。在情绪反应方面，这类游客难以忍受或大或小的神经紧张，会回避强烈刺激；在行为方面，这类游客喜欢三思而后行，求稳不求快，表现为循规蹈矩，略显刻板。

3. 爱好

游客的爱好不同，对旅游活动的选择也有所不同。喜好追求冒险和刺激的游客会选择有一定危险系数的旅游项目，如蹦极、漂流等；喜好平和安逸的游客多会选择观赏型或参与程度不高的旅游项目。

4. 受教育的程度

游客受教育的程度体现在旅游活动的各个方面。受过高等教育的人，掌握的知识和关于外界的信息也相对较多，从而更有了解外部世界的兴趣和热情，行为上多为他人考虑，具有较高的素养。

5. 组织方式

旅游景区内游客按组织方式可以分为团队和散客，其行为方式也有不同的特点。

团队游客往往按既定路线统一行动，行程安排较为紧凑，可变性差。游客行为在群体中相互约束、相互影响，在从众心理、标新立异等心理的驱动下，游客行为也会表现出一些独特之处。散客突破了传统团队的约束，追求个性化行为的表现，具有决策自主性。

（二）游客不良行为产生的原因

1. 环保意识不强

环保意识差、文化素养低的游客很少会考虑自己的行为对环境及社会造成的影响，容易在不知不觉间出现不文明行为。游客的不文明行为对环境、景观的消极影响往往是潜移默化的，它所造成的严重后果往往是长期的，而游客的旅游活动却是暂时的、动态的，所以游客有时并不能立竿见影地看到自己的不文明行为所造成的严重后果，这就导致游客对旅游景区环境问题的严重性缺乏认识，且对自己的不文明旅游行为造成的环境污染问题的责任归属缺乏认知。由于众多游客的不文明行为的同时存在，也使游客个体对解决环境问题的有效性缺乏认知，因而自己也不愿付出努力。这种种因素决定了游客在游览活动过程中不会自觉形成保护环境的愿望，因而也不会自觉产生保护环境的行为。

2. 道德感弱化

旅游活动作为人们逃避现实生活，追求闲适与放松的一种方式，是对日常生活的超越和背叛，因而游客在旅游过程中不同程度地存在着随意、懒散、放任、无约束的心理倾向。当一个人以游客的身份在异地游览时，往往想摆脱日常生活中的"清规戒律"，道德的约束力量远不及在日常生活圈子中那样强大，所以人性中潜在"恶"的东西总是不自觉地流露出来。

3. 占有意识外显

游客花费一定的金钱和时间在旅游过程中，可能除了照片什么都不能带走，潜意识里会存在一种求补偿的心理，常常希望在景区留下自己的印记。占有欲也是每个人都有的普遍心理，看到美好的事物常常希望能占为己有。面对旅游景区内独特的环境和景物，部分游客无法控制自己的感情，以致有意无意地对旅游景区的旅游资源造成破坏。

4. 故意破坏

个别游客纯粹为了寻求开心或刺激，或为了发泄自己某中不满情绪，对旅游资源、旅游设施施暴，发泄心中的不满。

5. 信息缺失

对很多游客而言，他并不十分清楚在旅游景区游览时应该注意什么、应该保护什么，这在很大程度上与旅游景区提供的信息不完备有关。旅游景区如果能明确告知游客在游览中应该注意的事项，并配备必要的人员进行管理和督促，那么游客不文明的行为就会减少。

（三）游客不良行为的表现及危害

游客不文明旅游行为是指游客在旅游景区游览过程中所有可能有损旅游景区环境和景观质量的行为。它主要表现为两大类：一类是游客在旅游景区游览过程中随意丢弃各种废弃物的行为，如随手乱扔废纸、果皮、饮料瓶、塑料袋、烟头等垃圾，随地吐痰、随地便溺等；另一类是游客在游览过程中不遵守旅游景区有关游览规定的违章行为，如乱攀乱爬，乱涂乱刻乱画，越位游览，违章拍照，违章采集，违章野炊、露营，随意给动物喂食，袭击、捕杀动物等。

就最根本的危害而言，游客的不文明旅游行为可能导致旅游景区环境被污染、景观质量下降甚至寿命缩短，其最终结果必然是造成旅游景区整体吸引力下降、旅游价值降低。它严重影响、直接威胁着旅游景区的可持续发展。更有甚者，会给旅游景区带来灾难性影响，如违章抽烟、燃放爆竹、违章野炊等行为很容易引起火灾，一旦发生，后果将不堪设想。就最直接的影响而言，首先，游客的不文明旅游行为给旅游景区环境管理、景观管理带来极大的困难；其次，游客的不文明旅游行为本身往往成为其他游客游览活动中的视觉污染，影响游兴，破坏环境气氛，进而影响其他游客的游览质量；再次，游客的不文明旅游行为往往会给自己的人身安全带来隐患。

（四）游客行为管理的方法

游客行为管理的方法有激发型管理方法和约束型管理方法两种，其中激发型管理方法包括建立健全服务设施。

1. 激发型管理方法

（1）在旅游景区平台区内设立游客服务中心，提供自助餐厅和艺术走廊等休息场所；在停车区和某些景点建造卫生间；在旅游景区内设置小径或木栈道，避免游客对草地的随意践踏；增加为游客提供安全保障和排忧解难的旅游警察，并可在阻塞时疏导交通。

（2）为游客提供准确、详细的信息。大多数游客对旅游景区的兴趣在于该地的历史、文化、环境、发展等。因此，游客是否满意在很大程度上取决于信息的获得量。游客获得信息主要通过两种方式：一是口头的信息，即通过导游或旅游景区从业人员传递的信息；二是书面的信息，如地图、导游手册、其他的小册子、游客信息公告牌等。

（3）对游客的指导和限制。旅游景区要有与环境和周围景物相协调的美观的标识牌，针对不同的情况，配上有亲和力的提醒文字，达到引导游客行为的目的。

2. 约束型管理方法

使用约束型管理方法首先要制定比较完备的规章制度，对可能出现的各种不文明行为尤其是对故意破坏行为加大制约力度，并配备一定数量的管理人员约束游客的不文明行为，包括加强巡查、长期雇用看护员、使用闭路电视或摄影机监视等，对违规行为实施罚款等处罚措施。

三、旅游景区内游客的安全管理

游客人身健康财产安全管理是旅游景区游客管理中一项重中之重的工作。一旦出现游客的安全事故，一方面会对旅游景区的形象造成很大影响，甚至是毁灭性的打击；另一方面会大大降低游客的旅游体验质量，也会使旅游景区蒙受巨大的经济损失。

（一）产生安全问题的原因

1. 游客安全意识不强

游客在进入旅游景区游玩时将日常生活的烦恼抛之脑后，安全意识不强的游客在游览过程中没有遵照旅游景区的提示或规定，如不听工作人员的劝阻，在景区内吸烟、违反游乐设施的操作规程等。

2. 旅游景区管理不到位

有些旅游景区的解说系统缺乏必要的安全警示，没有定期检查旅游设施的安全，没有完备的安全事故处理机制。

3. 不可抗力因素的影响

旅游景区主要是依托旅游地的景观资源而发展起来的，而许多不可抗力因素如地震、海啸、泥石流等自然灾害也会对游客的安全构成威胁。

4. 旅游活动本身存在的安全隐患

某些旅游活动的刺激和冒险性会给游客的安全带来危险，如过山车、激流漂流、蹦极等对游客身体素质要求较高的项目。所以，旅游景区应该事先向游客说明这些游乐项目对身体素质要求及注意事项，让游客量力而行，以免给游客的人身安全造成损失。

（二）游客安全管理的措施

1. 建立安全预防机制

旅游景区要制定完善的安全问题预防机制，如游乐场内对游乐设施和其他旅游服务设施定期进行检查，制作游客安全手册等。

2. 实施安全管理措施

旅游景区要加大安全管理力度。旅游景区的管理者应通过各种手段提高游客的安全意识，如在危险地段设立警示牌、工作人员当面提醒游客、劝阻可能带来安全问题的行为等。

3. 加强对游客安全教育

加大游客安全教育的普及力度，使进入旅游景区的游客在放松身心的同时提高警惕，保证自己人身财产的安全。

4. 制定必要的应急措施

对于游客安全问题，旅游景区应该以预防为主、应急救援为辅，因为有些安全问题是不可避免的。旅游景区必须建立一整套系统的事故处理程序和紧急救援程序，一旦出现安全事故，便可按照这些程序快速开展科学的救援和善后处理工作；旅游景区要设立急救中心，培养一支训练有素的救援队伍，救援人员应掌握包括疾病救护、失踪搜救、水生救护、火灾抢险、突发事件应急救护等各种技能。

第三节　旅游灾害的预防与处理

旅游灾害是指由于自然或人为因素所导致的对旅游景区景点等旅游资源及生态平衡的破坏，进而危及旅游资源生存的现象和过程。旅游灾害的危害性体现在以下几个方面：一是对旅游资源本身及旅游景区景点生态平衡的破坏；二是损害游客的人身和财产利益；三是给人类财富带来巨大的损失。按照导致旅游灾害的成因，可以把旅游灾害分为自然灾害和人为灾害。

一、自然灾害

（一）自然灾害的类型及成因

由于自然方面的灾害性因素导致的对旅游资源破坏的现象和过程称为自然灾害。自然灾害因具有突发性与永久性、频繁性与不确定性、周期性与不重复性等特点，所以其对旅游资源的破坏强度大、难以控制，且一旦发生，其影响不可逆转。根据产生灾害的自然要素的不同，可分为以下三种类型：

1. 天文灾害

天文灾害主要包括宇宙灾害、太阳系灾害及月球灾害。这些灾害多是由天文变化引起的，如太阳黑子的周期性活动、引力潮及月相变化产生的破坏作用等。

2. 陆地灾害

陆地灾害主要包括地质地貌灾害、气象气候灾害、生物灾害等。地震、火山、泥石流、沙漠化等属于地质地貌灾害，这类灾害的破坏性强，严重时将造成重大的人员伤亡和经济损失。气象气候灾害主要是指台风、暴风雪、干旱等。生物灾害则包括土壤盐碱化、森林火灾、植被退化、病虫害等。

3. 海洋灾害

海洋灾害包括海水流动、海温变化、海面变化及海水污染。例如，2004 年 12 月 26 日印度洋地震引发的海啸使印度尼西亚、印度、泰国、斯里兰卡等多个国家受灾，其中泰国和斯里兰卡等国的旅游业遭到重创，海啸共造成约 30 万人死亡，超过 136 亿美元的经济损失。

（二）自然灾害防治现状

为了减少自然灾害对旅游景区的负面影响，旅游景区必须加强对自然灾害的管理。现在旅游景区的日常灾害防治管理工作一般由地方治安管理部门和相关旅游机构共同负责或分别管辖。大多数旅游景区能配合相关管理部门共同进行旅游景区的安全监督、管理。虽然随着旅游业的不断发展和科学技术的进步，旅游景区自然灾害的防治管理也有较大进步，但随着出游人数的迅猛增长和自然灾害的频繁发生，旅游景区的自然灾害防治管理存在的问题日益突出。

（1）体制混乱、责任不清。由于我国旅游景区的多头管理的体制，决定了旅游景区灾害防治管理工作也要涉及多个政府职能机构（如城建、旅游、林业、公安等），没有一个统一的权威指挥协调结构，导致对于旅游景区灾害防治工作的责任划分不明确，存在很多"真空地带"。

（2）重救援、轻预防。我国很多旅游景区都把自然灾害防治管理的重点放在了灾害救援而非预防上，这种本末倒置的做法往往使自然灾害造成的灾情更严重，给游客和旅游业带来很多不必要的损失。

（3）主观认识不足。旅游景区对旅游安全存在主观认识不够甚至认识错误的问题。有的旅游景区的管理部门把旅游景区安全工作看成是地方治安管理部门和政府的分内之事，对自然灾害的防治，只是被动的配合减灾，并没有主动的防灾意识和行动。

（4）信息系统建设滞后。一定范围内各部门、地区间自然灾害信息资源共享程度低，旅游景区管理信息化建设滞后，报警渠道不清，信息阻塞、迟缓。

（5）减灾培训和防灾宣传力度不够。旅游景区对减灾专业技能培训和防灾知识的宣传工作不够重视，游客、导游和相关工作人员的灾害防范意识不强，救灾知识不足。

（三）自然灾害的预防与处理措施

1. 自然灾害的预警

灾害防治管理的关键是灾前的预警工作。预警是通过对自然灾害的监测提供数据和信息，从而进行示警和预报。旅游景区建立经济有效的预警体系应该从以下方面着手：

（1）与相关灾害发布机构合作。旅游景区应与地震局、气象局、防汛办等相关灾害发布机构合作，保证随时获取当地未来48小时内的天气变化情况和灾害预警信息。

（2）与其他灾害预警组织联盟。缺乏对特定自然灾害的预警系统是灾情扩大的重要原因之一。如2004年12月底的印度洋地震发生前，美国地质调查局在检测到地震后试图通知印度洋沿岸各国，可竟然无法找到与这些国家沟通的途径。所以旅游景区应与区域性或国际性灾害预警组织形成联盟，实现灾害信息共享。

（3）联络人员。旅游景区安全管理部门应设有专职的联络人员，随时与相关灾害发布机构保持联络。如有灾害示警立即向上级汇报，并争取舆论主动权，明确信息发布渠道和时间，建立与媒体的合作机制。

（4）对游客的警示、教育。旅游经营者及其从业人员对可能危及游客人身、财物安全的事宜，应及时通过媒体向游客作出公开、真实的说明和明确的警示，并及时采取有效的安全防护措施。还应对游客进行警示，提示游客某地区正值某灾害多发季节，并告之目前情况和采取的相应措施。

2. 自然灾害的防范

自然灾害的防范也是旅游景区灾害防治管理很重要的一方面。旅游景区应结合具体情况，积极主动地从各个方面加强灾害防范，以减少自然灾害发生的可能性，降低灾害损失。

（1）救援指挥中心。

旅游景区应设立灾害救援指挥中心，由旅游景区最高负责人任指挥长。灾害发生后，救援指挥中心负责救灾管理的指挥，统一安排救灾的各项工作。

（2）安全管理部门。

第一，旅游景区应设立完善的安全管理部门，专门负责旅游景区自然灾害的预测、防范和救援。

第二，旅游景区安全管理部门应遵循"统一领导、分级管理、以基层为主"的原则，贯彻"全面规划，综合治理，防治结合，以防为主"的自然灾害防治方针。

第三，旅游景区安全管理部门应建立科学、全面的安全管理制度，将安全管理的责任落实到各个岗位、每个职工。

（3）防范设施。

第一，旅游景区内应设有多个24小时开通的求助和报警热线，并派人轮流值守。

第二，旅游景区的主要景点应有灾害警铃、固定求救电话、广播等示警设备和贯穿整个景区游览线路的广播和警铃系统。

第三，旅游景区安全管理部门的工作人员应配备有可靠的移动通信设备，如对讲机、小灵通、手机等。

第四，旅游景区应根据当地的气候和天气情况，在易发生自然灾害的危险地段、场所设置规范、醒目的中英文警示标志或禁止进入标志。

第五，旅游景区在各个公共建筑、娱乐场所和客流量较大的地段应设有安全出口、应急通道和安全疏散通道，并确保这些通道的畅通。

第六，旅游景区消防管理应符合《中华人民共和国消防法》和其他相关标准的规定，并对消防设施设备进行定期检查。

第七，旅游景区应杜绝破坏生态平衡的规划方案，应在景区周围修建防护林、塘坝、排洪渠等防灾基础工程，并修建与景区规模相匹配的地震避难所、防洪高台和其他布局合理的灾害避难所。

第八，旅游景区应配备有一定规模的医疗室（站），其设施设备的配置应达到《旅游规划通则》的相关要求。

第九，旅游景区应配备可联网的计算机，与相关自然灾害专家达成协议，能及时针对灾情与其进行电话或网上咨询。

3. 自然灾害的救援

（1）指挥协调。旅游景区救援指挥中心的主要负责人应在灾情发生后立即赶赴事故现场，指挥紧急救援，合理安排和协调医疗、公安、武警、消防、通信、交通等多个部门。

（2）救灾系统的启动。救援指挥中心应设专门负责人在灾情发生后按指示启动安全管理系统或其他安全控制系统，并能熟练地操作系统。

（3）医疗救护。首先，救援指挥中心应统一指挥和调遣旅游景区内参加医疗救援的单位和个人，并派专人协助医疗队救援；其次，在可能引起疫情的灾情发生后，医疗队应派专门的医护人员对旅游景区进行彻底的清理、消毒等防疫工作。

二、人为灾害

（一）人为灾害的类型及成因

人为灾害是指由于人类不合理的活动所导致的对旅游资源破坏的现象和过程。人为灾害具有潜伏性、渐进性、可控制性等特点。旅游业发展到今天，人为因素导致的旅游灾害主要体现在以下几个方面：

（1）在旅游开发过程中，由于规划不合理、长官意识、无序化、急功近利、乱砍滥伐等因素造成的对旅游景区的破坏。

（2）对旅游景区景点的粗放式经营，给旅游景区的生态造成的破坏。

（3）由于旅游市场需求极不平衡，高峰期游客超过旅游景区的承载能力，从而使旅游景区生态环境遭到严重的破坏。

（4）工业、生活、旅游等污染，给旅游景区造成的破坏。

（5）部分素质低下、环保意识差的游客对旅游资源的直接破坏等。

（二）人为灾害的预防及处理

1. 法律体系的建设和依法管理

建立健全旅游景区安全法规体系，加大执法力度，建立旅游开发建设中旅游地灾害评价、预测和治理的配套法规或防灾体系，使旅游资源的开发和保护工作有法可依，对违反法规的开发行为和破坏资源的行为进行严厉惩罚。

2. 强化行政管理部门的职能

（1）组织制订科学的旅游发展规划，有效防止旅游开发中低档次重复建设的盲目行为、急功近利等短期行为和乱砍滥伐的破坏行为，确保本地区旅游业健康有序的发展。

（2）对旅游景区的生态环境实行等级管理，通过评等定级、年度等级复核等手段，强制景区必须达到国家规定的有关生态指标。对于"年审"不合格者，视其情况给予黄牌警告、降级、停业治理直至关门等处罚，以确保旅游景区的生态环境不受损害。

（3）构建完善的旅游信息系统。建立完善的旅游信息系统是实现旅游可持续发展的有力举措之一。旅游信息系统发布的信息必须做到：信息量大、涉及面广、准确度高等。通过构建旅游信息系统，使企业和游客可以获取准确的信息，起到规范行为的作用，以此减轻盲目开发和过度旅游等给旅游景区带来的生态压力。

（4）倡导发展生态旅游。大力倡导以认识自然、保护自然生态环境为内容的真正意义上的生态旅游，并将部分旅游收益返还给自然界，用以维护旅游景区的生态环境，确保旅游资源得到永续利用。

3. 加强国民素质教育

旅游业要实现从"观赏环境"到"侍奉环境"的跨越，必须努力提高国民素质。对政府而言，应该通过各种渠道有针对性地对公众进行环保宣传教育，使旅游业肩负起国民教育的崇高职责；对旅游企业而言，应该利用好旅游景区这一天然课堂对游客进行生态教育，共同提升游客环保、安全等旅游素质。

第四节　旅游景区常见安全事故的预防与处理

一、旅游景区常见安全事故的类型

关于旅游景区安全事故的类型，划分方法多种多样，最常见的是从旅游景区类型的角度将旅游景区旅游安全事故分为自然资源类旅游景区的安全事故和人文资源类旅游景区的安全事故两大类。

（一）自然资源类旅游景区的安全事故

在自然资源类旅游景区，社会环境相对简单，人口构成单一。旅游安全事故的诱因主要集中为游客个人因素或行为，如游客旅行技能、自然灾害、游客身体及心理素质等。安全事故类型主要为机动机械活动类、自行车活动类、飞行活动类、跳跃活动类、撞击类、水域活动类。具体见表8-1。

表 8 - 1　　自然资源类旅游景区安全事故类型

旅游景区类型	旅游活动	安全事故类型	事故举例
地文景观	越野活动，登山，攀岩，山地、公路自行车，滑翔，沙漠探险，洞底探险，滑雪等	机动机械活动类，自行车活动类，飞行活动类，跳跃活动类，自然灾害类等	外部创伤，机械事故，雪崩，山洪，泥石流等
水域风光	冲浪，滑水，游泳，潜水，跳水等	机动机械活动类，水域活动类，跳跃活动类，自然灾害类	溺水，外部创伤，水生动物伤害等
生物景观	原始森林探险，观鸟，野生动物观赏，草原骑马等	动植物伤害类，花草过敏类，野生水果中毒类	大型动物袭击，花卉过敏，植物对皮肤的伤害，蘑菇中毒等
其他	特殊天象，气候观象观赏地，极光，雾凇，海市蜃楼，动物活动观赏等	身体不适（由于海拔高度，气候变化，其他原因等）	高原病、极温等

（二）人文资源类旅游景区的安全事故

人文资源类的旅游景区多位于人口集中的城镇，有些城镇本身就是旅游景区。旅游环境社会复杂性是这类旅游景区的最大特点之一。这类旅游景区人口构成复杂集中，人为造成的安全事故如偷盗、欺骗、食物中毒等占较高比例，旅游安全事故具有较强的社会性，具体见表 8 - 2。

表 8 - 2　　人文资源类旅游景区安全事故类型

旅游景区类型	旅游活动	安全事故类型	安全事故举例
主题公园	刺激型娱乐活动，如海盗船、蹦极，家庭娱乐活动	设施、设备事故类，游客健康突变类，盗窃类	停电，撞伤，心脏病突发，儿童走失等
度假区	休闲，疗养，会议，冲浪，潜水，一般性观光	食物中毒类，欺骗、盗窃类，水域设备类，火灾类，恐怖事件类	食物中毒，游客财物被盗，爆炸等
首都、城市	购物，会展，参观（博物馆、植物园、古建筑等）	购物欺骗类，市内交通事故，暴力抢劫，迷路，盗窃，食物中毒，健康突变，恐怖活动类，火灾类等	购买到假货，儿童走失，食物中毒，游客财物丢失等
成熟的旅游中心地	一般观光，美食，刺激型娱乐活动，参加节庆活动，家庭度假，放养，购物	盗窃、暴力、抢劫类，食物中毒类，健康突变、欺骗类，恐怖活动类，设施、设备事故类	食物中毒类，撞伤或摔伤，购买到假货等
宗教朝圣	一般观光，朝圣	抢劫、欺客类，火灾类，食物中毒类	财物被盗，强买强卖，火灾等

二、旅游景区安全事故的防范与处理

旅游事故多为游客人身伤亡和财产损失，除了直接冲击旅游企业和脆弱的地区旅游经济外，还可能对国家形象和国际关系产生影响。正因如此，采取各种措施进行防范和控制，使旅游安全事故降到社会能接受的程度也就显得格外重要。

（一）旅游景区安全防范

1. 旅游景区安全预警系统

旅游景区安全预警系统由旅游景区信息系统、宣传教育部门、市场营销部门等构成，其主要任务是发布旅游景区安全管理法规、条例，以及教育、培养旅游景区从业人员、游客、旅游景区居民的安全知识和意识，提高游客的安全防范能力。具体的工作内容包括：

（1）针对旅游景区内游客流动性大的特点，当地旅游管理部门可以配合治安管理机构在车站、码头、旅馆等游客集散地设置安全宣传栏和发放安全宣传手册，在事故频发的偏僻旅游景区地段设置安全宣传橱窗与告示牌，提醒游客在旅游过程中的注意事项及突发情况下的应急措施；也可在导游图等旅游宣传手册上介绍旅游景区的安全保障情况和游览注意事项，以提高游客的安全意识和自我保护能力。

（2）对旅游景区的居民进行深入的普法教育，提高他们的法制观念和守法意识。

（3）在旅游景区旅游旺季到来之前，进行有针对性的反营销宣传活动，从减少旅游需求方面着眼，着力降低景区旅游旺季的高峰流量，将游客量控制在景区所能承受的旅游饱和范围之内，以此减轻旅游景区巨大的环境保护和安全保障压力。

（4）旅游景区的信息部门、旅游宣传机构应与当地治安管理部门加强在执法与安全信息发布方面的合作，同时争取旅游景区内其他各部门广泛的理解、支持和参与。

2. 旅游景区安全控制系统

旅游景区安全控制系统是由旅游景区安全管理队伍及其相应的一系列防控、管理活动组成，它包括旅游景区旅游警察及其工作，旅游景区联合治安执法队伍及其工作。具体的工作内容包括：

（1）对旅游景区内的各种经营活动进行监督与管理，加强对旅游景区内业主特别是个体业主的安全防控与管理，防止和杜绝出现强行兜售商品、欺客、宰客等现象。

（2）设置旅游景区治安管理机构和配备专业人员，加强旅游景区的治安管理，防止并控制旅游景区内盗窃、酗酒闹事、聚众斗殴、赌博、卖淫、嫖娼、吸毒、传播或观看淫秽物品等违法事件的发生，保证游客的人身、财产安全。

3. 旅游景区安全保障系统

旅游景区安全保障系统由旅游景区安全管理的政策及相关法规条例、旅游景区安全救援系统、旅游景区安全资料与档案和旅游保险等内容构成。

（1）旅游景区安全管理的政策及相关法规条例，包括国家、地方颁布的安全管理法规条例和景区自己制定的相关制度与规定。

（2）旅游景区安全救援系统。旅游景区应设置能快速反应和进行施救的景区安全救援系统。安全救援系统由旅游景区和社区的医院、消防、公安部门组成。

（3）旅游景区安全资料与档案。这是旅游景区安全管理的依据和借鉴，要对旅游景区安全事故的类型、发生规律进行研究和总结，形成资料，用于开展旅游景区安全管理工作的指导；要对旅游景区的资源安全、环境安全、卫生安全、食物安全、商业经营安全进行调查与统计，以便进行防控与管理；要对景区内的设施设备安全进行跟踪与记录，有利于对设施设备的维护和保养，保证设施设备的安全。

（4）旅游保险。要在旅游景区内实施保险制度，建立健全旅游者人身、财产保险制度，加强旅游保险的宣传与教育，引导和提倡游客购买旅游保险，提高安全防范和自身安全保险的意识。

（二）旅游景区常见安全事故的处理

1. 火灾事故的处理

火灾是旅游景区比较常见也是危害较大的安全事故之一，旅游景区发生火灾事故可按以下方法处理：

（1）组织灭火。

发生火灾的单位或发现火情的人员或单位应立即向报警中心报警，讲清失火的准确部位、火势大小等。报警中心接到报警后，应立即报告总经理或总负责人，并根据总经理或总负责人的批示呼叫消防队并拉响警铃。报警中心应指示总机开始广播，告知火势情况，稳定游客情绪，指挥游客撤离现场。

总经理或总负责人、安全部经理、工程部、消防队、医务人员等应立即赶赴火灾现场指挥救火。应迅速查明起火的准确部位和发生火灾的主要原因，采取有效的灭火措施，并积极组织抢救伤病员和老、弱、病、幼游客。

（2）保护火灾现场。

注意发现和保护起火点。清理残火时，不要轻易拆除和移动物体，尽可能地保护燃烧时的状态。

火灾扑灭后，应立即划出警戒区域，设置警卫，禁止无关人员进入，在公安部门同意后再进行现场勘察并清理火灾现场。

勘察人员进入现场后，不要随意走动。进入重点勘察区域的人员应有所限制。

（3）调查火灾原因。

旅游景区火灾发生的原因基本上可以分成三类：自然起火，如自燃、雷击等；思想麻痹、违规操作引发火灾；人为纵火。查明原因，主要采用调查访问、现场勘察和技术鉴定等方法。

调查访问。主要调查对象包括最先发现火灾的人、报警的人、最后离开起火点的人、熟悉起火点周围情况的人、最先到达起火点的人、火灾受害人等，调查内容包括火灾发生的准确时间、起火的准确部位、火灾前后现场的情况等。

现场勘察。包括对火灾周围环境的勘察，对着火建筑物和火灾区域的初步勘察，对物证、痕迹的详细勘察和对证人的详细询问等。

技术鉴定。借助科学技术手段如化学分析实验、电工原理鉴定、物理鉴定和模拟试验等进行技术鉴定。

2. 旅游景区重大盗窃事故处理

旅游景区重大盗窃事故指发生在旅游景区内的游客或企业的大笔现金、贵重物品被盗事件或旅游景区贵重设施设备被盗事件。旅游景区安全部接到报案后，应迅速反应并及时处理。

（1）了解情况，保护现场。

查明发现事故的经过，了解情况，采取切实有效的措施保护现场。

（2）向警方报案，划定勘察范围，确定勘察顺序。

盗窃现场勘察重点是：第一，对现场进出口的勘察。因现场进出口是犯罪分子必经之地；第二，对被盗窃财物场所的勘察。被盗财物场所是犯罪分子活动中心部位，往往会留下犯罪痕迹；第三，对现场周围的勘察。主要是为了发现犯罪分子的线路和作案前后停留的场所有无痕迹、有无遗留物及交通工具痕迹等。

（3）分析判断案情，确定嫌疑人。

经过勘察分析，判断案情，如果不是外来人员作案，即可在划定范围内，通过调查访问，发现嫌疑人。

3. 人身安全事故的处理

用爆炸、暗杀、凶杀、抢劫、绑架等暴力手段造成人身伤害的案件发生后，安保人员应火速赶赴现场，组织人员对伤员进行抢救；保护现场，收集整理遗留物和可疑物品；及时组织力量，力争当场抓获犯罪分子；警方到来后，协助警方破案。

4. 游客死亡事故的处理

旅游景区内游客死亡处理应注意三个环节：

（1）游客病危时。

当发现旅客突然患病，应立即报告旅游景区负责人或值班经理，在领导安排下组织抢救。在抢救病危旅客的过程中，必须有患者家属、领队或亲朋好友在场。

（2）游客死亡时。

一经发现游客在旅游景区内死亡，应立即报告当地公安局，并通知死者所属的团、组负责人或死者单位、家属。如属正常死亡，善后处理工作由接待单位负责。没有接待单位的，由公安机关会同有关部门共同处理。经公安部门同意后，景区工作人员清点死者遗物并妥善保管、交由公安部门或死者单位、家属处理；或由死者家属自行清点遗物。如属非正常死亡，应保护好现场，由公安机关取证处理。尸体在处理前应妥善保存，景区应协助公安部门或死者单位、家属处理有关事宜。

（3）其他注意事项。

善后处理结束后，应由聘用或接待单位写出"死亡善后处理情况报告"，送交主管领导单位、公安局等相关部门。报告内容包括死亡原因、抢救措施、诊断结果、善后处理情况等。

对在华死亡的外国人要严格按照《中华人民共和国外交部关于外国人在华死亡后的处理程序》处理。

【本章小结】

旅游景区安全问题发生的主要原因包括：旅游景区安全防范不足、游客对旅游安全重视不够、管理部门监管不力、旅游管理存在法律盲区以及其他因素。旅游景区安全管理系统的构建包括外部旅游安全管理系统的构建：建立旅游景区安全管理的法规体系，建立自上至下的监管和执法体系，建立旅游景区安全宣传教育体系，建立旅游安全社会联动系统；内部旅游安全管理系统的构建：完善旅游景区安全的组织系统，加强旅游安全宣传、教育与培训，完善安全救助应急系统，建立旅游景区安全预警系统，完善旅游保险服务。

　　游客行为管理的措施，一是正确引导游客的旅游行为；二是加强管理人员与游客的沟通。旅游灾害的成因有自然和人为两种因素。自然灾害的预防与处理包括：自然灾害的预警、自然灾害的防范和自然灾害的救援。人为灾害的预防及处理包括：法律体系的建设和依法管理，强化行政管理部门的职能，加强国民素质教育。

【拓展阅读】

旅游型古镇开发中的防火

　　随着第三产业的迅速崛起，旅游业已成为上海经济发展的支柱型产业，上海的许多古镇已经开发或正在改造成旅游风景区。政府相关职能部门对古镇的旅游开发制定了相关的保护性措施，但在消防方面还没有较为规范的标准。因此，如何既能保障古建筑有序开发改建，又能确保消防安全，成了古镇旅游开发过程中的重点问题之一。下文主要是结合上海正在改建中的新场古镇，在现有规范标准不齐全的情况下，谈谈旅游型古镇开发中应该注意的防火措施。

一、古镇特点与火灾危险性

1. 古镇街道狭长

新场古镇有三里长，但街道最宽的地方才只有三米多，最窄的地方只有两米。古镇街道不能满足消防车道的要求。

2. 古镇建筑耐火等级低

新场古镇木结构建筑占95％，一般是二、三层木结构建筑。由于历史久远，古镇建筑密度极高，火灾载荷大，相邻古建筑物之间无分隔，极易引发火灾。自古以来我国曾有许多曾经辉煌的古建筑毁于火灾，如秦阿房宫、清圆明园、现今的武当山、四川的剑门关等。

3. 古镇人流量大

古镇旅游、购物相对集中在一条街道上，加上电器设施老化、土灶等明火、消防设施缺乏及节假日效应。如此狭长的街道，一旦发生突发性事故，人员疏散极为困难。

二、古镇防火措施

1. 统一规划布局

对旅游型古镇的开发，应当在开发初期对古镇中的建筑设施作统一合理的布局，如步行街、车行街、小吃一条街及参观游览区居住保护区，以及将具有历史文物价值的古建筑与一般的古建筑进行有效的分隔等。

2. 严格管理火源

其一，旅游性古镇的主要特点是沿街古建筑多为商铺，其中以餐饮类居多，烹饪时用火不慎、燃气灶具的燃气泄漏等都可能会导致火灾；其二，游客的游烟及小孩玩火和使用香烛，此类明火应严格控制在一定范围和一定时间之内；其三，节日期间各种烟花的燃放；其四，电器电路线的老化、短路及电气线路的超负荷运载等。对此，要加强古镇的消防宣传力度，对重点区域和时间段要严格控制，做好一切防范措施。

3. 以自防自救为主要灭火方式

在古镇开发初期强化设立专职消防队，做到早报警早出动早灭火；在公共建筑部位内设置火灾自动报警系统，建议设置家庭用小型灭火器及针对餐饮场所的厨房间部位设置燃气浓度报警器；在条件允许的情况下，应在古镇建筑的公共部位及具有历史价值的建筑设置自动喷水灭火系统。

4. 改变不合理的用地结构

依据古镇狭长的特点，对建筑分类进行整治，家庭式的小作坊应当取缔。

5. 设置必要的防火墙

设置防火墙的目的是防止火灾发生后的蔓延，应拆除违章搭建和严重影响消防通道的建筑物，空出必要的防火间距。可利用原有古镇建筑物的山墙作为防火墙进行防火分隔。

6. 设置消防水源

整个古镇区域应当采用天然水源与市政水源相结合的消防供水方式，在古镇范围内设置室外消防给水系统，由市政供水管网供水。

7. 利用天然水源设置消防取水码头

古镇内的天然水源在枯水期也能满足消防用水需求，故在不影响古镇开发观光浏览作用外，应在适当位置设置消防取水码头。

8. 合理开辟消防通道

在保证古镇的道路系统不被破坏的情况下合理布置消防车道，宽度不小于 3.5 米，净空高度不低于 4 米，如不能满足上述要求，建议配备先进的消防装备，设置能够在古镇区域内自由出入的消防摩托车。

9. 在古镇区开发的前期规范现有综合管线

这主要指对燃气、电气方面作综合考虑，在不破坏古镇的前提下对原有的电气线路进行有效的整改。

10. 加强宣传力度

提高古镇区域内居民的消防意识，使之掌握扑救初期火灾的知识。

资料来源：陶建勇. 旅游型古镇开发中的防火. 中国消防在线，http：//www. gxcic. net/subject/gx-bzzgc/show. aspx? id＝81526（有删改）

问题：

1. 古镇有哪些特点会造成火灾？
2. 古镇应该采取哪些措施防范火灾？

【思考与练习】

1. 简述旅游景区安全管理的重要性。
2. 如何进行游客行为管理？
3. 旅游景区自然灾害的预防及处理办法有哪些？
4. 旅游景区人为灾害的预防及处理办法有哪些？

第九章　旅游景区节庆与演艺活动管理

【学习目的】

通过本章的学习，了解旅游景区节庆与演艺活动的概念、特点及意义，掌握旅游景区节庆与演艺活动的策划流程及其管理内容。

【学习要点】

1. 旅游景区节庆与演艺活动的概念
2. 旅游景区节庆与演艺活动的特点和意义
3. 旅游景区节庆与演艺活动策划的原则和流程
4. 旅游景区节庆与演艺活动管理的内容

【关键词】

旅游景区节庆与演艺　旅游景区节庆与演艺策划　旅游景区节庆与演艺管理

戈尔德耐将旅游景区的节庆与演艺活动分为超大型活动、社会活动、节事、宗教仪式、运动赛事、专业展览、企业活动七类。在我国，大多数旅游景区会举办一些大型的演艺活动或者节事活动，以此作为旅游景区秀丽风景的辅助性旅游产品，达到增加游客数量、扩大旅游景区知名度的目的。随着时间的发展，旅游景区节庆与演艺活动日趋流行，逐渐成为旅游景区产品的主导延伸名片，旅游景区节庆与演艺管理变得日趋重要。

第一节　旅游景区节庆与演艺概述

一、旅游景区节庆与演艺活动的发展史

旅游景区节庆与演艺活动都是从由民族或地区的一些节日和特色活动慢慢演化而来的，从最初的小规模演化成全世界的盛大聚会。国外的旅游景区节庆与演艺活动的发展要比国内早很多，像盛名于世的巴西狂欢节始于 1641 年，到目前为止仍是世界上广受欢迎的节庆活动，类似的还有奥林匹克运动会、世界博览会、德国慕尼黑的啤酒节等。

国外旅游景区的节庆与演艺活动从最初的宗教信仰、民族节日不断发展壮大，超大型活动、专业展览、体育赛事等如雨后春笋般涌现，极大地丰富了节庆与演艺活动的内容。下面这些因素对国外旅游景区节庆与演艺活动的蓬勃发展起到了推波助澜的作用：

（1）第二次世界大战后，各国经济开始复苏，科学、社会、经济都出现了欣欣向荣的局面。人们的生活水平大大提高，闲暇时间也越来越多，极大地刺激了人们的消费欲望。而全世界的范围却越来越小，全球性的旅游节庆与演艺产品，如世界博览会、奥运赛事等释放了人们的热情，也促使洛杉矶奥运会、温哥华世界博览会等获得了圆满的成功。

（2）国家和政府看到了大型节庆与演艺活动带来的巨大经济效益和社会效益，推动节庆活动不断发展。1984年洛杉矶奥运会吸引了洛杉矶以外的游客608 760人；1988年汉城奥运会吸引了境外游客24万人左右；1992年巴塞罗那奥运会吸引了外国游客及西班牙加泰罗尼亚省以外的游客40万人左右；1996年亚特兰大奥运会吸引了游客818 642人；2000年悉尼奥运会吸引了25万名海外游客，国外游客在澳大利亚支出61亿澳元（42.957亿美元，1995年美元价格）。巨大的经济效益和社会效益让国家和政府乐于举办超大型节庆活动，从而推动大型节庆活动的火热发展。

（3）旅游景区相关企业或主办方富有创新精神，几乎每个节庆与演艺活动都有一个非常吸引人的主题。例如，1984年迪士尼乐园为庆祝唐老鸭50岁生日举办了一系列庆祝活动，2008年香港迪士尼乐园又为庆祝米老鼠生日举办了一系列节庆活动；1988年英国南安普敦举办的"美国大兵再度光临"，令人重温了"二战"期间美国士兵和英国人民之间的浓厚友谊。这些主题一般是围绕历史事件、民间风俗、传统活动等进行串联和放大，最终形成有规模、有创意的节庆活动。

与国外旅游景区节庆与主题演艺活动迅速发展相比，我国旅游景区节庆与演艺活动发展相对缓慢，与我国总体旅游发展进程一致，基本上是始于改革开放以后，并且是为了旅游业的发展而发展节庆活动。尽管我国属于多民族国家，有着悠久的历史和文化传统，但是这些传统的民俗节庆与演艺活动都是后期经过开发才形成较大规模的节庆与演艺活动，如蒙古族的那达慕盛会、傣族的泼水节、大型桂林山水实景演出《印象·刘三姐》等。20世纪90年代开始，随着"以节招商、文化搭台、经济唱戏"为原则的旅游节庆活动迅速风靡全国，并形成一股热潮，至今仍然占据着节庆与演艺活动的主导地位，如哈尔滨国际冰雪节、大连国际节、潍坊国际风筝节、上海国际音乐烟花节、大型桂林山水实景演出《印象·刘三姐》等。尽管全国旅游景区节庆活动在数量、规模、层次、内容和形式比20世纪80年初期有了较大的改善，但是依然存在相当多的问题，如有些节庆与演艺活动缺乏主题和新意，甚至存在大量雷同；而有些节庆与演艺活动成为首长项目、形象工程，没有建立起有效的市场运作化机制，无法可持续发展和经营等。

二、旅游景区节庆与演艺的概念

全世界每年都有成千上万个节庆与演艺活动，像美国纽约玫瑰花节、德国慕尼黑啤酒节、巴西狂欢节、中国青岛啤酒节、大型音乐汇演、大型魔术汇演、大型杂技汇演等，我们对此早已司空见惯。但是众多的节庆与演艺活动是否都属于旅游景区节庆与演艺的范畴呢？

（一）旅游节庆的概念界定

到目前为止，业界和学术界并没有对此概念进行明确的定义，不同的学者给出了不同的解释和归纳，如表9-1所示。

表9-1　不同学者对旅游节庆的不同定义

学者	定义
Ritchie	从长远或短期目的出发，一次性或重复举办的，连续时间较短的，主要目的在于加强外界对旅游目的地的认可、增加其吸引力和提高经济效益的活动。
吕镇、王艳红、李天红	作为一种旅游资源存在，从民族文化或者民间节日发展而来的、定期举办的节日庆典活动，目的是发展旅游事业。
李力	广义的旅游节庆不单指发生的事件，而且指内涵丰富多彩的旅游项目，包括节日、地方特色产品展览、轻体育比赛等具有旅游特色的活动或非日常发生的特殊事件。狭义的旅游节庆是指周期性举办的（一般是一年一次）的节日等活动，但不包括各种交易会、展览会、博览会、文化、体育等方面的一次性结束的特殊事件。
沈祖祥、张凡	旅游节庆指规模不等、有特定主题、在特定的时间和同一区域内定期或不定期举办，能吸引区域内大量游客，但是有别于人们的日常活动，也不包括各种交易会、博览会、运动会等。
庄志民	在一定区域范围内能对旅游产生吸引向性，并有可能开发成旅游消费对象的各种节事庆典活动的总和。
邱扶东	一些含有多种旅游项目的事件，包括节日、地方特色产品展览等具有特色的旅游活动或非日常活动。

纵观上述学者的观点，他们存在以下分歧：一是旅游节庆与旅游节事是否为同一概念；二是各种展览会、体育赛事等是否属于旅游节庆的范畴；三是节庆是否就等于旅游节庆。各位学者对旅游节庆各抒己见，但也有相同之处，大致表现出以下几个特征：时间上，旅游节庆具有暂时性、非长期连续性的特点；频率上，旅游节庆都有一定的频率，但是并没有明确的标准；内容上，旅游节庆必须有一个统一和完整的主题，强调特色内涵。

（二）旅游演艺的概念界定

"旅游演艺"，又称"旅游表演"、"旅游演出"，对于国内学术界而言，还是一个比较陌生的领域。20世纪90年代，旅游演艺指的是主题公园和旅游景区的文艺演出，当时使用较多的名称是"主题公园文娱表演"、"主题公园文艺表演"、"景区景点文艺演出"、"旅游景点文化表演"，乃至景区"舞台表演"、"旅游舞蹈"等。近年来，旅游演艺的队伍中又增加了"原生态实景演出"、"风情歌舞表演"、"多媒体梦幻剧"等时髦的"成员"。但迄今为止，学界对"旅游演艺"及其相关概念尚无定见。国内学者朱立新（2010）认为旅游演艺是指以异地观众作为主要观赏对象的演出活动。

根据以上分析，本章对旅游景区节庆与演艺活动分别定义为：

旅游景区节庆是指以整个旅游景区的资源为依托，在一定区域范围内对旅游产生吸引向性，经市场开发推广后成为吸引旅游者的动态文化吸引物的各种节事庆典活动的总和，包括各种旅游节日、庆典、展览会及有特色的体育文化活动等。这些活动都被赋予有特色的活动主题，并围绕这个主题在特定的区域内定期或不定期地开展广泛而精彩的各类活动。

旅游景区演艺活动是指以整个旅游景区为载体，调动整合各方面的资源，以文艺节目、杂技、舞蹈等表现形式展示和满足游客的娱乐诉求，让游客尽可能多地参与到旅游景区所设定的旅游产品中来，充分享受和体验其中的知识和乐趣，完成在旅游景区游玩的精神消费。

旅游景区的节庆活动和演艺活动是相辅相成的，甚至是包含与被包含的关系。旅游景区的节庆活动需要演艺活动来支撑，而演艺活动的形象在节庆活动中显得愈加饱满。因此，旅游景区节庆与演艺活动不仅仅是旅游景区的点缀，而是旅游景区旅游产品的重要内容。

根据上述的定义和阐释，旅游景区节庆与演艺活动的构成因素可以用图9-1来表示。

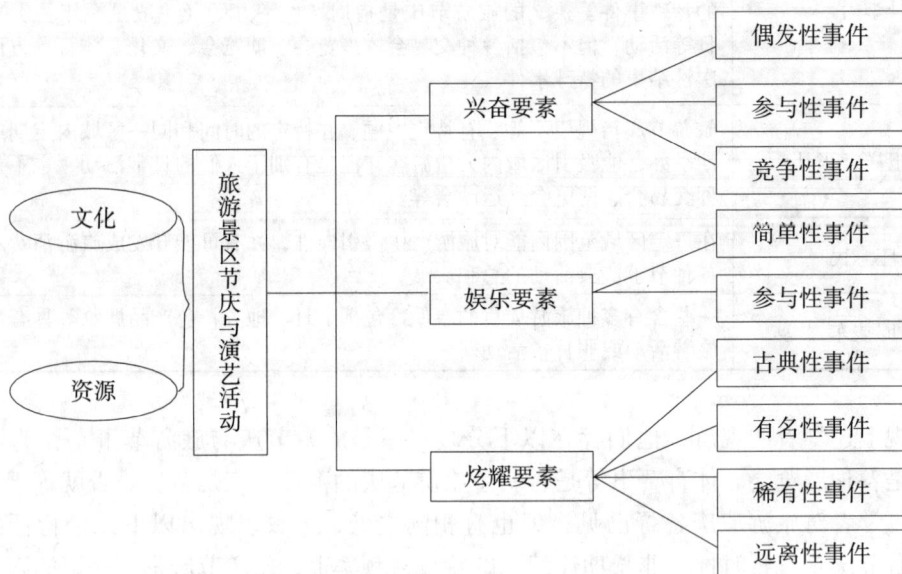

图9-1　旅游景区节庆与演艺活动的构成要素

三、旅游景区节庆与演艺活动的分类

旅游景区节庆与演艺活动有多种分类方法，这有利于旅游景区节庆与演艺活动策划人员及旅游景区决策者从不同的角度把握旅游节庆与演艺活动的开发条件、开发方向、表现特征和功能价值，从而作出正确的节庆与演艺活动策划决策。下面对旅游节庆与演艺活动分别进行分类：

（一）旅游景区节庆的分类

1. 按旅游景区节庆活动的性质划分

按照旅游景区节庆活动的性质可以将其划分为商业性质、体育性质、文化性质、政治性质和宗教性质五种。

（1）商业性质节庆活动是指在旅游景区的某个范围内举办的各种展销会、展览会、交易会、博览会等，这是我国早期旅游景区节庆活动最常见的一种方式，目的是招商引资、发展旅游，最终促进经济的发展。

（2）体育性质节庆活动指在旅游景区内举办各种体育赛事活动，如呼伦贝尔盟的冰雕雪橇节、河南嵩山少林寺的国际武术节等。

（3）文化性质节庆活动是旅游景区为满足游客文化需要而举办的各类文化节、音乐会、艺术展览、艺术比赛、文艺和戏剧演出等，旨在展示旅游景区及其所在地区的文化内涵，增强游客文化知识和艺术修养，以及展示个人文化艺术才能等，如中国淄博国际聊斋文化节、曲阜国际孔子文化节、浙江嘉兴南湖船文化节等。

（4）政治性质节庆活动是指旅游景区配合国际性组织召开的大会或重大的政治活动而开展的各种旅游活动，如配合香港回归举办的节庆演艺活动。

（5）宗教性质节庆活动主要是以宗教文化为依托而开展的节庆活动，一般是旅游景区内宗教活动的专门节日，如乐山国际大佛节、普陀山观音文化节等。

2. 按照旅游景区节庆活动选取的主题划分

旅游景区节庆活动必须有较强的主题特色以吸引游客的眼球，因此，按照旅游景区节庆活动选取主题的不同可以划分为传统的民族民俗风情节庆活动、以特色商品为主题的节庆活动、文化性节庆活动、自然景观展示型节庆活动、宗教性节庆活动、政治性节庆活动、体育性节庆活动和综合性节庆活动。

（1）传统的民族民俗风情节庆活动，是我国最先被开发的一种特色节庆品牌，既保留了传统的民族特色，又融合了现代的生活元素，别具一格，如壮族的"三月三歌圩"、傣族的"泼水节"等。

（2）以特色商品为主题的节庆活动，类似于商业性质节庆活动，即将旅游景区所在地的特色商品、工艺品或著名物产等集中放在旅游景区进行展销，并进行一些有特色的参观活动和表演活动，最终形成具有一定规模的大型节庆活动。我国比较出名的以特色商品为主题的节庆活动有大连国际服装节、青岛国际啤酒节等。

（3）自然景观展示型节庆活动，就是利用旅游景区内比较知名的旅游自然景观，综合展示旅游景区所在地的旅游资源、风土人情和社会风貌，如张家界国际森林节、中国重庆三峡国际文化节等。

（4）综合性节庆活动，就是几种主题叠加在一起的持续时间比较长的大型节庆活动，如广东省国际旅游文化节等。

3. 按照旅游景区节庆的规模划分

按照旅游景区节庆的规模可以分为大型、中型和小型三种。大型旅游景区节庆活动如广东省国际旅游文化节，小型旅游景区节庆活动则是配合某个节日而举办的一种主题活动。

（二）旅游景区演艺活动的分类

1. 按照演出内容划分

按照演出内容可以将旅游景区的演艺活动划分为民俗风情表演、历史文化表演、体育竞技表演、现代艺术表演和动物表演。

（1）民俗风情表演以歌舞或者民族工艺品制作演示的表现形式，再现我国不同民族劳作和生活的画面，以引起广大游客的心灵共鸣，如丽江的纳西古乐表演、曲阜孔子六艺城的六艺表演等。

（2）历史文化表演则是从历史的角度刻画节目内容和人物，再现一个国家、民族的历史和文化，有较深的历史和政治烙印以及经济发展的特征。

（3）体育竞技表演有竞技性强和民族气息浓郁两个特色，类似于杂技表演。

（4）现代艺术表演则更多地融入了当代的艺术和生活元素以满足现代人对娱乐的需求和精神的释放。

（5）动物表演是以动物为主要载体，通过训练动物起到逗乐的效果，对小朋友很具吸引力，如云南民族村和中国保利西南公司联合引进的中国第一支大象表演队，深受游客欢迎。

2. 按照表演形式划分

旅游景区的演艺活动按照表演形式可以划分为剧场表演、现场表演、巡游表演和助兴表演四种。

（1）剧场表演形式分为专场演出和成为旅游景区的特色保留节目的长期演出两种。

（2）现场表演是在以旅游景区的自然景观为衬托布景的环境下围绕民族风情主题而上演的观众参与度较高的表演方式。

（3）巡游表演是国外非常流行的一种表演方式，"嘉年华"的概念由此而来。其表演手段就是借助花车或者步行方阵的舞台展示服装、道具或者乐器吹奏等，形式非常活泼。

（4）助兴演出是一种陪衬性的演出，旨在渲染气氛。

四、旅游景区节庆与演艺活动的特点

无论是哪种分类方式，旅游景区节庆与演艺活动都有其各自的特征（如图9－2和图9－3所示）。

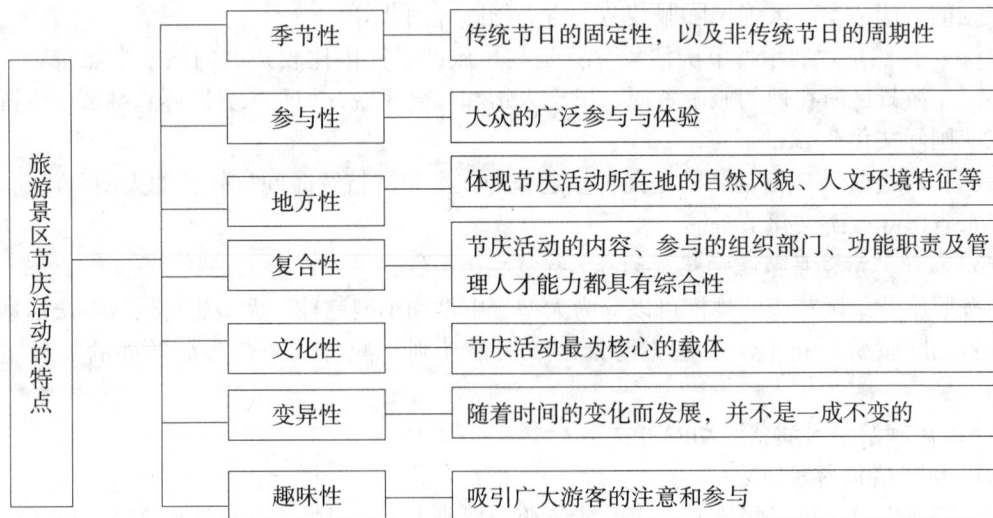

图9－2　旅游景区节庆活动的特点

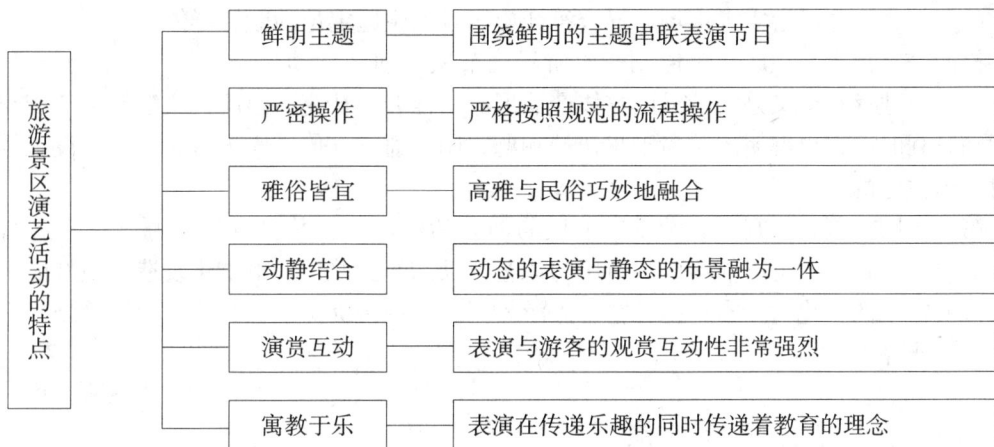

图9-3 旅游景区演艺活动的特点

资料来源：董观志. 景区经营管理. 广州：中山大学出版社，2007. 101

第二节 旅游景区节庆与演艺活动的策划

随着"旅游节庆"、"旅游演艺"作为鲜亮名词频频出现，其炙热程度也让现代人看到了"节庆、演艺文化—节庆、演艺消费"之间的经济通道，通过成熟的市场策划分享节庆消费的蛋糕。但是，旅游节庆与演艺活动策划是一项复杂的工程，涉及面广、专业性强，需要深度挖掘和剖析旅游景区各方面的现状，并进行科学的谋划，否则很难成功。

一、旅游景区节庆与演艺活动策划的原则

由于各个旅游景区在地理位置、资源特色、市场定位等方面存在着差异，所以每个旅游景区都应从实际出发，策划贴上自身品牌标签的节庆与演艺活动。但是，从已经成熟的多个节庆与演艺活动来看，它们有很多地方可以借鉴，并存在着合理性和相通性，即旅游节庆与演艺活动策划需遵循的原则。

第一，实用和操作并存原则。旅游景区每一项节庆与演艺活动的出炉，都应该围绕社会现实来展开，有它合理存在的理由，并能实实在在地为旅游景区带来利益创收，否则即使策划方案完美无缺也无法顺利地与观众见面。所以在策划方案前，应做好可行性分析，以便具体可行、行之有效。

第二，以人为本原则。游客出游的最终目的是为了获得体验的乐趣，享受精神层面的舒适和满足。而旅游景区节庆演艺策划的最终目的是得到游客的认可，并取得客观的经济效益。因此，旅游景区节庆演艺策划应注重与游客的亲密互动，设计出亲和力强、体验性高、情境性广、个性化浓的主题活动或演艺活动。

第三，需求导向原则。吸引游客来旅游景区旅游是旅游景区节庆与演艺活动策划的第一步，此后应根据客源地结构、人口特征、心理需求差异、消费能力等多方面情况进行全

方位的分析，细分旅游需求市场，寻求符合旅游景区主题定位的顾客群体。

第四，突出产品主题特色原则。旅游景区节庆与演艺活动是一个特殊的旅游产品形态，既可单独存在，又是旅游景区整体产品形象的强有力补充。因此，旅游景区节庆与演艺活动策划时应突出鲜明的、易于辨认的主题，同时通过宣传、娱乐活动、环境设施等个性衬托出主题的与众不同。

第五，因地制宜原则。旅游景区节庆与演艺活动应依托其自身的资源条件来进行创意，突出本土特色。可以借鉴成功节庆与演艺活动的经验并进行本土化改造，最好能以旅游景区所在地的文化为根本精髓，整合旅游景区全部旅游资源进行有效利用，策划出适合自身的节庆品牌。

二、旅游景区节庆与演艺活动策划流程

旅游景区节庆策划与演艺活动策划虽然是相互关联、密不可分的，但是具体而言二者还是有所差别，下面分别介绍二者的策划流程。

（一）旅游景区节庆活动策划流程

（1）明确旅游景区节庆活动策划的目的和宗旨。旅游景区在市场决策中有很多选择，如宣传旅游新开品、维持原有市场率、增加品牌的感官效应等。因此，在节庆活动策划前，应根据旅游景区自身及所在地的发展需要，明确节庆活动的目的和需要取得的活动效果。

（2）确立旅游景区节庆活动的主题。这是节庆活动策划继续开展的先决条件。旅游景区节庆活动可以选择的活动主题很多，如历史文化、地理、体育运动、艺术、娱乐、商品等，只要深入挖掘，就能找到属于旅游景区自身的独特的主题。如2005年江苏周庄以文化为其节庆活动策划主题，推出了诗意周庄、经典周庄、永远的周庄、文化周庄等多个主题活动。

（3）分析旅游景区的地理条件，寻求最佳的举办地点和游览线路。分析旅游景区自身资源，包括旅游景区所在地的地理位置、交通条件、市场对象、经济社会背景、竞争条件，以及旅游景区自身的旅游资源、旅游基础设施和辅助设施等各个因素，最终确定旅游景区节庆活动举办的地点。

（4）确定旅游景区节庆活动策划的初步方案。在前面三个过程的基础上，结合旅游景区的资源特色和游客的需求，确定策划活动的初步方案。

（5）费用预算。任何一项活动的举办都必须有详尽可行的预算，了解活动所需的费用，包括购置器材设备、日常行政费用、工作人员工资、公关活动和宣传费用、不可预知费用等。

（6）筹集资金。旅游景区在策划和举办旅游节庆活动过程中的资金主要是赞助商的资助，以完全赞助或合作参与的形式筹集到预算中应达到的数目。如美国每年的玫瑰花节的花车赞助单位都必须向组委会支付经费，而花车制作单位也应向组委会交纳一定比例的佣金。

（7）宣传营销。利用新闻媒体宣传本次节庆活动的主题，同时根据主题确定宣传口号，有针对性地对目标市场进行大量的宣传营销。

（8）确定和落实最终的节庆策划方案。根据具体的策划方案循序渐进地全方位落实，

将具体项目落实到部门的相关负责人，实行负责人领导制。

（9）节庆活动过程策划。成立相应的节庆活动指挥部，确保任务分工、人员安排、时间和场地安排、娱乐项目安排等有条不紊地进行。

（10）节庆活动后进行评估，总结经验。针对前期的策划目的有效地评估具体完成情况，以及对经济效益、社会效益和环境效益进行详细评估，总结成功或失败的经验，为下一次节庆活动做准备。

（二）旅游景区演艺活动策划流程

旅游景区演艺活动的策划流程相对较简单，主要包括以下步骤：

（1）立项。旅游景区演艺活动是单独长期运营，还是从属于节庆活动的一部分随节庆活动的终结而终结，这是演艺活动在策划初期就应该明确的。

（2）可行性研究。可行性研究是对演艺活动转化为现实的可能性的一种测量，主要包括以下几个方面：演艺活动的社会适应性即社会环境和目标公众的适应性、财力适应性、效益的可行性，旅游景区演艺活动的危机公关能力以及危机发生后如何采取补救措施，如室外的天气状况、野外的地质状况等。

（3）确定演艺活动的主题。根据立项目的，确定演艺活动的主题，即是配合节庆活动的主题演绎还是单独创造性发挥特色资源是此时应着重考虑的问题，并确立表演的相关内容。

（4）着手实施演艺活动的后续工作，包括演员的确立、演艺技术和效果的设定、管理和后勤人员的实施保障等。演艺活动是比较炫目的富有动态的表演，需要有出色的演艺阵容和绚烂的舞台视听效果。因此，除了邀请固定的演艺嘉宾，精心策划舞台的布置、音响、视频、灯光、烟火、激光等内容外，还需专业管理人员进行严密的控制和指挥，这样才能呈现给游客一台比较精彩的演出。

（5）活动后总结评估。对演出的整体效果及其细节表现进行评价，吸取成功的关键因素，对不尽如人意的地方进行改良，吸取经验使下次的表演更加完美。

三、旅游景区节庆与演艺活动内容策划的方式

旅游景区节庆与演艺活动的关键在于围绕一个中心主题，整合、加工和包装整个旅游景区的旅游资源，共同打造品目繁多精彩纷呈的节庆与演艺活动。所以，不是只要规模大、活动多，只要够刺激、够新鲜，就一定能获得节庆与演艺活动的圆满成功。即便是旅游景区一个小小的节日活动，只要选对了形象鲜明的节庆主题，依然可以引起轰动的效果。因此，旅游景区节庆与演艺活动策划的重中之重就是主题的选择，下面介绍几种比较常见的策划方式。

（一）依托资源策划主题

旅游资源是旅游节庆与演艺活动策划的重要财富，无论是文化资源、自然资源还是商品资源，资源的包装、整合和推广就是整个旅游景区节庆策划的创意来源，任何一类资源都可以策划出非常诱人的节庆主题活动。例如，以文化资源为主题的孔子文化节，2008国际孔子文化节于2008年9月27日至29日在山东曲阜市等地举行，突出"中日韩文化交流"的特色，呈现出三大特点：一是整体联动明显增强。文化节开幕式与第三届联合国教科文组织孔子教育奖颁奖典礼同时举行，首届世界儒学大会也在同一天拉开帷幕，第

九届中国专利高新技术产品博览会和 2008 山东文化产业博览会也同时开展。二是国际色彩浓郁。文化节由日本、韩国驻华使馆协办，邀请欧美等国家驻华使节参加开幕式和祭孔大典，并邀请海外孔子学院的代表参加有关活动。三是市场运作迈出新步伐。在招募志愿者、开发纪念品、广告宣传、开幕式演出等方面引入市场机制，吸引社会各界广泛参与，构筑多元投入的新格局。

（二）依托传统节日策划主题

在我国传统的节日活动中，存在着分散到户和群众集会活动两种过节方式。这两种方式都可以成为主题活动策划的源泉，传统节日一般会有盛大的场面和特定的仪式，只要运用得当，就能成为非常不错的旅游节庆演艺活动。例如，"溱潼会船甲天下，天下会船数溱潼"。溱潼会船节，自古有之，被誉为"世界上最大的水上庙会"。每年清明时节，姜堰四乡八镇的上千船只、上万船民都会聚在浩瀚的溱湖之上，借祭奠扫墓之机，会船自乐。是时，湖面千舟竞发，岸上观众如织，呼声如潮，场面十分壮观。浓郁的水乡风情，独特的会船文化，使得会船被确定为国家重点旅游项目，被列入全国十大民俗节庆活动、江苏省首批非物质文化遗产。2008 年 4 月，姜堰的十里溱湖再度"开篙"，并融入更多的科技手段和现代元素，所有参演船只都按艺术化、现代化的方式装饰一新，动力环保，更有动力伞、气球龙，以及龙船上牵驴花鼓、跳马灯、花鼓闹春等一系列饶有趣味的水、陆、空立体式文体表演助兴，增加了活动的趣味性。除了可以欣赏开幕式溱潼会船千篙万桨的大场面、大气魄外，还增加了"水上鏖兵、祭祀英灵、竞技争雄及盛世歌舞"等多个富有内涵的"篇章"。随后两个月的时间内，诸如茶文化节、千亩油菜花观赏、溱湖八鲜美食节、会船比赛等 20 多项活动也陆续开展。

（三）依托旅游景区所在地节庆策划主题

旅游景区的节庆与演艺活动是所在区域或城市举办的旅游节庆活动中的一个部分，可以根据这些当地的旅游节庆活动来策划属于旅游景区自己特色的主题节庆活动。如 2008 年第九届中国海南岛欢乐节于 11 月 16 日至 18 日在海南省文昌市举行，同时在海口市和三亚市设置分会场，在其他各旅游市县开展欢乐节系列活动。主体演出活动分为"飞扬海岛"、"青澜夜曲"、"超越梦想"三大篇章，分别举行 2008 年第九届中国海南岛欢乐节开幕式暨"欢乐大战"狂欢大巡游、海上国际烟花大典暨"五洲印象"跨界风潮音乐演赏会和"超越梦想"太空魔幻晚会暨颁奖授旗典礼。除了三项主体活动外，为了增强欢乐节全民参与和全民娱乐气氛，欢乐节还特意推出"我参与、我文明、我欢乐"活动、"欢乐大赢家"群众娱乐竞技活动和"节庆活动与以人为本"欢乐论坛。

（四）依托法定节假日策划主题

随着我国法定节假日的改革，三个大黄金周演变成两个大黄金周和三个小黄金假期的格局，人们外出旅游的愿望依然非常强烈，可以根据游客的消费需求和节假日特色策划一系列节庆演艺活动。如长隆欢乐世界在 2008 年国庆黄金周期间，推出盛大的烟花汇演，此次烟花汇演提供商是北京奥运会的指定供应商，其实力和水平在国际领先，还把奥运开闭幕式烟花中的部分经典造型引入此次汇演，与游客一起重温北京奥运会的光荣与辉煌。

（五）依托主要目标市场策划主题

随着主题节庆与演艺活动的日趋流行，同质化程度越来越高。旅游景区节庆与演艺活动应从更细微的角度去思考和创新。既然节庆与演艺活动是与游客联合打造的互动盛宴，那么，从旅客的喜好出发，把旅游节庆与演艺活动是否对旅客有足够的吸引力作为衡量旅游景区节庆与演艺活动旅游价值的标准也就水到渠成了。由此可见，从整体目标市场中寻求差异化竞争策略，并以此作为节庆演艺活动的主题，也是非常有市场前景的。如浙江东阳横店影视城以"快乐横店——中国乡村休闲与影视文化旅游"为主题的中国农民旅游节，就是专门针对农民这个细分市场主体，因为该影视城由农民开办，所以符合主要目标市场群体，收到非常好的效果。

（六）依托国家旅游主题年策划主题

国家旅游局每年都会推出一个旅游主题，以此作为营销中国旅游的窗口，如2007年是"中国和谐城乡游"，2008年推出"中国奥运旅游年"，2009年被设定为"中国生态旅游年"等。旅游景区可以效仿国家旅游局推出自己的旅游主题，或者配合国家旅游主题策划属于自己的主题节庆活动。如2002年的主题是"中国民间艺术游"，杭州宋城2002年马上推出以"宋代民间艺术"为主题的多种节庆活动安排，如舞狮大会、拜月大会、宋代婚俗、梅花桩、盘鼓、高跷等民间绝活、传统手工艺制作等，深度挖掘符合宋城自己区域旅游特色的节庆与演艺活动，收获颇丰。

第三节　旅游景区节庆与演艺活动的管理

一个良好的旅游景区节庆与演艺活动要获得持续发展经营，必须实施科学、精良的管理，其中，事后控制和评价是旅游景区节庆与演艺活动品牌形成的根木保障。

一、旅游景区节庆的创新管理

创新是一个民族的灵魂，也是旅游景区节庆活动持续产生生命活力的源泉。但纵观目前我国各种各样的旅游节庆活动，总会有种"似曾相识"的感觉。究其原因，多是某些企业急功近利，看到某个节庆活动取得非常不错的效果后，就竞相效仿，导致市面上旅游景区节庆活动项目雷同，缺乏吸引力，最终影响旅游景区的经济收益和经营运作。

由此可见，旅游景区在策划和管理旅游节庆活动品牌时，要注意创新，彰显旅游景区自身的特色，创造属于自己的品牌。目前，旅游景区在发展创新过程中，已经形成了四种常见的开发模式，如表9-2所示。

表9-2　旅游景区节庆活动开发创新的四种模式

开发模式	概念辨析	创新重点	案例
旧瓶旧酒	保持地方传统节日的形式和内容不变，体现地方节庆的原真性	重点拓展旅游节庆的形象包装和营销宣传	西双版纳的泼水节
旧瓶新酒	借用地方风俗的外壳，融入较多现代元素，增强现代的体验性和娱乐性	现代元素与传统风俗的巧妙融合	凉山彝族的火把节，引入了招商引资项目等活动内容

（续上表）

开发模式	概念辨析	创新重点	案例
新瓶旧酒	深度挖掘所在地的传统文化、民俗风情等资源，提炼出典型资源作为节庆主题	寻求突破，找出与所在地文脉比较融合的资源进行包装开发	曲阜国际孔子文化节
新瓶新酒	深度挖掘所在地的"现代元素"，充分利用所在地的典型环境、特色饮食和手工艺品等策划成主题	找准现代流行元素，进行节庆主题选择、包装和开发	哈尔滨国际冰雪节、潍坊国际风筝节等

　　四种创新的开发模式都着重于节庆主题的选择，但是在日常经营活动中，旅游景区节庆活动还应适时变换和更新活动内容，或者对原有活动内容进行重组和编排使其焕发出新意，也可以在节庆管理制度上、游客的参与度与娱乐效果上、经济效益上不断给游客制造惊喜，这样有利于整个旅游景区的品牌建设和可持续发展。

　　但节庆活动项目和内容是节庆旅游得以开展的载体，下列五种方法能使旅游景区的节庆活动项目和内容擦出新的火花（如表9-3所示）。

表9-3　旅游景区节庆活动的创新方法

创新方法	基本含义	实例
挖掘法	以本地特色资源为依托，寻找特色主题，开发专项旅游节庆活动	河南巩义农历三月初三的雪花洞拍手定情节
嫁接法	把两种或多种性质完全不同的节庆活动嫁接在一起，形成一种新的活动载体	香港缤纷冬日节系列活动，包括音乐汇演、环球嘉年华等
附加法	在一种活动的基础上，加入一种或几种活动的内容，从而丰富和扩大原有活动的文化含量	上海旅游节，既有海外会展、博览会形式，也与其他节庆活动捆绑进行
异化法	通过对传统节庆活动的异化处理，形成一种新的旅游节庆活动	河南登封农历五月初五的嵩山卢涯瀑布泼水节
复原法	通过对失传或残缺的传统活动进行定向性复原，使之能表现时代旅游文化的特征	陕西汉中地区的中国"丝绸之路"及张骞国际旅游节

　　资料来源：董观志. 景区经营管理. 广州：中山大学出版社，2007. 101

二、旅游景区节庆的运作管理

　　旅游景区节庆活动的成功运作是多方面相互协作的结果。任何一个大型的旅游景区节庆运作都离不开一个运作团队体系（如图9-4所示）。一次成功的节庆活动，即使中间环节有些瑕疵，依然能给整个运作团队带来莫大的欢乐和鼓舞；而失败的经历则会给运作团队带来沮丧的心情，对此要吸取教训，以增加下次节庆活动成功的可能性。

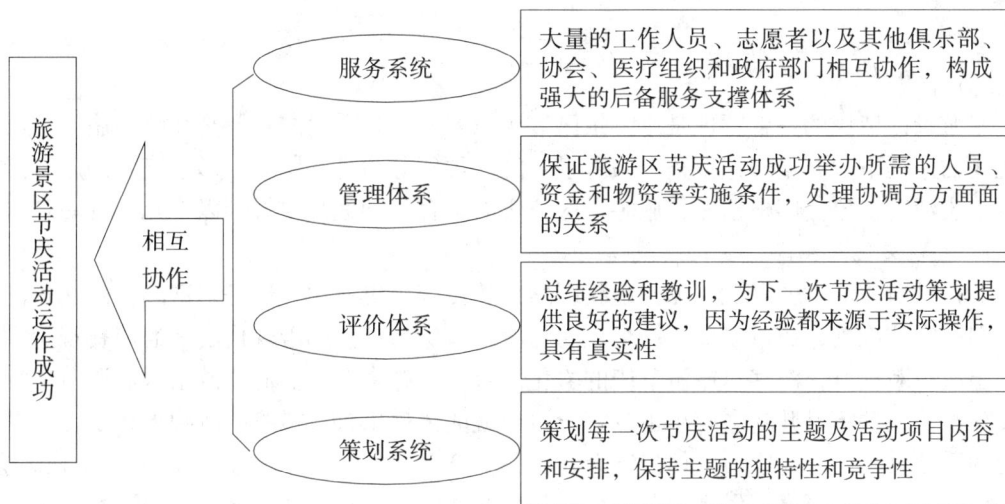

图9-4　旅游景区节庆活动运作体系

　　虽然每次节庆的主题活动都有庞大的运作体系来保证节庆活动正常运营，但由于我国节庆文化市场的发育相当不完善，存在着诸如部门壁垒、行业壁垒、地域壁垒和所有制壁垒等强大阻碍。尤其是政府主导的运作方式严重阻碍了我国节庆旅游市场的市场化运行，存在着很大的弊端，如资金缺口、企业的参与积极性不强、违反市场规律等。

　　随着我国旅游节庆市场的迅速发展，很多学者已经开始着手对旅游节庆的市场化运作进行探讨。任国才（2001）对我国旅游节庆活动的市场化运作形式进行了归纳总结，他认为有工资制、承包制和分成制三种形式（如表9-4所示）。

表9-4　我国旅游节庆市场化运作形式

运作形式	基本含义	市场化程度	承办企业风险
工资制	雇用单位根据被雇用单位或个人的工作强度和工作量支付报酬的一种方式	低	无
承包制	承包方承担旅游节庆承包部分的全部经济风险，享受承包部分的全部经济收益	较高	全部承担
分成制	主办单位与承包操作单位之间订立分成合同，企业的收益只能从节庆的最终经济效益中按照约定的比例获取	高	部分承担

　　资料来源：任国才．我国旅游节庆市场化运作研究．浙江大学硕士学位论文，2001

　　郭胜（2005）对我国旅游节庆市场化运作提出了五点展望，即转化运作模式、转化组织观念、转化管理模式、提高观众参与度和扩大志愿者队伍。

　　无论采用哪种方式将节庆旅游的运作推向市场化，一个成熟的运作模式必然能通过市场的检验，可促进市场良性有序地发展。

三、旅游景区节庆的整合管理

旅游景区节庆的整合管理是旅游景区节庆策划的主要手段之一，是在统一旅游节庆活动主题的前提下，调整、挖掘整个旅游景区的各种资源为主题服务，形成统一的旅游景区主题节庆活动形象。归根结底，旅游景区节庆的整合管理就是要做到以下几个统一：

1. 主题文化与旅游景区物质载体的统一

文化是节庆活动的灵魂，无论是我国悠久的传统历史文化，还是丰富的自然文化，只要策划和定位准确，都可以成就一个成功的旅游节庆活动。随着现代游客的消费观念和审美的层次不断提升，游客对旅游节庆的文化需求也会越来越多。而旅游景区旅游节庆活动的文化挖掘，并不是几句简简单单的宣传口号就能体现出来，最终的落脚点还是在主题文化的物质载体。文化与物质载体的结合，不是生搬硬套，而是巧妙融合；不是牵强附会，而是水到渠成。只要真正做到主题文化与物质载体的完美统一，那么这个旅游景区节庆旅游活动就已经有一只脚迈入成功的门槛。周边的环境、人员的服装、旅游活动的编排等任何小细节都可以是主题文化的载体，也是旅游景区节庆活动整合管理的第一步。

2. 节庆活动时间和空间的统一

旅游节庆活动是一种动态文化产品。无论是节庆活动所带来的巨大人流、物流和资金流，还是节庆活动本身动态的演艺表演和灵活的活动项目编排都让整个静态的旅游景区焕发出生命力。因为旅游景区的旅游资源是静止的、无法移动的，深深地烙上了地域的印记，正所谓"橘生淮南则为橘，橘生淮北则为枳"。旅游资源具有稀缺性的特点，同时也是有时间限制的，如"钱塘江国际观潮节"、"慈溪杨梅节"、"香山红叶节"都只能在特定的时期内举办。旅游的发展会受到地域和时间的限制，旅游节庆活动也必然会受到二者的制约，因此旅游节庆活动的成功举办必然要求时间和空间的完整统一，这是旅游景区节庆活动整合管理的第二个内容。

3. 节庆主体部门与相关部门的统一

旅游景区节庆活动并不是由单个部门独自完成的，其顺利开展需要旅游景区相关部门的配合与支持。如江苏 2003 年以"'筷'意江苏"作为旅游口号推出"烹饪王国游"这个主题节庆活动，扬州红楼宴、苏州吴中第一宴、无锡太湖船宴、常州龙城东坡宴、镇江乾隆御宴等都成为此次活动的项目内容。其中，作为主题活动内容的餐饮产品必须与其他地方相关部门联动，才能确保整个主题节庆活动的成功。

四、旅游景区演艺活动的外包管理

旅游景区的演艺活动常常由旅游景区自行计划和安排，一般由旅游景区营销部门负责。有的旅游景区有自己的演出团体，隶属于旅游景区管理有限公司，其经济效益完全与旅游景区的收入挂钩。但是这种模式下旅游景区所属的行政单位或管理公司，既要负责整个旅游景区的日常管理活动，又要进行演艺活动的节目设计和演职人员的管理，难免会引起管理上的混乱和力不从心。在竞争日趋激烈的时代，企业会积极采取各种措施和手段保持其在市场的核心竞争力，降低成本就是企业常用手段之一，而"外包"思路的出现恰巧是旅游景区演艺活动市场化运行的良好途径。

所谓"外包"是在分工整合模式下产生的一种有效的组织模式，其本质是以外加工形式充分利用公司外部最优秀的专业化资源，从而促使该企业降低成本、降低风险、提高效率和增强竞争力。旅游景区的演艺活动也可以借鉴"外包"模式，寻求自身发展的突破。

目前，旅游景区管理公司和文艺演出团体之间已经形成了三种市场化经营模式，分别是：

（1）演艺团队隶属旅游景区管理有限公司。

旅游景区管理有限公司拥有自己的演艺团队，为演艺人员发放工资、福利等待遇。这种操作模式相对比较稳定，演艺人员的熟练程度和演出质量都有保证，能够满足旅游景区的日常演出需要。但是，随着我国旅游业的日趋成熟，这种简单的直接利益关系已经不能满足双方的需要。演艺人员认为工资太低，收入少，缺乏自由，无法安心创作；而旅游景区管理公司则认为负责演艺人员的日常训练和生活已经成为管理公司的额外负担。旅游景区的效益不好时，这种弊端就会显现。

（2）外包模式。

这种模式下，旅游景区外出活动只是把演出活动或展演项目包给不从属于旅游景区管理公司的外界文艺团体或演出单位。演出合同是维系旅游景区和演出单位之间的纽带，但也正是这种纽带促使二者出现双赢的局面。一方面，旅游景区管理公司通过这种方式节省了成本，减轻了旅游景区管理者的一部分工作负担；另一方面，演出团队可以通过多签订几个合同来获取更多的收入和回报，从而激发他们的表演热情和创作灵感。如江苏水乡周庄为丰富旅游景区的文化内容，与上海沪剧院、上海越剧院等多家国家一流的戏剧演出团体签订合同，从而可以经常为游客推出沪剧、越剧等戏曲表演。

（3）核心演员隶属于旅游景区管理公司，其他演员通过外界方式获取。

这种方式是上述两种方法的折衷，既要保证旅游景区演艺人员的熟练程度和完成质量，又要从外界寻找一支比较成熟且费用相对较低的演出队伍，并与之签订合同，为旅游景区的整台演艺活动增添新鲜血液，同时又可大大降低经营成本。

从旅游景区管理角度来看，选择何种形式运作主要取决于旅游景区活动的性质和频率。常规演艺节目以旅游景区隶属演艺团队出演为好，因为长期的默契已经形成了旅游景区演艺活动自身的品牌，并能保证质量的完美；而一些驻场表演形式或者临时表演的节目形式，不妨采取外包租借的形式。随着我国经济发展的趋势，外包或者半外包形式应该是未来旅游景区演艺活动市场运作的主要方式，其既符合经济效益最优原则，又能促进旅游景区演艺活动的市场化和社会分工职能化。但目前我国的合同管理制度还不是很完善，无法确保外包演艺团队和旅游景区管理公司双赢的利益都能得以实现。因此，如何规避风险也成为当前阶段外包模式首要解决的问题。

【本章小结】

旅游景区节庆与演艺活动虽是两个不同的概念，但又是相辅相成的，甚至是包含与被包含的关系。旅游景区的节庆活动需要演艺活动来支撑，而演艺活动的形象在节庆活动中显得愈加饱满。节庆与演艺活动是旅游景区产品的重要内容。旅游景区节庆与演艺活动按照不同的方式有着不同的分类。二者的策划与管理都需要依托旅游景区资源进行不断创新，深化活动的文化精髓，凸显品牌形象，加强向游客的宣传促销，凝聚多重力量，获得社会效益和经济效益。

【拓展阅读】

大型实景演出《印象·丽江》

《印象·丽江》是继《印象·刘三姐》推出的又一部大型实景演出，总投资达 2.5 亿元，上篇为"雪山印象"，下篇为"古城印象"，主创人员由《印象·刘三姐》的原班人马组成。《印象·丽江》以雪山为背景，汲天地之灵气，取自然之大成，以民俗文化为载体，用大手笔的写意，在海拔 3 100 米的世界上最高的演出场地，让生命的真实与震撼贴近每一个人。来自 10 个少数民族的铿锵汉子，来自 16 个乡下村庄的普通农民，500 多个有着黝黑皮肤的非专业演员，用他们最原生的动作、最质朴的歌声、最滚烫的汗水，与天地共舞、与自然同声，带给观众心灵的绝对震撼。《印象·丽江》大型实景演出克服了白天演出的诸多弊端，在经过近百次的修改之后，终于将白天的劣势转为优势，让每一个身临其境的观众都能无比真实地感受到一种从未体验过的情感。演出全长 1 个小时，启用了最先进的造水工程和烟雾效果工程，与自然交相辉映，营造出令人赞叹的视觉效果。

在首演仪式上，张艺谋、王潮歌、樊跃三大导演向演员代表颁发了演员聘请书，并与他们签订了公演确认书。王潮歌在讲话时显得十分激动，她说《印象·丽江》就像自己的孩子一样，现在终于公演，让人有种不真实的感觉，虽然天公不作美，在演出中间下起雨来，但这丝毫没有影响到演出的整体效果，所有观众都被演员们精彩的表现和气势所震撼。而在观看演出时，导演王潮歌再一次激动落泪。

《印象·丽江》是一场真正意义上的荡涤灵魂的盛宴。在《印象·丽江》的系列实景演出中，并没有所谓的主题和具体的故事，而是三个导演对丽江的个性体验。第一部分"雪山篇"是与山的对话，表现的是人们从四面八方来到丽江，体验生命与自然的紧密关系；第二部分通过人们攀登玉龙雪山，游历丽江古城，从而与生活对话；第三部分"古城篇"是与祖先的对话，在对话中发现古往今来在人们的内心深处始终存在一个神圣的王国。

《印象·丽江》全篇分"古道马帮"、"对酒雪山"、"天上人间"、"打跳组歌"、"鼓舞祭天"和"祈福仪式"共六大部分。

古道马帮

丽江古城成为滇西茶马古道上的重镇，都是因为马帮的原因。马帮影响着纳西人的生活，他们以能参加马帮、当上马锅头为荣。马鞍舞展现了大马帮男人的英雄色彩，筐舞展现了纳西妇女任劳任怨的伟大母性情怀。

云南的马都是矮脚的马，这种马跑得不快，却很善于走山路。只有这种好脚力的马才能驮着沉重的货物，走过漫长艰险的茶马古道，走过连折 12 层而上仅一尺多宽的马帮路。因此纳西人十分推崇马，马是他们的崇拜物之一。马帮在红顶上奔跑，仿佛是六百年前茶马古道上"山间铃响马帮来"的震撼再现。

对酒雪山

少数民族天生能喝酒，就如同他们天生就能歌善舞一样，他们的酒令同样载歌载舞、丰富多彩。高兴了也喝酒，不高兴了也喝酒。在雪山脚下的这群热血汉子，有着野性的豪情，也有着孩子般的快乐。各民族的酒令和纳西快板展现了雪山下的少数民族对待朋友的热情和对待生命的豁达乐观。

天上人间

丽江被称为殉情之都。在《东巴经》里曾经记载了感人的"玉龙第三国"的传说。传说久命是第一个为爱情而死的人，她与羽排相亲相爱，但遭到羽排父母的阻挠。久命虽然作了种种努力，但都无济于事，绝望之时，她愤然殉情，被居住在"玉龙第三国"的爱神游主接纳，在那里过着幸福自由的生活。后来羽排也殉情而来，从此他们便在开满鲜花的爱情国度里生活。

玉龙雪山是纳西人无限崇敬的十二欢乐山，是多少痴情男女选择在此殉情的山，在这里遍地开满鲜花，没有痛苦忧愁，在这里"白鹿当坐骑，红虎当犁牛，野鸡来报晓，狐狸做猎犬"，在这里有情人可以自由结合，青春的生命永不消逝，情侣们永无人世的悲伤。

打跳组歌

打跳是丽江少数民族的大众娱乐活动，人们围成圆圈，手拉手欢乐共舞。纳西人喜欢跳"阿丽哩"、"打劳丽"；普米人爱跳"含摆舞"，藏族人爱跳"锅庄"。他们用舞蹈和歌唱来愉悦身心，也通过舞蹈令男女之间自由交往。少数民族说话就是唱歌，走路就是跳舞。这原汁原味的载歌载舞是向远方的客人表示欢迎，表现出他们特有的热情奔放。

鼓舞祭天

纳西人是天的儿子，纳西人是自然的兄弟。对天的崇拜和对自然的亲和是纳西人从古至今一直推崇的。这个人口不到30万的民族，在《东巴经》中曾经这样记录："我是九天先祖的后代，我是七地先宗的后代，越过九十九座山不累者的后代，猛师壮象的后代，力大无穷的巨人的后代，口含竹纳乱卵神山不嫌重者的后代，大江大河吸干后不解喝者的后代，三袋炒面一口吞下不呛者的后代，三根腿骨一口咬断牙不碎者的后代，身经百战而不死者的后代。"在震撼人心的鼓声中，在老东巴振振有词的唱经声中，我们仿佛已经感受到了一个生生不息的纳西民族。

祈福仪式

玉龙雪山是一个神奇的地方。叫天天答应，叫地地应承。站在神奇的玉龙雪山前我们可以虔诚地祈愿，祈求天为我们实现心愿，祈求地为我们带来福气。

【演出特点】

1. 白天演出

白天演出可以真切感受那种扑面而来的粗犷、自然的气息，在雪山的映照下，构成白天演出的一大特色，是一种全新的体验。

2. 全部是非专业演员

《印象·丽江》的全体演员都是非专业的，他们是来自云南16个乡下村庄的普通农民，500多个有着黝黑皮肤的非专业演员。阵容庞大，全部本色出演，绝对是让人耳目一新的阵容。

3. 充分展现雪的四季变幻

玉龙雪山位于丽江市区北面15千米，海拔5 596米，是国家AAAA级风景名胜区、省级自然保护区。山势由北向南走向，南北长35千米，东西宽25千米，雪山面积960平方千米，高山雪域风景位于4 000米海拔以上。玉龙雪山以险、奇、美、秀著称于世，气势磅礴、玲珑秀丽。随着时令和阴晴的变化，时而云蒸霞蔚、玉龙时隐时现；时而碧空如水，群峰晶莹耀眼；时而云带束腰，云中雪峰皎洁；时而霞光辉映，雪峰如披红纱，娇艳无比。

4. 服装音乐融入大量民族元素

丽江以世外桃源般的巨大诱惑吸引着千千万万的游客，成为人们探寻古朴神秘的民族文化的一方圣土。来丽江寻幽探胜的人们都试图在短暂的逗留期间，不仅欣赏到最美的风光景致，还能了解到丰富迷人的民俗风情。这个大型的实景舞台剧与《印象·刘三姐》完全没有相同之处，它是以讲故事为主，同时融入大量的纳西族和摩梭族等民族元素，且服装和音乐都以少数民族为主。纳西古乐以其独特的师徒传承方式流传至今，是民族文化保存和交流的历史见证，是我国古代音乐的宝贵遗产，为丽江古城增色不少。

【创意设想】

《印象·丽江》导演王潮歌：我们会永不停歇地找，认为什么地方最合适，什么地方又出现一个好的想法，我们都会加以试验。我觉得它不是句号，它会一直存在很长时间内，只要它演，就会有一些更迭，就会有一个新的信号传递给观众。

《印象·丽江》导演张艺谋：这里有一个世界上最大的一次幕间休息，但观众并没有离开演出所营造的情境。你可以去河边小坐、品茗小酌，还可以去讨价还价、拍照留影，但不论你做什么，你已经在和纳西人民的交往之中。

《印象·丽江》导演樊跃：让观众能通过自然、通过我们的规定情景把自己的情感释放出来，我觉得这是实景演出的巨大意义。

资料来源：根据百度百科整理而成

问题：

1. 《印象·丽江》策划的主题是什么？
2. 阅读文章后，你对旅游景区演艺活动的意义有什么认识？

【思考与练习】

1. 何为旅游景区节庆演艺活动？其特点有哪些？
2. 旅游景区节庆演艺策划应遵循哪些原则？
3. 简述旅游景区节庆演艺策划的方式和方法。
4. 简述旅游景区节庆演艺活动开发的创新模式和创新方法。
5. 旅游景区演艺活动的外包模式有哪些？

第十章　旅游景区形象与营销管理

【学习目的】

通过本章的学习，了解旅游景区形象管理与营销管理的基本理论，能运用区域旅游形象与营销管理理论，结合个别旅游景区的特点进行形象与营销管理。

【学习要点】

1. 旅游景区形象的含义及类型
2. 旅游景区形象策划的方法
3. 旅游景区品牌的打造
4. 旅游景区营销程序
5. 旅游景区营销策略

【关键词】

旅游景区形象　形象策划　品牌　营销策略

市场营销是企业经营不可或缺的手段。旅游景区的发展也同样需要精心设计市场营销战略，从而实施有效的市场营销策略。旅游景区形象是游客对旅游景区的认知和印象，是旅游景区特征在游客心目中的反映。旅游景区的形象如同一张名片，是营销管理活动中的重要内容。

第一节　旅游景区形象管理

一、旅游景区形象概述

（一）旅游景区形象的含义

正如一个响亮的名字或一种鲜明的个性能让我们记住一个人一样，独具特色的景观或富有风格的旅游景区能让游客印象深刻，这得益于旅游景区的形象策划。旅游景区作为一种经济组织，和众多其他行业的企业一样是市场主体，它必须树立自己的形象，才能取得更好的经济效益、社会效益和环境效益，从而在市场竞争中立于不败之地。那么，作为旅游目的地的旅游景区形象是怎样定义的呢？

关于旅游目的地形象定义有不同的说法。如国内学者黄震方将旅游目的地形象定义为：旅游者对旅游目的地了解和体验后所产生的印象总和。张建忠认为，旅游目的地形象是旅游者对区域内各种自然、社会经济等方面的旅游要素的综合感知和印象。邓明艳指出，旅游目的形象是旅游者脑海中的在经历了旅游地旅游后，或潜在旅游者通过电视、杂志、广告、网络信息等媒体而获得的关于旅游地的总体印象。

国外学者克罗姆顿（Crompton）将旅游目的地形象定义为：一个人对一个目的地的信任、意见及印象的总和。J. D. Hunt 认为，旅游地形象是纯粹主观的概念——人们对非居住地所持的印象，外界作用于人脑所形成的意识流；旅游地形象和该地的可进入度、基础设施等是旅游决策过程中的决定因素。Seyhmus Baloglu 等（1999）认为，旅游目的地形象是一种表示旅游者个人态度的概念，它是指个体对旅游目的地的认识、情感和印象。

综合各学者的认识，我们认为，旅游景区形象是旅游景区对自身的各种要素资源进行整合提炼，有选择地对旅游者进行传播的包括人物、文字、图像、标志等在内的意念要素，是旅游景区进行对外宣传的代表印象。从旅游景区角度而言，旅游景区形象是旅游景区各种要素整合而成的综合表象；从游客角度而言，旅游景区形象是游客对旅游景区的感知形成的综合印象。

（二）旅游景区形象的特点

旅游景区形象主要受可用信息的限制，从游客的角度而言，人们把旅游景区的形象建立在他们对实际旅游经历的反映上，形象随信息的变化而改变，但变化中又会有一些稳定的要素存在，这些综合而成旅游景区形象的特点。

（1）统一性。

旅游景区形象是由旅游景区内外各种要素构成的统一体。从内在要素构成上看，它包括旅游景区文化、旅游资源、员工素质、管理理念、旅游产品质量、工艺技术、营销艺术等；从外在的构成要素看，它包括公众的认知、信赖和好感。在结构上，二者密切相关，而且二者内部也相互联系，由此构成了一个内涵丰富、有机联系的整体——旅游景区形象。

（2）客观性。

旅游景区的资源禀赋、特征是决定旅游景区形象的最基础条件，尽管策划人员可以通过各种方法主动塑造一个旅游景区形象，但绝对不能脱离旅游景区的现状而随意杜撰。任何脱离旅游景区资源特色和经营管理活动而臆造的形象特征必然会在昙花一现后轰然倒塌。构筑可以被旅游者认知、信赖和引起好感的旅游景区形象，必然要秉持实事求是的态度，任何脱离旅游景区所具有的客观性的所谓形象设计都是不能解决旅游景区实际问题的。

（3）相对稳定性。

旅游景区形象一旦形成，在相当长的一段时间内不易在游客心中淡化，如迎客松让人们想起黄山风景区，米老鼠让人们联想到迪士尼乐园，五彩斑斓的海子让人们想起九寨沟风景区，这些都是构成旅游景区形象的要素留给游客的深刻印象，也是旅游景区形象稳定性的一种表现。

（4）绝对可变性。

世界上唯一的不变就是变化，旅游景区形象也是如此。我们所说的旅游景区形象的稳定性只是相对而言的。随着外部环境和内部因素的变化，旅游景区也必须适时调整，以适应不断变化的市场需求，创新旅游景区新形象。当然，在创新的过程中，应注重保持旅游景区形象的相对稳定性。

（5）独特性。

旅游产品的多样性和综合性决定了旅游景区形象的多样性，游客根据自己的认知、思维方式也对旅游景区形象有不同的要求。因此，在进行旅游景区策划时，必须要考虑游客的不同需求，突出旅游景区的独特性，以吸引目标群体。如五岳同为山脉，却展示出不同的特性，以不同的形象满足游客不同的需求：东岳泰山之雄，雄踞在辽阔坦荡的华北平原上，拔地而起，昂首云天，有"登泰山而渺天下"之势；西岳华山之险，向以"奇拔俊秀"驰名海外，被誉为"奇险天下第一山"；南岳衡山之秀，古木参天，奇花异草，幽径重重，以"五岳独秀"闻名于世；北岳恒山之奇，主峰天峰岭，海拔2 017米，被誉为"塞外第一山"；中岳嵩山之绝，山势挺拔，层峦叠嶂，有岳庙、嵩阳书院、嵩岳寺、嵩岳塔、少林寺、塔林等名胜古迹。

（6）复杂性。

旅游景区形象具有复杂性的特点，因为旅游景区形象一般是由旅游景区推介给公众，期望得到其认同而传达的一种形象，而公众的认知往往难以达成一致，且忠诚度较低。因此，即使最优秀的形象策划大师，也难以保证他所策划的旅游景区形象一定是成功的。即使某地具有较大的吸引力，有的游客仍然愿意去别的地方旅游，以满足其独特的需求。

（三）旅游景区形象的类型

1. 根据旅游景区形象的现实状况分类

根据旅游景区形象的现实状况，可以将旅游景区形象分为现实形象和自我期望形象。

（1）旅游景区现实形象是旅游景区在经营实践中表现出来的当前形象，是各种要素综合反映出来的印象。

（2）旅游景区自我期望形象，又称为理想形象，是旅游景区经营管理者和从业人员对旅游景区形象的希望和要求，也是旅游景区权利、义务、责任和行为规范的要求。

一般而言，旅游景区实际形象和自我期望形象是有差距的，旅游景区形象工作的目的就是缩小二者之间的差距，达到理想与现实、客观与主观的统一。

2. 根据旅游者对旅游景区的认知分类

根据旅游者对旅游景区的认知，可以将旅游景区形象分为原生形象、引致形象与复合形象。

（1）原生形象。

游客在出游之前，已有一系列旅游景区成为可选方案，并因经历或教育已在心目中形成的关于各个旅游景区的形象，此即原生形象。

（2）引致形象。

一旦旅游者有了旅游的动机，并决定要行动时，就会有意识地搜集各可选旅游景区的相关信息，并对这些信息进行加工、比较、选择。搜集方式有翻看有关旅游刊物、报纸广告、电视节目及旅游机构提供的宣传手册，从中提炼出有用的信息，加工成引致形象。

（3）复合形象。

旅游者对各可选旅游景区的旅行成本、受益及形象进行比较，从中选择合适的目的地。实地旅行后，通过自己的经历，结合以往的知识形成一个更加综合的复合形象。

3. 根据旅游景区形象分类

根据旅游景区形象理解角度不同，可以将旅游景区形象分为表层形象与深层形象。

（1）旅游景区表层形象可以理解为视觉形象，是一种初级形象。

（2）旅游景区深层形象可以理解为行为形象、理念形象，是一种高级形象。

4. 根据旅游景区形象形成的方式分类

根据旅游景区形象形成的方式，可以将旅游景区形象分为旅游景区整体形象和分形象。

（1）总体形象。

总体形象是各个要素综合反映出来的形象，包括外显特征和内在精神两方面。

①外显特征：包括外观形象（旅游景区形象、景点形象）、人物形象（代言人形象、管理人员形象、服务业人员形象）。

②内在精神：包括服务形象、质量形象、管理形象、信誉形象、市场形象、社会责任形象、技术形象、旅游文化形象。

（2）分形象。

分形象是各个要素反映出来的某一方面的印象，它包括：

①旅游景区理念感知形象（TMI）：包括旅游标徽、旅游标准色、旅游名称中文标准字、旅游名称英文标准字、标徽与旅游名称组合规范、标徽与旅游简称组合规范、旅游象征图形、旅游卡通形象造型、旅游卡通形象动作设计、中文指定印刷字体，以及标徽、标准字、卡通形象、标准组合模式等。

②旅游景区视觉形象（TVI）：包括旅游办公系统、包装、广告公关系统、环境系统、空间导向标识系统、员工制服、演出服装、出版发行系统、纪念品等。

③旅游景区行为形象（TBI）：主要指管理手册和服务用语。前者包括旅游目的地形象管理组织机构设计、人力资源的管理、管理制度等；后者包括服务语言、规范化手册等。

④旅游景区听觉形象（TAI）：包括形象口号、旅游宣传歌曲、光碟、MTV、城市宣传专题片、广告宣传的标准用语等。

⑤旅游景区文化形象（TCI）：包括地方精粹文化活动、文化艺术交流活动、民族风情、文化旅游专线项目等。

⑥旅游景区电子形象（TEI）：包括旅游网站的设计制作、网站推广策划、旅游总体形象的网络宣传策划、旅游网站的顾问式咨询服务等。

二、旅游景区形象策划

（一）旅游景区形象策划概述

对于旅游景区而言，一个良好的、个性鲜明的形象可以形成较长时间的垄断地位，其垄断力的来源是产品与服务的差异化。若产品与服务与其他旅游景区雷同，形象模糊混乱，则游客的体验值较低，回头率自然就低。可以说，在旅游景区的策划中，形象的塑造是核心问题。

1. 旅游景区形象策划的含义

旅游景区形象策划是指专业的策划团队为树立旅游景区良好形象，较好地实现旅游景区的经济效益、社会效益和环境效益，在充分调查的基础上，对旅游景区实施战略层面和战术层面的谋划、设计和运作。

（1）旅游景区策划是由专业策划团队或策划专家完成的，并非任何人都可以操作。

旅游业是一个综合性行业，从业人员需要具有宽广的知识面，对于策划团队来说更是如此。专业的策划团队一般由市场营销专家、消费心理学专家、企业公共关系专家、企业形象（CIS）设计专家、人文历史专家等共同组成。

（2）旅游景区形象策划是建立在对旅游景区实际调查的基础之上的。

对旅游景区外部环境（如政策支持、市场偏好、客源地、目标人群等）和内部环境（如管理制度、服务标准、基础设施、人员编制等）进行实际调查，掌握第一手资料，是成功进行景区形象策划的前提和基础。

2. 旅游景区形象策划的特征

旅游景区形象策划涉及多学科的知识，需要多行业人才的共同努力，但旅游景区形象策划绝不简单地等同于广告策划、市场营销策划等的相加，而是具有自己独特的特征。

（1）战略性。

如今能在旅游业扬帆弄潮的旅游景区无不具有鲜明的形象，也体现了早期管理者的战略眼光。在人造景观、原生态等新名词充斥旅游界、大小投资商纷纷涉足旅游业想分一杯羹的时候，旅游景区的"近视"现象也越来越严重，为追求短期利益而不顾旅游景区容量，人流量严重超标、卫生条件差、游客舒适度降低等现象泛滥，旅游者纷纷止步，形象差成为众多旅游景区的顽疾。

旅游景区形象策划是永葆景区长盛不衰的秘诀，树立良好的形象需要一个长期的过程，也会耗费一定的人力、财力、物力，并且不可能取得立竿见影的效果。因此，旅游景区管理者一定要有高屋建瓴的气势，不应斤斤计较一时的经济得失。有良好形象的旅游景区定能吸引游客纷至沓来，获得可观的经济效益和社会效益。

（2）目标性。

旅游景区形象策划的目的是提高景区的知名度和美誉度，塑造独特的形象。景区形象策划的目标包括总体目标和个别目标，两者也是围绕这一目的进行的。确立目标首先应对旅游景区进行形象分析及定位，即在市场分析和资源分析的基础上，依靠科学的流程和精心的提炼对某一旅游目的地未来发展进行方向性概括、总结和判断。景区形象策划只有目标明确，明白解决问题的先后顺序，组织好策划内容，才有可能达到预期的效果。

（3）实效性。

任何一个企业的形象策划都讲究实效，没有实效的形象策划无异于纸上谈兵，旅游景区形象策划也不例外。

任何事情的成功与否均取决于需要和可能的有机统一。在旅游景区形象策划的过程中，若只考虑旅游景区的需要和想要达到的形象策划目标，但自身不具备实现目标的条件或条件不成熟，那么这个形象策划实际上便不具备实效性。若外界环境比较理想，而形象策划目标不明确或偏离了方向，这样的策划也是无效的，二者缺一不可。

无论什么形象策划都必须考虑投入与产出的对比效果。开展旅游景区形象策划需要投入一定的人力、财力、物力，投入以后应产生一定的效果，能提升旅游景区知名度、增加经济收益等，产出大于投入的策划才是具有实效性的策划。

3. 旅游景区形象策划的核心

（1）旅游景区形象创意。

"创意是策划的灵魂和生命。"这句话毫不夸张，我们正处于一个信息爆炸的时代，人们每天面对数以万计的信息的狂轰滥炸，越来越没有耐心对每条信息寻根究底。"桃李不言，下自成蹊"的思维已经不再适应激烈的市场竞争，所以"吸引眼球"是传递信息最直观的方式。因此，创意就显得至关重要。

叶文智从 1998 年起涉足旅游业，便以策划"大手笔"著称旅游界。1998 年，为黄龙洞标志景点"定海神针"投保亿元的成功案例，不仅开了世界上为资源性资产买保险之先河，也拉开了他本人从事旅游策划的大幕；1999 年，他总策划的"穿越天门"张家界世界特技飞行大奖赛吸引了全球关注的目光，把张家界推上了前进中的高速公路；"十五"期间，叶文智又先后策划了"棋行大地、天下凤凰"世界围棋巅峰对决和 2004 张家界全国跳伞锦标赛、湖南屋脊飘洞庭、2005 中国壶瓶山自然水域漂流公开赛暨自然峡谷动力伞飞行挑战赛等大型活动。其极具创意的策划为宣传推介张家界乃至大湘西的旅游资源作出了突出贡献，也收到了良好的效应。

（2）旅游景区形象创意的要求。

对于旅游景区形象策划而言，创意的作用就是以"出人意料"的理念和"有趣"的方式来完美地表现旅游景区的特点、挖掘旅游者的兴趣点。一个普通的旅游景区，只有经过独具匠心的策划来彰显其独特魅力，才能激发游客到实地旅游的愿望。但创意不等同于突发奇想，也决不能随意杜撰，真正的好创意是具备一定的特征和标准的。

第一，标新立异。

旅游者出游的动机本来就是求新、求奇、求异，因此，富有个性的旅游景区才是他们的首选。对于旅游景区而言，形象雷同也是大忌，没有自己的绝妙之处和特色，就难以在激烈的竞争中站稳脚跟。旅游产品本来就是很难让游客产生忠诚度的商品，对于旅游景区的形象策划而言，独具匠心、非同凡响、新奇独特的创意，准确而全面地展现旅游景区特点的创意是至关重要的。

第二，紧贴主题。

创意是为表现主题服务的，离开形象主题的创意是无源之水、无本之木，达不到宣传旅游景区形象的目标。旅游景区的形象创意不仅仅要得到潜在旅游者的欣赏和赞同，更重要的是要让潜在旅游者购买此旅游产品，达到推销旅游产品的目的。只有紧贴主题的创意才能从本质上展现景区的魅力。

第三，口号明确。

旅游口号是旅游景区对外宣传的焦点和重要载体，也是旅游景区形象创意构思的文学表现，必须充分表现出鲜明的主题和旅游景区的独特个性。一句具有时代感、寓意深刻、琅琅上口的旅游口号，往往能使旅游者浮想联翩、心向往之，产生出奇制胜的效果。例如，深圳锦绣中华：给我一天，还你千年；苏州乐园：迪士尼太远，去苏州乐园；黄山、九寨沟：黄山归来不看岳，九寨归来不看水；周庄：中国最美的乡村。这些口号，简短有力，导向明确，给旅游者以无限遐想的空间，吸引潜在旅游者的出游意愿。

（二）旅游景区形象策划流程

1. 旅游景区形象策划前期基础研究

"没有调查就没有发言权。"前期调研、研究工作必不可少，这也是完成整个旅游景区策划的基础条件。

（1）地方性（地格）研究。

地方性研究也称地格研究，主要是指从当地自然地理特征、历史文化分析和民俗考察等方面进行研究，精炼地总结出景区所独具的地方特性。

第一，自然地理特征分析。

如果一个景区具有与其他景区截然不同的地理特征，或占有特殊的地理位置，就有可能成为吸引游客的着眼点，成为形象设计的切入点。例如，2010年8月成功申遗的丹霞地貌之一的广东丹霞山所具备的丹霞地貌在岭南地区是独一无二的，且"丹霞地貌"这一地理名词正是因地理学家在广东韶关丹霞山发现这种地貌而命名的，可以用"丹霞地貌发源地"来打造丹霞山景区的形象。

第二，历史文化分析。

历史文化分析主要是通过对景区所在地历史文化的考察、分析，寻找具有一定知名度的历史遗迹、历史事件、历史人物和古代文化背景，作为历史文化的构成要素，成为景区形象策划的依托点。利用历史文化影响来定位旅游形象的成功案例不胜枚举。例如，山东曲阜利用孔子打造的"孔庙、孔府、孔林"；南京秦淮风景区也是借用孔子形象、杜牧的《泊秦淮》、吴敬梓的《儒林外史》等塑造文化底蕴深厚的风景区形象；西安华清池则通过着力渲染唐玄宗和杨贵妃的爱情故事来凸显其形象等。

第三，民俗考察。

民俗考察主要是通过对当地现代民族文化和民俗文化的考察分析，提炼出富有地方特色的景观特性为景区所用。特别是在少数民族集中的中西部地区，民俗文化往往是最具旅游号召力的因素，可以作为景区形象的精彩内容，为景区形象设计和营销打下坚实的基础。众所周知，云南旅游业在国内旅游发展之初就异军突起，一跃成为云南省的支柱产业，其旅游业的突飞猛进正是得益于众多景区打出"民族文化旅游"这张牌，并取得了较大成功。如今，贵州"黔东南"日渐成为旅游热点，贵州宣传片"贵州风"也毫不例外地宣传其少数民族特色，塑造其个性形象。

（2）受众调查。

旅游景区的经营目标即吸引大量游客前往，获得良好的经济效益。因此，受众调查显得非常必要。旅游景区受众调查的目的在于掌握游客对目的地了解、喜欢的程度，即旅游景区的知名度和美誉度，从而获得旅游景区在游客心目中的形象。受众调查应包含以下内容：

第一，旅游者是否知道该景区。

第二，旅游者对景区的一般感知印象如何。

第三，该旅游景区在旅游者心目中具有怎样的形象，为什么会形成该形象。

第四，旅游景区本身的哪些因素促使游客形成这样的形象。

2. 旅游景区形象定位

（1）形象定位的含义。

形象定位是指在市场分析和资源分析的基础上，依据科学的流程和精心的提炼，对某一旅游目的地未来发展的一种方向性概括和判断。

（2）形象定位市场分析。

①国内市场分析：包括旅游总人数、总人次、总收入、频次、省内入境人数、消费总额、人均消费额、停留天数、来本景区的缘由；游客的省别、性别、年龄、收入、学历、交通方式的选择、获知景区信息的方式等。

②当地市场分析：包括当地居民游客总数、出游次数、出游时间特点、消费总额、人均消费额；游客性别、年龄、收入、学历、交通方式的选择、获知景区信息的方式等。

③竞争市场分析：包括当地居民游客总数、出游次数、出游时间特点、消费总额、人均消费额；游客性别、年龄、收入、学历、交通方式的选择、获知景区信息的方式等。

3. 旅游景区形象策划流程

（1）旅游市场调研。包括客源地市场分析、旅游景区客源结构分析、周边竞争市场分析等。

（2）旅游景区营销诊断。通过 SWOT 分析，得出旅游景区发展的优劣势和面临的机遇与挑战。

（3）形象战略规划。包括年度计划、五年规划、十年规划等。

（4）核心理念开发。主要是对旅游景区形象进行核心理念的设计与定位。

（5）形象 TIS 识别体系的策划。包括 TMI 创意与制作、TVI 创意与制作、TBI 创意与制作、TAI 创意与制作、TCI 创意与制作、TEI 创意与制作。

（6）形象营销传播推广。包括广告宣传、公关宣传、网络宣传等。

（7）形象整体策划推广效果的评估。对推行形象的效果进行评估，以不断修改完善旅游景区形象策划。

三、旅游景区品牌

塑造强势品牌能增强品牌的价值体现，加强消费者对产品的认同感。旅游景区强势品牌能凸显旅游景区产品资源优势，能够被旅游者接纳，受到市场的欢迎，最终赢得市场竞争。

（一）旅游景区品牌概述

1. 旅游景区品牌的内涵

（1）品牌的内涵。

美国市场营销学会（AMA）对品牌的定义是：品牌是一种名称、术语、标记、符号或设计，或是它们的组合运用，其目的是借以辨认某个销售者或某群销售者的产品及服务，并使之与竞争对手的产品和服务区别开来。我们把这些创造品牌的名称、术语、标记、符号或设计或它们的组合称为品牌要素。

（2）旅游景区品牌的内涵。

朱强华、张振超认为，景区品牌是用来识别某个特定景区的旅游产品和服务，并使之与其他景区的旅游产品和服务相区别的名称及标志，反映了本景区区别于其他景区的差异性。

李艳、牛志文认为，景区品牌是为了赢得游客忠诚，造就竞争优势，从景区企业全面的经营管理运作中产生的自我认知到旅游者识别的形象系统，以支持旅游景区的可持续发展。

我们认为，旅游目的地品牌至少有以下三层含义：品牌是一种标识；旅游目的地品牌是旅游者心中被唤起的想法、情感、感觉的总和；旅游目的地品牌是旅游目的地与旅游者之间的一种契约，是一种对品质、品位和情感的长期承诺。

旅游目的地品牌就是一个旅游目的地在推广自身旅游目的地形象的过程中，根据旅游目的地的发展战略定位所传递给社会大众，并得到社会认可的核心概念。虽然旅游产品在"旅游目的地"里制造，但是旅游目的地品牌是在旅游者头脑里产生的。

2. 旅游景区品牌的特征

（1）市场知名度高。

对于旅游者及潜在旅游者而言，他们对不同旅游景区的了解程度不尽相同，而那些妇孺皆知的景区都有一个共同的特点，那就是市场知名度高。没有人不知道万里长城、北京故宫、安徽黄山，然而提到北京香山、南京明孝陵、安徽齐云山，很可能有一部分人根本不了解；而一些地方性景区，如广州陈家祠、浙江乌镇、江西三清山，这些景区的影响力则只限于周边区域了。因此说，强势的旅游景区形象品牌都具有市场知名度高的特征。

（2）价值独特而卓越。

品牌的形成归根结底来源于产品价值的支撑，旅游景区形象品牌正是以景区"制造"的旅游产品为依托的。新奇、独特、稀有、价值高的旅游产品本身就具有吸引旅游者的优势，更能为景区形象品牌打造作出卓越贡献。

（3）客源相对忠诚和偏好。

一般而言，由于旅游产品自身的特点和旅游者出游动机的变化，旅游者对景区产品的忠诚度并不高，特别是一些观光旅游景点，很多旅游者只是把其作为一次性旅游目的地，根本不会去第二次。然而，成熟的旅游景区一般有自己的卓越品牌，能吸引众多旅游者重游，提高重游率也是景区盈利的关键。例如，作为主题公园发源地的深圳华侨城，其属下的欢乐谷、世界之窗、锦绣中华都着力打造独特品牌，培养了一部分忠诚度高的游客，深圳本地居民和周边市民的重游为景区带来的收入非常可观。

（二）旅游景区品牌构建

1. 旅游景区品牌构成要素

（1）品牌名称。

一个好的品牌名称可以打开旅游者的心扉，便于旅游景区的市场营销，找到目标市场。以景区核心产品为依托的品牌名称能使旅游者提到品牌名称就想到品牌，唤起情感的认知和建立相关联想。如深圳"世界之窗"，旅游者听到这一名称即能联想到世界各地的代表性景观，浮想不出国门就能一睹世界名城的风采，可以满足消费者求知和求新的欲望。

另外，品牌名称一定要直观易记，具有识别力；要与众不同，具有独创性；联想丰富，具有营销价值；能适合目标市场并具备未来发展潜力和品牌延伸力。

（2）品牌口号。

品牌名称和品牌口号的组合，可以强化品牌形象的确立。品牌口号应具有导向性，并有成为大众流行语的潜质。旅游景区品牌口号也是如此，鲜明的导向性能起到促使旅游者形成购买欲望的作用。如一听"杨柳依依杭州美"，一幅秀丽雅致的西湖风光就浮现在眼前；谈起"彩云之南"，去过的人都会眉飞色舞地联想起云南之美。

（3）品牌标志。

品牌标志是构成品牌识别系统的重要组成部分，是旅游产品品牌中用符号、图案、颜色通过设计组合，用视觉方式表达信息传递的载体。它依靠视觉语言对外宣传，传播旅游景区独特的经营理念和文化内涵，是提高旅游景区和产品本身知名度和形象推广的重要手段。

中国旅游业的标志是"马踏飞燕"，看到这个醒目的标志我们就会了然于胸。香港"海洋世界"的品牌标志就是海马，海马就是其品牌符号。品牌标志的延伸可以是旅游景区开拓的一系列旅游商品，并以此作为自己的品牌符号。例如，深圳"欢乐谷"的蚂蚁、"海上田园"的青蛙等。

2. 旅游景区品牌构建策略

（1）构建旅游景区品牌体系。

构建旅游景区品牌体系就是打造一批旅游景区饭店品牌、旅游商品品牌、餐饮品牌、休闲购物企业品牌等，结合旅游景区品牌展开攻势，形成强大的竞争力。

（2）提炼旅游景区品牌核心价值。

品牌核心价值是品牌资产的主体部分，是品牌战略规划的方针，它能让目标市场明确、清晰地识别并记住品牌的特点与个性，它是驱动目标市场认同、喜欢品牌的主要力量。品牌形象是指人们如何看待这个品牌，它所反映的是品牌当前给人的感觉。打造清晰的品牌形象，要求一个成功的品牌能够代表一种特定的属性、利益、价值观念、个性、文化、顾客群体等。

（3）整合旅游景区资源，提升品牌竞争力。

景区资源整合包括产品资源整合、客户资源整合、文化资源整合、品牌资源整合、统一经营管理整合。通过建立旅游投资控股公司这个平台，实行公司化运作的市场行为，把所有景区的大品牌及将来产品延伸开发的系列品牌，如旅游纪念品、土特产品、旅游产品等，形成一个产业链。

（4）进行独特而强势的品牌推广宣传。

旅游品牌推广工作是将"特定的旅游品牌"概念转化为具体的视觉形象，立体而统一地传达给目标受众，重视有效的品牌宣传推广是提高旅游景区知名度与增强竞争力必不可少的环节。在品牌市场宣传推广过程中必须考虑到所推广景区自身的特点、品牌定位和潜在游客的消费习惯、认知特点，以此为依据选择品牌推广过程中的主要手段，通过整合传播来达到品牌推广的预期效果。

（三）旅游景区品牌的推广

1. 旅游景区品牌的行为传播策略

现代竞争环境中的企业，在进行品牌传播时非常讲究品牌行为传播。旅游景区品牌传播同样要把品牌行为传播作为主要手段之一并予以足够重视。品牌管理的行为传播是通过一系列的营销活动，在特别的时间以特别的营销手段调动消费者的积极性，让其参与到具体的营销活动中，通过消费者的消费体验，感受品牌的内在价值，带动品牌传播活动向前发展。

（1）事件营销：利用高信息势能强化品牌传播。

在信息泛滥成灾的今天，如何使自己的品牌脱颖而出、如何有效地吸引游客的注意力是个重大的挑战。事件营销是使人们关注自己品牌的重要手段。从事件营销传播的角度来看，旅游经济也是注意力经济、吸引力经济和品牌力经济。事件营销的任务是旅游景区品牌管理者通过有利于品牌形象传播的独特的具体事件的策划和组织，争取大众传媒工具的广泛参与，利用消费者的从众心理，促进事件信息的有效传播，并吸引部分体验意识强的游客加入到事件活动之中，从而在事件营销的目标时段促成旅游景区品牌在目标市场形成品牌的高注意力、高吸引力、高影响力。

（2）资源共享：旅游景区品牌联动的传播策略。

通过关联地区、关联旅游景区品牌资源的联合营销，实现旅游资源和品牌资源的共享，可以从"大营销"的角度，创造新的营销氛围，促进联合品牌之间的旅游消费与品牌形象的传播。川、藏、滇三省区规划联合投资800亿元打造"大香格里拉"旅游品牌，虽然在具体实施中可能会遇到诸多困难，但客观上将促进"大香格里拉"品牌的发展，对参与其中的每一个景区都会产生积极而深远的影响。

2. 旅游景区品牌的媒介传播策略

（1）广告传播策略。

旅游景区广告是形象传播与推广的重要途径和手段，是旅游景区外部行为系统的重要方式之一。旅游景区广告通过生动、富有成效的宣传，向社会公众传递景区有自己特色的资源、文化、服务和良好的景区价值观念、管理水平，从而在社会公众心目中形成美好的景区形象，获得公众的认同、理解和支持，促进旅游景区的持续经营与发展。

旅游景区形象广告的类型也多种多样，可归纳为以下几种：

①旅游景区理念广告。

理念是形象的核心。理念广告是向社会传播价值、风格、景区精神的广告。理念广告把旅游景区的价值观念宣传出来，对内产生凝聚力，对外产生号召力，使旅游景区形象连同它的观念和口号深入大众心中。如安阳红旗渠精神连同峡谷美景一起美名传神州；又如"游三峡，探神农，登武当，逛武汉，湖北欢迎您"的15秒湖北旅游形象宣传片尽显湖北旅游资源的古典神韵和时尚色彩。

②旅游景区实力广告。

实力广告是用广告的形式向公众展示旅游景区生产、技术、营销、资金等方面的实力，主要目的在于使公众通过对该旅游景区的经济、技术、人才实力的了解，增强对该旅游景区的信任。如平遥旅游局在八达岭缆车入口处的醒目位置上悬挂形象广告，内容以"不到长城非好汉、不去古城真遗憾"为主题，把古城与长城有机地联系起来。

③旅游景区活动类广告。

活动类广告是通过举办各种活动，如举办展览会、讲座、举行会议、纪念活动、赞助活动、体育比赛、文艺娱乐活动及其他社会公益活动等，争取机会，显示实力，借以提高旅游景区的知名度和信誉度。"夏天，让我们到恒山，听风、看月、摸星星"，这种蕴涵着人情味的主题理念，将这种看起来很通俗、感情却很细腻的语言，放在一个十分宏大的恒山全景场面中加以表现，将塞北名山——恒山的硬汉形象适当柔化，顿显清新自然，十分符合"中国恒山文化旅游节"的旅游形象。

④旅游景区社会责任广告。

社会责任广告是显示景区对社会公共事业和公益事业热情关心的广告。它或以广告的形式响应社会生活中的某个重大主题，以取得社会各界的理解与支持；或以景区的名义率先发起某种运动或提倡某种有益观念，表明景区积极参与社会生活的态度；或以广告的形式，表明景区对社会存在某种问题的看法，等等。这类广告从表面看有时根本未涉及景区，但它产生的影响却很深远，是树立旅游形象的一个重要手段。

（2）视觉形象（VI）设计类品牌信息媒介传播策略。

中国在旅游景区品牌开发手段上，广泛使用企业营销中的企业形象（CIS）战略进行旅游品牌的信息传播。但在旅游景区品牌的 CIS 战略实施问题上却显得关注不足、行动迟缓，远不如企业那么重视。其实，CIS 战略，以视觉识别为表现形式的 VI 设计，可以成为旅游景区品牌信息传播的重要手段之一，这也是目前知名度较低的景区传播品牌的重要方式和策略。

（3）营销渠道类品牌信息媒介传播策略。

旅游景区的营销渠道系统，主要是由旅行社等营销中介机构构成。如何利用这些中介机构来传播景区品牌，值得品牌管理者关注和重视。现在，景区旅游品牌管理者在这个营销资源上的投入显然是不足的，忽略了该渠道的影响力。各类旅行社由于数量众多，且与消费者在空间上和文化上更为接近，他们的宣传、推销对顾客的景区品牌选择会产生更为重要的影响。景区管理者应学习当今企业在处理与中间商关系时所使用的观念、战略和策略，充分发挥旅行社在展示、宣传、推广景区品牌方面的重要作用。

第二节　旅游景区营销管理

一、旅游景区营销理论

（一）旅游景区营销概述

1. 市场营销的概念

（1）国外关于市场营销的定义。

美国市场营销协会的定义：市场营销是创造、沟通与传送价值给顾客，以及经营顾客关系以便让组织与其利益关系人受益的一种组织功能与程序。

菲利普·科特勒（Philip Kotler）的定义强调了营销的价值导向：市场营销是个人和集体通过创造并同他人交换产品和价值以满足需求和欲望的一种社会活动和管理过程。

格隆罗斯的定义则强调了营销的目的：营销是在一种利益之上，通过相互交换和承诺，建立、维持、巩固与消费者及其他参与者的关系，以实现各方的目的。

（2）国内关于市场营销的定义。

台湾的江亘松在《你的行销行不行》中强调行销的变动性，利用行销的英文 Marketing 作了下面的定义：什么是行销？就字面上来说，"行销"的英文是"Marketing"，若把"Marketing"这个字拆成"Market"（市场）与"ing"（英文的现在进行式表示方法）这两个部分，那行销可以用"市场的现在进行时"来表达产品、价格、促销、通路的变动导致供需双方的微妙关系。

李洪波认为，市场营销管理是一个过程，包括分析、规划、执行和控制，它覆盖理念、商品和服务，以交换概念为基础，目标是满足各方的需求。

郭国庆认为，市场营销既是一种组织职能，也是为了组织自身及利益相关者的利益而创造、传播、传递客户价值，管理客户关系的一系列过程。

通过对市场营销的定义、理念进行深入分析，我们可以提炼出市场营销的精髓，即两个导向：消费导向和竞争导向；四大支柱：市场中心、顾客满意、协调的市场营销和盈利性。

2. 旅游景区市场营销的概念

赵黎明、黄安民等认为，旅游景区的市场营销是旅游景区组织为满足旅游者需要并实现自身经营和发展目标，通过旅游市场实现交换的一系列有计划、有组织的社会活动和管理活动。

岳怀仁等认为，为了成功争取特定游客市场并开展景区的经营服务，在战略上运用经济、心理、政治和公共关系等手段，以博得相关方面的支持与合作，从而达到预期的目的。

我们认为，旅游景区营销是旅游景区组织计划和执行关于旅游产品、景区服务和形象创意的观念、定价、促销和分销，以创造符合景区目标的交换的一种过程。

（二）旅游景区营销的特征

旅游景区产品属于服务产品，其服务的属性使得旅游景区营销具有以下特征：

1. 旅游景区营销主体的多元化

在营销过程中，"借力"通常能起到事半功倍的效果，因此，旅游景区在制定营销策略的时候，应当充分重视旅行社、酒店、政府等相关部门在推介旅游景区时能起到的重要作用。例如，政府对国内的主要旅游景区进行宣传，鼓励外国人前往游览；地方政府和旅游管理部门通常将有代表性的旅游景区融合在城市形象中对外推荐；旅行社在设计旅游线路时向旅游景区倾斜并积极向旅游者推荐该旅游景区等。因此，旅游景区营销要突出其独特性和地方性，提高知名度，借助相关主体扩大影响，使营销工作富有成效。

2. 淡旺季旅游景区营销季节的差异性

由于旅游需求和节假日等的影响，旅游景区游客量变化呈现明显的阶段性波动特点。一般而言，旅游景区接待游客量最多的时候通常是旺季和周末。旅游景区市场营销常常采用多种营销策略来拉动淡季需求，提高设施利用率，降低成本；而在旺季，旅游景区营销的力度不大。

3. 消费者和生产者共同营销

旅游景区产品的特性之一是生产和消费的同时性，作为消费者的游客和作为旅游产品之一的旅游景区的员工，服务与被服务存在同时性。游客的态度和行为会成为直接的经历，而且影响其他游客的经历，甚至在口碑传播之后影响潜在旅游者的行为；而旅游景区员工直接参与产品的生产和销售，直接与游客接触，他们的服务态度、营销意识等直接影响到游客对旅游景区产品的喜欢与否。因此，在旅游景区的营销过程中，生产者和消费者都是重要的组成部分。

4. 不同属性旅游景区营销目的的差异性

随着国有景区经营权的转让及私有企业开发新的旅游景区，旅游景区的所有权出现了新的变化，由过去单一的国有转变为国有和私营及合资并存。在旅游景区归旅游企业进行市场化运作之后，旅游景区之间的竞争日益激烈，几乎每个旅游景区都会使用差别性营销策略，以形成独特形象，各旅游景区的营销目的则会由于属性不同而表现出差异性。国有旅游景区的目的不只是盈利，而且包括文物保护、社区休闲、扶贫等多个方面。私有或合资旅游景区通常都是为了实现利润最大化、占有更大的市场份额、扩大产品销售、取得满意的投资回报率等。旅游景区的属性不同，决定了其在营销力度和侧重点上会有所差别。

（三）旅游景区营销过程

旅游景区的营销是一个复杂的过程，它遵循一般市场营销的原则和程序，同时具有自己的内容和特点。其营销管理程序及具体内容如表 10－1 所示。

表 10－1　旅游景区营销管理程序

	程序	具体内容
1	分析市场机会	营销信息调研、营销环境分析、旅游者动机分析
2	目标市场细分与定位	预测需求量、市场细分、目标市场选择
3	设计营销战略	旅游景区开发战略、形象定位、市场定位、景区生命周期战略
4	策划营销方案	旅游景区产品组合、服务项目、门票方案、分销渠道、促销方案等
5	营销活动的组织、执行与控制	旅游景区营销组织部门设置、营销规划、营销政策等

资料来源：赵黎明，黄安民，张立明. 旅游景区管理学. 天津：南开大学出版社，2002

二、旅游景区营销的设计

（一）旅游景区市场调查

目前，无论是旅游景区的经营者还是投资者，都面临着两难的选择：要生存发展就必须不断开发新的产品和投资新的项目。但是，开发新的产品、投资新的项目却无法对未来市场的前景与收益作出一个相对准确、完整、权威的预测。这是阻碍旅游景区发展的一个大问题，也是旅游景区制订营销方案的基础。

1. 旅游景区市场调查及其现状

旅游景区市场信息主要分为两大块：旅游景区规划和市场调查。目前，在宏观层面上，即旅游景区规划已得到旅游景区管理部门的重视，但在微观层面上，即旅游景区市场调查这个环节，还是相当薄弱的。科学的、系统的、专业的旅游景区市场信息对旅游景区营销策略的制定是非常必要的。

2. 旅游景区市场调查的内容

旅游市场调查的基本内容包括他们是谁（Who）、他们购买的原因（Why）、他们来自什么地方（Where）、什么时候来的（When）、购买什么（What），以及他们如何购买（How），也就是传统所说的"5W1H"。通过调查，我们可以了解过去包括现在旅游景区游客的流量、各个景点品牌占有率、销售数据的监测、广告效果监测、游客满意度、质量控制、景点形象；还可以预测未来，了解市场发展趋势。

旅游经营者一般更关心不同景区的游客数量及其变化，以及谁是潜在的客户群体、广告推广活动是否有效、产品能否得到旅游者的喜欢、下一步的市场在哪里等问题。

3. 旅游景区市场调查的类型

旅游景区市场调查按不同的标准可分为不同的类型，如表 10－2 所示。

表 10 – 2　旅游景区市场类型调查对照表

类型名称			形式	特点	主要用途	缺点
按调查目的分	探索性调查		有限访谈或查找资料	简便、初步	用于了解现状，发现问题，制订调查方案	准确性低
	描述性调查		对对象基本情况的调查	客观	广泛搜集基础性信息，准备深入研究工作	工作量大
	因果性调查法		设定和控制变量，调查因变量	因果性	基于描述性调查针对特殊问题证明因果关系	调查环境难以完全控制
	预测性调查		对对象未来趋势的调查	预测性	预测未来某一时期内的发展趋势	定性与定量相结合
按选择对象的方法分	全国调查		对所有对象进行调查	全面、精确	用于旅游资源普查等	工作量巨大
	典型调查		选择典型代表	工作量小	适用于对象庞大，且对该对象已经熟悉	难以准确选择典型
	抽样调查 随机抽样	系统抽样	排列对象，等距抽样	等距，简单易行	适用于对同类对象进行一般分析	对异质分析不易深入
		简单随机抽样	完全随机抽取样本	随机性	适用于各种对象	受条件限制，可能沦为任意抽样
		分层随机抽样	先按质归类，再在各同质层简单随机抽样	能增加代表性，工作量大	用于异质分析明显的场合，如按年龄段分层再研究各段分层特性	取决于设层的准确性
		分群随机抽样	先按空间分群，再在各群随机抽样	空间针对性强	常用于客源地抽样调查	异质分析不易深入
	抽样调查 非随机抽样	任意抽样	视条件方便抽样	任意性	对象同质性较高	偏差较大
		判断抽样	按专业人员的判断选择样本	取决于专业人员	对象个体极不相同，为避免误差而删除极端	受调查人员的素质影响大
		配额抽样	划分群体，规定每群体的样本数，再任意抽样	工作量小，较均匀，信度、效度较高	适用于一般性、小规模的调查	调查人员的素质对结果有一定影响
按资料来源分	第二手资料调查	外部资料	政府和专业出版物	较简便	宏观调查、背景调查	实效低，难以满足专业性要求
		内部资料	档案、文件等	简便	历史、内部情况调查	
	第一手资料调查		有计划地调查专门信息	时效性好，针对性强	调查本地特定问题	成本高
	观察调查法		旁观或借助仪器观察	间接性、客观性	调查游客的行为规律及隐含态度	原因要靠主观推测

（续上表）

	类型名称	形式	特点	主要用途	缺点
按交流方式分	询问调查法 面谈法	面谈，可间断询问、启发判断	灵活、亲切、较准确	常用于小组专题访谈	成本较高，受调查人员的素质影响
	电话询问法	通过电话征询意见	成本低，灵活	用于长途、补样本或大范围较简单问题调查	复杂问题不易配合
	邮寄调查法	问卷邮寄	较客观	常用于问题多，不便面谈，或易受调查者影响的问题	返回率低，受问卷设计质量影响
	留置问卷法	面交问卷，回家填写	较明确、客观	可用于问题多且须仔细思考的问卷调查	周期长，返回率较低
	实验调查法	控制变量，了解变量间的关系	科学、客观	以小规模实验，为推广做准备	难以完全控制实验条件

资料来源：尹德涛，宋丽娜．旅游问卷调查方法与实务．天津：南开大学出版社，2008

4. 旅游景区市场调查在中国旅游景区的实践

近年来，国内旅游景区越来越意识到市场调查的重要性。一些旅游景区根据外部市场的变化和自身策略的需要，每年在制订市场计划之前，都在它的目标市场范围内进行市场调查。

目前，大部分旅游景区所面临的主要任务是，不但要通过旅游产品的重新组合和旅游产品的创新，在竞争激烈的旅游市场中推出符合主体客户群需求的、以某种特色为主的产品，吸引更多的游客；更要通过营销策略的优化和跨区域市场策略的实施，尽可能拓展客源和提高营业收入。为此，在调查目的中，应包括以下几个方面：旅游消费新的需求趋势；客源市场社会和经济因素的变化对旅游成长性的影响；目标客源市场旅游消费者出游意愿、动机和旅游线路选择变化的趋势分析；旅游景区在目标客源市场的形象定位和再定位的策略；新的旅游产品（老产品的重新组合，创新产品）的概念测试；对不同目标群体与不同旅游产品要素的偏爱度的模拟测试。

白云山风景区旅游市场调查问卷（如表10-3所示）是旅游景区市场调查在白云山风景区的具体实践。白云山风景区是广州有名的风景胜地，是广州城区最高峰，素有"南越第一山"之美誉。此次调查主要是了解白云山景区国内外市场环境情况，包括旅游者旅游动机、景区知名度、市场竞争状况、客源地分布等。

表10-3　白云山风景区调查问卷

亲爱的朋友： 　　您好！为了给您提供更优质的服务，我们需要对以下问题进行调研，希望能得到您的支持！请将符合您情况的选项打上"√"，非常感谢您的积极参与！ 　　1. 您的年龄是？ 　　A. 小于14　B. 15~19　C. 20~35　D. 36~45　E. 45~60　F. 60以上 　　2. 您的职业是？ 　　A. 公务员　B. 管理、技术人员　C. 服务商贸人员　D. 离退休人员　E. 学生 　　F. 工人　G. 其他 　　3. 您的月收入为？ 　　A. 800元以下　B. 801~1 500元　C. 1 501~2 999　D. 3 000元以上

（续上表）

4. 您是否到过白云山旅游？ 　A. 是　　B. 否 5. 是哪个最主要的因素造成您不到白云山旅游？ 　A. 交通　　B. 时间　　C. 金钱　　D. 对该景区没有兴趣　　E. 认为该景区跟与其同类型的景区没有分别　　F. 其他原因 6. 您一般选择什么时候来白云山？ 　A. 双休日　　B. 节假日　　C. 陪亲朋好友　　D. 工作日 7. 您到白云山的主要目的是？ 　A. 休闲　　B. 看风景　　C. 参拜　　D. 登山　　E. 参观　　F. 其他 8. 您是从哪些渠道知道白云山旅游风景区的？ 　A. 旅行社　　B. 电视　　C. 图书、杂志、报纸　　D. 亲朋好友　　E. 网络传播　　F. 其他 9. 您对白云山风景区哪些景点最感兴趣？ 　A. 仙人洞　　B. 白云洞　　C. 城顶山　　D. 唐帽山　　E. 花红峪　　F. 山顶公园　　G. 白云松涛　　H. 金液池　　I. 九龙泉　　J. 明珠楼　　K. 天南第一峰　　L. 没有 10. 您对白云山景区的门票收费的评价是？ 　A. 非常满意　　B. 满意　　C. 一般　　D. 不满意　　E. 非常不满意 11. 您对白云山景区的景点质量的评价是？ 　A. 非常满意　　B. 满意　　C. 一般　　D. 不满意　　E. 非常不满意 12. 您对白云山景区的旅游设施的评价是？ 　A. 非常满意　　B. 满意　　C. 一般　　D. 不满意　　E. 非常不满意 再次感谢您的支持！

5. 旅游景区市场调查方法

旅游景区市场调查包括以下几种主要方法：

（1）市场信息系统法。

通过对系统提供的景区内、外部大量资料和数据与景区经常性市场研究相结合，是发现市场机会并将之转化为成功的市场营销的必要条件和手段。

（2）意见和建议收集归纳法。

旅游者的意见，竞争者、中间商、同行业协作者的各种信息，政府部门、科研机构、社会团体、公众媒体等，都是意见和建议的消息来源。常见的收集方法有专家意见法、头脑风暴法、大量信息检索法、询问调查法、观察记录法、座谈会法等。

（二）旅游景区的市场细分与定位

1. 旅游景区市场细分

市场细分是旅游景区进行目标市场定位的前提，也是市场营销的基础。细分市场便于旅游景区制订正确、准确的市场营销方案。

（1）旅游景区市场细分的概念。

旅游景区市场细分是从旅游者的需求差异性出发，根据旅游消费者消费行为的差异性，将整个旅游景区市场划分为若干不同消费群体子市场的过程。

（2）旅游景区市场细分的步骤。

第一，选定旅游景区产品的市场范围。旅游景区应明确自己在旅游业中的产品市场范围，并以此作为制定市场拓展战略的依据。

第二，列举潜在顾客的需求。可从地理、人口、心理等方面列出影响景区产品市场需求和顾客购买行为的各项变数。表10-4列出了旅游景区市场细分标准及术语。

表10-4　旅游景区市场细分标准及术语大全

	分类因子	细分亚标准	细分类型	优点
按人口统计分	年龄、受教育程度	年龄细分法	学龄市场、青年市场、中年市场、老年市场等	便于研究消费结构
	性别、家庭、年龄结构、收入、宗教	家庭结构细分法	情侣市场、蜜月旅游市场、老年夫妇市场等	便于开展有针对性的服务
	职业文化圈	职业细分法	公务旅游市场、商务旅游市场、职业旅游市场、农民旅游市场、学生团体旅游市场	
按地理分	常住地	区域细分法	欧洲市场、亚洲市场、东北市场、华南市场	便于研究促销地、旅行社定点
	市场规模	距离细分法	近时距市场、中时距市场	便于研究时间、费用的支付能力
	气候人口密度	气候细分法	避暑市场、避寒市场、冬季（滑雪）市场、夏季（游泳）市场	便于研究季节人流特征
按心理分	性格	心理需求法	安逸者市场、冒险者市场、廉价购者市场	便于安排项目内容
	习惯价值观	生活方式法	基本需求者市场、自我完善者市场、开拓扩张者市场	便于探索"满意经历"的内在机理
按消费行为分	消费动机频率	旅游目的法	度假市场、观光市场、会议商务市场、福利旅游市场、教育旅游市场、探亲访友旅游市场	便于研究供给布局
	品牌信赖度	组织方式法	组团旅游市场、散客旅游市场	便于安排组织工作
	消费水平广告敏感度	价格敏感度法	豪华型旅游市场、工薪型旅游市场、节俭型旅游市场、温和型旅游市场	便于研究价格策略
	服务敏感度、价格敏感度	频率分类法	随机性市场、选择性市场、得复性市场	便于安排促销重点

第三，分析潜在顾客的不同需求。旅游景区应对不同的潜在顾客进行抽样调查，并对所列出的需求变数进行评价，以便了解顾客的共同需求。

第四，制定相应的营销策略。调查、分析、评估各细分市场，最终确定可进入的细分市场，并制定相应的营销策略。

（3）旅游景区市场细分的方法。

第一，地理环境细分。即以旅游者所在的地理位置作为细分市场的基础，然后选取一个或几个目标市场，如国家/地区、城市/农村、气候/地形等。

第二，人口特征细分。即按照人口的特征来细分市场，如年龄、性别、职业、收入、教育、家庭人口、家庭类型、家庭生命周期、国籍、民族、宗教、社会阶层等。旅游者的出游动机和景区类型偏好往往与人口特征的部分要素紧密相关。

第三，心理因素细分。即按照旅游者的个性、爱好等心理因素对旅游景区市场进行细分，如旅游者的生活方式、个性、兴趣等。

第四，行为细分。即按照旅游者的出游时间、旅游频率、对景区的忠诚度、旅游后的感受等行为进行市场细分。根据旅游者的旅游方式、旅游时间、出游目的等可进行出游中的旅游景区市场细分，如表10-5所示。

表10-5　出游中的旅游景区市场细分表

变量	细分的水平		
1. 季节性市场	12月~次年2月（冬季市场） 6~8月（夏季市场） 周末市场	3~5月（春季市场） 9~11月（秋季市场） 工作日市场	
2. 旅行时间细分	一日内休闲市场 两日游 一周游	一日游 三日游 其他时段	
3. 旅行距离（千米）（括号内以国家级目的地为例，给出大致的距离市场份额）	0~500（约60%市场） 900~2 000（约16%市场）	500~900（约20%市场） >2 000（约4%的市场）	
4. 出游目的	会议与商务市场 休闲、度假市场 文化节、体育旅游景区市场 其他家庭或个人事务市场 修学市场 综合目的市场	采购、销售及其他商务市场 观光、游览市场 探亲访友市场 购物市场 疗养康体市场	
5. 旅行方式	汽车旅游市场 轮船旅游市场 步行旅行市场	火车旅游市场 单位交通工具市场 其他、综合交通市场	飞机旅游市场 自行车旅行市场
6. 组织方式	散客	团队	

2. 目标市场选择

根据各个细分市场的独特性和景区的自身定位，有以下三种目标市场营销策略可供选择。

（1）无差异市场营销。

无差异市场营销是指旅游景区只推出一种产品，或只用一套市场营销办法来招徕游客。当旅游景区断定各个细分市场之间的差异较少时可考虑采用这种市场营销策略。

（2）密集性市场营销。

密集性市场营销是指旅游景区将一切市场营销努力集中于一个或少数几个有利的细分市场。

（3）差异性市场营销。

差异性市场营销是指旅游景区根据各个细分市场的特点，相应强势地推介某些特色产品，或制订不同的营销计划和办法，以充分适应不同消费者的不同需求，吸引各种需求的旅游者，从而提高游客入园量，实现效益的增长。

3. 旅游景区市场定位

（1）旅游景区市场定位概念。

所谓旅游景区市场定位，就是根据旅游景区自身条件和竞争者的现状，为本景区和产品在游客心中确定一个心理位置，树立一个市场形象，并争得目标游客的认同和偏爱。

（2）旅游景区市场定位方法。

第一，比附定位。比附定位是一种"借光"定位方法。它借用著名景区的市场影响来突出、抬高自己。如把宏村某古代官员的故居誉为"民间故宫"，把南浔誉为"江南大宅门"等。采用这种定位方法的景区并不去占据比附对象的市场地位，也不与其发生正面冲突，而是以近、廉、新的比较优势去争取比附对象的潜在顾客群。

第二，回避式定位。回避式定位是指当旅游景区不具有明显的特色优势时，利用被其他旅游景区遗忘的旅游市场角落来塑造自己旅游产品的市场形象。如河南辉县有名的电影村郭亮村，本来是一个普普通通的太行山村，自从著名导演谢晋在此拍过一次电影后，山村开始走旅游发展道路。那里有洁净的山泉水、清新的空气、干净卫生的住房条件，可以用比市场低得多的价格（包食宿每天 10～20 元）去占领附近城市的休闲旅游市场和美术写生的学生市场。

第三，心理逆向定位。心理逆向定位是指打破消费者的一贯思维模式，以相反的内容和形式标新立异地塑造市场形象。例如，秦皇岛野生动物园一改传统动物园将动物囚禁在笼中观赏的做法，采取游客与动物对调的方式，人在车中，而动物在笼外宽阔的空间自由活动。这种模拟野生动物园的做法打破我国消费者对动物园的惯性思维，从而赢得了市场的认可。

第四，市场跟进定位。由于旅游业受外界不确定因素影响较大，在市场变化的时候反应最为明显。因此，旅游景区应针对变化的市场环境采取行之有效的措施，主要是针对一个易变的市场转变其特色定位。例如，广东在改革开放初期以"改革开放窗口"为特色，吸引全国各地的游客前来参观学习；改革开放全面铺开后，原有特色影响力迅速衰退，于是又推出以人造景观为主的大型游乐主题公园和支撑力强的商务旅游，重拾快速发展的道路。

三、旅游景区营销策略

根据麦卡锡的营销组合分析，旅游景区营销策略包括产品策略、价格策略、渠道策略和旅游产品促销策略。这里主要介绍旅游景区的产品策略和旅游产品促销策略。

（一）旅游景区产品策略

旅游景区首先要对自己的旅游产品有所认识，根据旅游景区所提供旅游产品的主要内容和特征，组成完备的营销组合，然后制定营销策略。

1. 旅游景区要正确认识自己的产品

旅游景区的产品不能仅仅理解为旅游地的风景名胜，还应该包括必要的旅游设施、旅游环境、游客观赏和参与的活动项目、旅游景区的管理和各类服务等。旅游景区产品的实质是服务，而不是风景名胜本身。风景名胜不能通过购买发生所有权的转移。

2. 确定旅游景区产品的营销要素

旅游景区主要有以下四个产品营销要素：

（1）旅游景区吸引物。

旅游景区吸引物就是景区内标志性的观赏物，它是景区旅游产品中最突出、最具特色的景观部分。旅游从某种角度讲也称作"眼球经济"，游客正是为了观赏旅游景区的某些特定物才不远千里、不怕车马劳顿来此的。这是旅游景区赖于生存的依附对象，是旅游景区经营招徕游客的招牌，是旅游景区旅游产品的主要特色显示。在今天旅游市场竞争日益激烈的情况下，没有这个吸引物，游客就不可能来旅游景区旅游消费。吸引物不仅靠自身独有的特质来吸引游客，还要有一个良好的形象塑造和宣传才能产生应有的引力效果。

（2）旅游景区管理与服务。

旅游景区产品表达形式尽管呈多样化，但其核心内容仍是服务。服务的特点就是它的提供与消费常常处于同一时间段，每一次服务失误就是一个不可"回炉"修复的令人遗憾的废品。因此，在服务过程中的管理尤为重要，也可以说管理就是旅游景区最核心的服务。旅游景区管理包含两个层面，一是对员工的管理，二是对旅游景区的管理。不管是哪种服务，都要以最大限度满足游客需要为宗旨。

（3）旅游景区活动项目。

旅游景区活动项目是指结合旅游景区特色举办的常规性或应时性供游客或欣赏或参与的大、中、小型群众性盛事和游乐项目。景区活动的内容是非常丰富的，如文艺、体育表演、比赛，民间习俗再现，各种绝活演艺，游客参与性节目，寻宝抽奖等。这些活动不仅是旅游景区旅游产品的一部分，而且可作为促销活动的内容。

（4）旅游景区可进入性。

可进入性是指旅游景区交通的通达性。由于很多旅游景区处在交通不方便的偏僻地区，使得游客进出旅游景区受到限制，甚至成为营销瓶颈。旅游景区的产品销售过程与有形商品销售不同，是景定人动，顾客必须来到旅游景区享受服务，旅游景区的经营要靠大量的客流。目前，在国家交通条件改善的情况下，影响旅游景区可进入性的不是主干交通，往往是旅游景区门前的最后 10 千米，必须引起重视。

（二）旅游产品促销策略

1. 打造旅游景区的特色与品位

一个旅游景区必须要有自己的特色资源，或以"桂林山水甲天下"而著称，或以"黄山归来不看岳"而名扬。特色是旅游景区凸现于游客心中的前提，这种特色或许在一个省、市有名，或许在全国独有，或许世界罕见，它将最终决定旅游景区的品位。而品位的高低，直接影响客源。所以说，在制定市场营销策略时，第一个问题便是对旅游景区旅游资源特色与品位的准确定位。定位一定要与旅游市场的需求与发展结合在一起，否则就会出现全国一片"西游宫"，最终一败涂地。

2. 实行活动促销

活动促销因其游客参与性强、收益明显，正成为越来越多的景区采用的市场营销方式之一。如深圳华侨城、美国迪士尼乐园等均是采取推陈出新、变幻莫测、频繁举办精彩活动来吸引游客。又如 2003 年西安举办了"世界小姐美眼看西安"、"金庸华山论剑"等活动，以提升一个旅游景区乃至一个城市的形象。只不过，举办一次活动费时耗力，而且需要大量资金，加之某些旅游景区还想利用名人效应，如果该名人有负面影响，旅游景区也会跟着遭殃。

3. 注重口碑营销

实施口碑营销首先要提高员工素质和服务质量。许多景区现在都在通过培训或招聘专业化人才来提高景区的服务质量，有的还导入 ISO 9000 服务质量体系，推行标准化服务和人性化，实现零投诉，或者干脆免费导游讲解，让游客一传十，十传百，实现口碑促销。这种亲朋好友间的人际传播，信服度高，很容易招徕游客。相反，如有游客不满意，负面宣传影响力更大，旅游景区的损失不言而喻。

4. 开展网络营销（在线营销）

作为一种促销工具或手段，因特网是目前任何营销主体都不可忽视的新型促销工具，它极大地扩展了现代促销活动的空间。随着休闲时间的增多、消费支配能力的提高，以及追求多样化情感生活需求的增强，这种营销策略大有潜力可挖。目前大多数旅游景区已建立了自己的网站。只要在搜索引擎中输入与旅游景区相关的关键词，很快就会找到该旅游景区的网站，并可链接到国内外著名旅游网站上。通过动画和声音等技术手段，可以使网站栩栩如生，大大提高促销效果。

网站为旅游景区和顾客提供了一种双向交流的机会，在网站上提供免费会员注册，建立会员资料库。会员通过网上确认身份，在游览本旅游景区时可享受"家庭式"团体优惠政策，同时履行填写"游客满意度调查表"的义务。对于被旅游景区采纳的合理化建议提供者，馈赠带有旅游景区标志的纪念品，以鼓励会员向旅游景区提供有参考价值的建议。在此基础上，旅游景区可以在自己的网站上设立"游客评价"专页，登载游客的美好回忆和评价等，让其他潜在顾客一起分享这份记忆，由此吸引更多人前来消费。旅游景区管理人员可通过 FAQ、顾客电子邮件和顾客电子论坛回答有关时间、价格和交通方式等方面的日常性问题，为顾客提供便捷服务，真正达到面对面交流的目的。

5. 实施特许（专营）旅行社经营

一些旅游景区为了保障主要提供客源的旅行社的合法权益，特许旅行社进行垄断经营，这对稳定市场客源和门票价格起到了很好的作用。这种市场营销策略一般针对知名度高、外地组团客源多的旅游景区而言，中、小型景区则不宜采用。因其垄断性，导致其他旅行社因利润或其他原因不愿为该旅游景区输送客源，也就丧失了旅行社之间公平、合理竞争的基础。

【本章小结】

旅游景区形象是旅游景区对自身的各种要素资源进行整合提炼，有选择地对旅游者进行传播的包括人物、文字、图像、标志等在内的意念要素。旅游景区形象具有统一性、客观性、相对稳定性、绝对可变性、独特性和复杂性的特点。旅游景区类型的划分具有多样性。旅游景区形象与营销管理应注重旅游景区形象的策划与旅游品牌的塑造。旅游景区营销是旅游景区组织计划和执行关于旅游产品、景区服务和形象创意的观念、定价、促销和分销，以创造符合景区目标的交换的一种过程，即通过对旅游景区进行市场调查、市场细分与市场定位，结合旅游景区的发展特性，实施符合旅游景区实情的旅游市场营销策略，促进市场的拓展。

【拓展阅读】
统一嘉园为何衰落

2006 年"十一"黄金周，无锡旅游异常火爆。1 日至 7 日，全市接待旅游者达到 210 万人次，旅游总收入 13.27 亿元，同比分别增长 23% 和 30%；日均旅游收入近 2 亿元，创历史新高。然而，就在城市旅游一片繁荣之际，开业不到四年的无锡统一嘉园景区，却在两个月前因资不抵债、经营难以为继而破产倒闭。

无锡统一嘉园景区坐落于太湖之滨，与央视无锡影视基地隔水相望，相距不过数百米之遥。景区依山傍水，气势恢弘，称得上是山水资源极佳的主题景区，但在城市旅游逐步发展的今天，其为什么会经营失败呢？经分析，其失败的原因主要有以下几点：

一、跟风投资，景区建设一波三折

统一嘉园初建于 1994 年，2001 年 9 月正式对外开放，景区建设周期长达七年。1994 年项目启动之初，原定名为镜花缘。其运作思路完全模仿央视无锡影视基地，即"以戏带建"，通过为剧组提供拍摄场景服务，带动景区的旅游发展。景区决策者瞄准央视当时正在筹拍的电视剧《镜花缘》，并且通过公关活动，使剧组同意了将无锡镜花缘景区作为主要的场景拍摄地。这是一个典型的跟风投资项目。当时央视无锡影视基地的旅游异常火爆，每年的客流量高达 300 多万人次。该景区就在三国城景区的南侧。决策者采用了一种所谓"蝇随骥尾"的发展战略，希望借势于央视无锡影视基地，使景区的旅游业发展起来。但是，相关决策人在作出这项重大投资决定时，忽视了两个重要问题：

其一，镜花缘景区所依托的文化载体，与三国城景区大不相同。《镜花缘》中描写的各种奇人异事和奇风异俗颇具想象力，但是，《镜花缘》的历史文化内涵远不能与《三国演义》相提并论，远不像《三国演义》那样家喻户晓。

其二，电视剧的生产，从剧本创作到拍摄发行，流程复杂，可变因素很多。如央视无锡影视基地的唐城景区，本来就是专为央视电视剧《镜花缘》的拍摄而建的。后因《镜花缘》剧本难产，遂临时调整，改拍电视连续剧《唐明皇》。《镜花缘》剧组也许会碍于情面，答应来无锡拍摄。但剧组既没有责任，也没有义务非来不可。而决策者据此投入巨大资金建设镜花缘景区，暗藏着极大的市场风险。

二、战略转型，市场定位严重偏差

镜花缘景区尚未开园，就已经流产，决策者不得不重新寻找市场出路。实际上，就景区的资源特点和区位优势来看，它地处太湖风光带内，占据了太湖边的观景制高点，可远观太湖之烟波浩淼，也可体验江南水乡之苇荡野趣，其山水园林的市场定位显而易见。且当时国内旅游市场的发展态势，对景区其实非常有利。随着"人造景观热"的消退，自然景观和山水园林日益受到广大游客和旅行社的青睐。此时，如果决策者利用民营企业的灵活机制，及时进行战略转型，面向国内大众旅游消费市场，迅速推出"太湖山水园林"的品牌新概念，完全可能一举赢得市场主动。但是，决策者却轻信了一项不完全统计，该统计显示现在居住上海的台湾人已有 35 万人，周边台商投资企业超过 2 万家。于是决策者决定抓住这一特定消费群体，将景区定位成一个海峡两岸共同期盼统一的政治化主题景区，在山顶的最佳观景之处投入巨资修建台湾妈祖庙和中华统一坛。但是实践证明，其市场定位出现严重偏差，问题主要出在"市场细分"和"目标市场选择"这两个环节。

评判市场细分是否成功，有四个基本原则：一是可盈利性。细分市场的规模必须获取足够盈利。二是同质性。市场细分的本质，就是将异质市场同质化，这样才便于制订同一营销计划。三是显著性。就是所选择的细分市场应该能够跟其他细分片形成明显区隔。四是可测量性。就是市场细分应能测量营销活动的效果。

在这个景区营销的失败案例中，决策者把居住在上海的 35 万台湾人这一"特定消费群体"错误地认定为景区的目标市场，其判断失误主要缘于两个原因：

一是严重忽视了"可盈利性"。对于统一嘉园这样投资上亿的观光型景区来说，要确保"可盈利性"，其所选择的目标市场必须有足够大的规模，后续客源要非常充沛。而总人数为35万人的目标市场，规模实在太小，不足以支撑景区的长期发展。当时统一嘉园的门票价格是35元，即使居住上海的所有台湾人都到景区游玩一次，也不过千万元左右，毛收入还不到景区投资的1/10。

二是没有仔细辨析"同质性"。居住上海的台湾人与景区的"目标消费群"不能混为一谈。这些台湾人来到上海，主要目的是在上海工作和生活，旅游消费并非他们的主要生活内容。只有他们当中那些具有较强旅游消费欲望并且对统一嘉园景区的旅游资源感兴趣的人，才是真正意义上的目标消费群体。同样，所谓"周边台商投资企业超过2万家"，也是如此。

三、价格竞争，短期行为过度促销

统一嘉园开业之后，预想中的数十万台湾游客并未纷至沓来。不得已，转而希望以期盼祖国统一的政治主题，吸引当地和周边的中小学生市场。为了加强景区在中小学生市场的品牌号召力，景区增设了爱国主义展馆，跟当地有关部门联合开展了"祖国统一、振兴家园"青少年爱国主义主题教育活动。景区还先后被中央级有关部委正式命名为"爱国主义教育基地"、"中华爱国工程"等。作为一个新景区，统一嘉园的加盟给学生春游市场注入了新的活力，也使学校和旅行社的春游线路和景点选择有了新鲜感。学生市场的主要特点是每年都会有新生入学，它的基本客源是长期而稳定的。针对这一市场的景区营销思路，应该着眼长远，而不能急功近利。但统一嘉园一开始就以极具破坏性的超低票价对学生市场进行过度促销。这种做法在短期内颇为奏效，景区一度出现表面的繁荣景象，这对景区的长远发展却危害甚大。统一嘉园的门票挂牌价为35元，按学生半价销售价格应为17元左右。但是，它在进入市场之初，就以低于10元的超低票价，对中小学生客源进行"通吃"。一时间，景区内人气鼎盛，好不热闹。但是，由于景区的门票价格订得过低，实际利润十分微薄。

四、诚信缺失，分销渠道彻底崩溃

无锡只是旅游过境地，而非旅游目的地。景区要获得规模较大、持续稳定的外省市客源，就必须纳入"华东线"。经过努力，统一嘉园一度成功地说服了本地部分旅行社，采用在华东四日游、五日游、七日游线路中"送太湖新景统一嘉园"的方式，向游客大力推荐景区。与此同时，上海、南京等地的部分旅行社也开始积极为景区组团，并有意逐步将统一嘉园纳入华东线。然而，景区营销人员为了在黄金周期间获得短期利益，竟然置早已跟旅行社签订的协议于不顾，突然抬高旅游团队优惠票价，让已经发团的旅行社陷入进退两难的尴尬境地。更有甚者，由于景区内部的人事变动，相关决策者竟然宣布已经派发出去的大量赠券作废，引起诸多争执。景区在营销管理方面的鲁莽草率，事实上形成了对旅游分销商和社会公众的一种背信弃义，使企业的商业信誉一落千丈。而景区初步建立起来的旅游分销渠道也在顷刻土崩瓦解。令人惋惜的是，在企业面临重大生存危机之际，决策者没有正视已经出现的各种市场问题，及时进行营销政策的调整和服务质量的改进，更没有采取任何危机公关措施来消除业已造成的负面影响。

资料来源：郑泽国．统一嘉园为何衰落．中国营销传播网，国务院发展研究中心信息网（有删减）

问题：

1. 结合统一嘉园发展的教训，分析影响旅游景区成功营销的因素有哪些。

2. 为什么说旅游景区高层管理在旅游景区发展壮大或者日趋衰败的过程中起着决定性作用？

【思考与练习】

1. 旅游景区形象的内涵是什么？

2. 简述旅游景区形象策划的方法。

3. 如何有效地传播旅游景区形象？

4. 旅游景区营销的内涵是什么？

5. 旅游景区市场细分与定位中应注意哪些问题？

6. 简述旅游景区市场定位的方法。

7. 旅游景区市场营销策略有哪些？

第十一章　旅游景区质量管理

【学习目的】

通过本章的学习，了解旅游景区（点）质量等级的划分与评定以及 ISO 9000、ISO 14000、GB/T 17775 的基本内容，掌握旅游景区质量的概念。

【学习要点】

1. 旅游景区质量管理基本概念体系
2. 旅游景区质量管理原则和体系构建
3. 旅游景区质量管理标准

【关键词】

旅游景区　质量管理

旅游景区质量管理是旅游景区管理的核心内容之一，是旅游景区竞争力构成的关键因素。它直接关系到旅游景区的经营效果甚至旅游景区的生存和发展，也关系到旅游消费者合法权益的维护。因此，在旅游景区管理中必须重视和抓好质量管理。

第一节　旅游景区质量管理概述

旅游景区的质量如同商品的质量，是旅游景区的生命，旅游景区的质量也是影响旅游景区效益和形象的关键因素。因此，对旅游景区进行质量管理是事关景区效益和形象的大事。

一、旅游景区质量基本概念

（一）质量

国际标准化组织（ISO）对质量的定义为：产品或服务所具备的满足明确或隐含需求能力的特征和特征的综合。对于这个定义，我们可以理解为质量是产品满足顾客需求的特性。目前更流行、更通俗的定义是从用户的角度去定义质量：质量是用户对一个产品（包括相关的服务）满足程度的度量。质量是产品和服务的生命。质量受企业生产经营管理活动中多种因素的影响，是企业各项工作的综合反映。

质量属于产品导向观念的范畴，它关注的是产品的特征和属性。然而，如今的营销观念主要关注于顾客。从顾客导向的视角来看，质量与顾客满意密不可分。质量被视为产品或服务能够满足顾客需要和欲望的程度。

（二）质量管理方法

在质量管理发展历程中，四种质量管理方法——质量控制、质量保证、全面质量控制与全面质量管理相继产生。

1. 质量控制

质量控制（Quality Control）是指对产品与服务质量进行控制，以发现存在的问题并加以解决。质量控制以解决问题为导向，以往主要由工厂的质量检查员来实施。在这种情况下，发现和解决质量问题的责任，不是由制造产品或传递服务的员工来承担，而是落在了质量检查员的身上。

2. 质量保证

质量保证（Quality Assurance）是指为使人们确信某一产品、过程或服务的质量而实施的有计划、有组织的活动。也可以说是为了提供信任表明实体能够满足质量要求，而在质量体系中实施并根据需要进行证实的全部有计划和系统的活动。显然，质量保证普遍适用于有合同的场合，其主要目的是使用户确信产品或服务能满足规定的质量要求。如果给定的质量要求不能完全反映用户的需要，则质量保证也不可能完善。

3. 全面质量控制

全面质量控制（Total Quality Control，TQC）是以组织全员参与为基础的质量管理形式。全面质量控制代表了质量管理发展的最新阶段，其起源于美国，后来在其他一些工业发达国家开始推行，并且在实践中凸显作用。特别是在日本，20世纪60年代以后因推行全面质量控制而取得丰硕的成果，引起了世界各国的瞩目。20世纪80年代后期以来，全面质量控制得到了进一步的扩展和深化，逐渐由早期的全面质量控制（Total Quality Control，TQC）演化成为全面质量管理（Total Quality Management，TQM），其含义远远超出了一般意义上的质量管理领域，而成为一种综合的、全面的经营管理方式和理念。

4. 全面质量管理

全面质量管理（Total Quality Management，TQM）是企业管理现代化、科学化的一项重要内容。它于20世纪60年代产生于美国，后来在西欧与日本逐渐得到推广与发展。20世纪60年代初，菲根堡姆和朱兰提出了全面质量管理的科学概念和理论，即"为了能够在最经济的水平上，并考虑到充分满足顾客要求的条件下进行市场研究、设计、制造和售后服务，把企业内各部门的研制质量，维持质量和提高质量的活动构成为一体的一种有效的体系"。这一科学概念和理论在世界范围内很快被普遍接受和应用。全面质量管理应用数理统计方法进行质量控制，使质量管理实现定量化，变产品质量的事后检验为生产过程中的质量控制。它是一种由顾客的需要和期望驱动的管理哲学。国际标准 ISO 8402：1994 对 TQM 的定义是：一个组织以质量为中心、以全员参与为基础，目的在于通过让顾客满意和本组织所有成员及社会受益而获得长期成功的管理途径。

旅游景区质量是一个体系，由多种质量概念组成，包括景点质量、景区服务质量、景区过程质量和景区工作质量等。对游客的需求而言，景区质量主要由景点质量和景区服务质量来体现，由景区过程质量来保证。过程主要由景区员工的工作来完成，景区过程质量由景区工作质量来保证（如图11-1所示）。由此可见，旅游景区的全面质量管理是旅游景区全体从业人员及有关部门同心协力，综合运用管理技术、专业技术和科学方法，经济地开发、研究、生产和销售令旅游者满意的旅游产品的管理活动。它强调以质量为中心，全员参与质量管理、全方位质量管理、全过程质量管理和多方法地着眼于长远的发展。

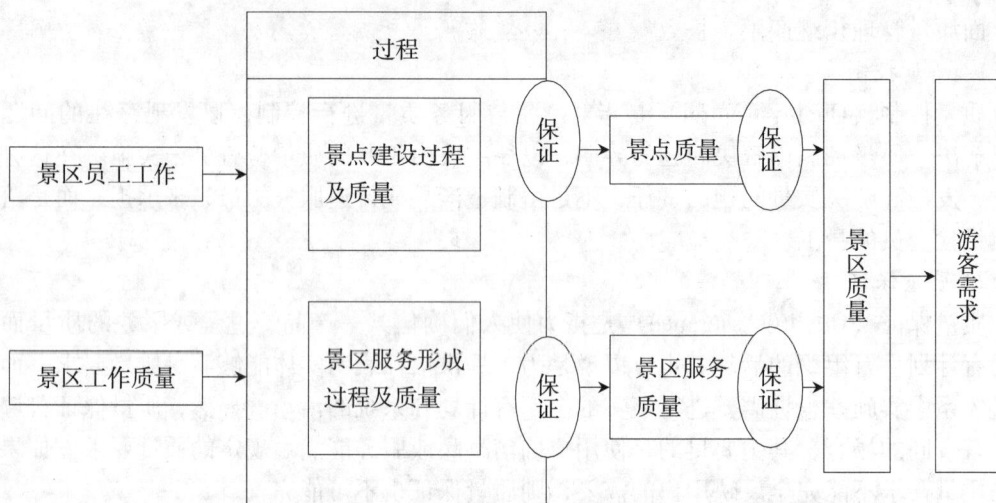

图 11-1　景区质量概念之间的关系图

资料来源：樊军辉．我国旅游景区服务质量及其标准体系的研究．河北师范大学硕士学位论文，2007

（三）质量管理与旅游业

由于旅游业本身的诸多特性，质量管理在旅游业的实施极为困难。旅游业中公众评价不高的部门主要是旅游经销商。

（1）游客购买的只是旅游产品的共享使用权。以包价旅游为例，游客必须与他人共享度假地或住宿设施，他们无法选择与谁共度假期。其他游客的行为举止可能会给旅游者的度假经历造成负面影响，如旅馆里大声喧哗的房客可能会毁掉一个带婴儿度假的家庭游客的假期。然而，旅游经销商也很难控制或者根本无法控制谁使用度假地或饭店，因此也就几乎不可能控制这方面的产品质量。

（2）人们外出度假的价格相差悬殊。英国旅游业就以价格低廉的夏季度假旅游而闻名，因为游客愿意为由"阳光、沙滩、海水、性"构成的包价旅游多付钱。由于价格和利润率太低，旅游经销商不可能保证其质量水平。这就是为什么包价旅游的投诉非常多的原因。

（3）顾客经常对度假带有不切实际的期望，而供应商所提供的产品可能根本就无法满足他们的期望。例如，度假是许多人的梦想，经过了长时间的积蓄，期望值较高。或许有人希望通过度假使已经山穷水尽的婚姻重现柳暗花明，或让青山绿水抚慰丧失亲人所带来的悲痛。

（四）质量与旅游景区

尽管有些旅游景区涉及质量问题，但总体上，旅游景区不存在质量方面形象不佳的问题。旅游景区质量可以从两个方面来探讨：其一，从产业的角度，也就是说，顾客接受的产品的质量；其二，从过程的角度，即旅游景区如何经营及生产产品并向顾客传递产品的过程。

如果把质量看作是与最终产品相关的一整套行动，这就意味着应该关注以下几点：旅游景区的物质环境；顾客为使用旅游景区而支付的费用，以及顾客认为"物有所值"的程度；旅游景区员工向顾客提供的服务；游览旅游景区的顾客的安全；旅游景区管理者收到顾客投诉的数量。

相反，如果我们关注的是生产"结果"的过程，那么我们的视野还要放宽一些，还得考虑以下问题：人力资源管理政策，包括招聘、激励、培训、奖励和纪律等方面；企业文化、管理层级和管理风格；营销功能，景区给潜在游客的印象，以及景区与营销中介的关系；采购政策，景区与供应商的关系；对商务环境的变化进行预测并采取应对的步骤。

（五）旅游景区服务质量

《旅游服务基础术语》（GB/T 16766—1997）对旅游服务质量的定义是：旅游服务活动所能达到规定效果和满足旅游者需求的能力和程度。旅游景区服务质量的高低主要表现为游客在旅游活动过程中享受到服务后的物质和心理上满足程度的高低。游客对旅游服务质量的满足程度可分为两个层次：第一个层次是物质上的满足程度。它通过设施、设备和实物产品表现出来，如设施、设备的舒适程度、完好程度、档次高低，饮食产品的色、香、味、形，服务用品的美观、完善程度等。第二个层次是心理上的满足程度。它主要是通过直接劳动方式所创造的使用价值表现出来，是服务质量的最终体现。旅游服务质量一方面取决于设施、设备和实物产品的质量；另一方面取决于服务劳动者的服务观念、服务态度、服务方式、服务技巧、服务内容、礼节礼貌、语言动作等。因此，旅游景区既要重视有形的产品质量，又要重视无形的服务质量。

二、旅游景区质量的特点

1. 整体性

旅游景区产品的整体性决定了旅游景区质量的整体性，景区质量的高低不是取决于某一个单项旅游项目，而是由整个景区内的产品质量决定的，哪怕只有一个项目的一个环节出了问题都会影响到游客对景区质量的整体评价。

2. 多样性

旅游景区的质量并不是一个单一的概念，它的内涵是多样的。它既包括有形产品的质量，如旅游景区内提供的食品、纪念品，也包括无形产品的质量，如旅游景区内工作人员的服务。这种多样性也给旅游景区质量管理带来了难度。

3. 不确定性

不同的人对旅游景区的质量有着不同的理解。游客认为，质量是旅游景区能够以最低的价格满足他们最大的旅游需求；旅游景区管理者认为，质量是最少的游客投诉和最大的游客量；旅游景区投资者则认为，质量是以最少的成本获得最大的收益。即使在同一批游客中，每个游客对旅游景区质量的理解也不尽相同。因此，旅游景区质量具有较大的不确定性。

4. 相对稳定性

旅游景区的质量在一定的时期内表现出相对稳定性，在短期内很难发生质的变化，这个特点也给着力提高旅游景区质量的管理者带来了障碍，从而使得旅游景区在旅游者及社会大众心目中的形象难以改变。

5. 动态性

旅游景区的质量并非是一成不变的。随着时代的发展，人们对旅游的需求在不断变化。创新性、文化性、参与性等要求都逐渐反映到旅游景区上。因此，旅游景区的质量是一个动态概念。

三、旅游景区质量的构成

旅游景区质量主要包含旅游景区基础产品质量、产品组合质量、服务质量、产品价格等。

1. 基础产品质量

旅游景区基础产品质量包括景观、环境、交通、饭店、餐饮、购物和娱乐等设施的质量。旅游景区基础产品是旅游者在旅游景区内进行旅游活动时所必须借助和消费的物质方面，是旅游者从整个旅游活动中得到精神享受的必要物质条件。其中任一部分质量的低下都可能引发游客对整个旅游景区质量的不满。

2. 产品组合质量

旅游景区产品组合质量是指旅游景区内各景点之间的线路设施、日程安排等是否合理。在旅游景区内有多处景点，如何针对不同的游客设计合理的线路，也是决定旅游景区产品质量好坏的重要因素。如一个适于休闲度假的旅游景区，若只提供年轻人喜好的高强度、长距离的徒步观光项目，老龄或体弱的游客对该旅游景区的质量评价必然不高。

3. 服务质量

旅游景区工作人员的服务质量具有无形性的特点，游客在旅游活动的各个环节所接受的服务质量的高低就成为其评价旅游景区产品质量高低的重要依据。可以说，旅游景区服务质量是旅游景区产品中最中心的环节，它不仅贯穿旅游活动的始终，而且成为评价旅游景区产品质量的主要依据。

4. 产品价格

人们往往有一种错误的观点，就是认为高价位的产品常常是高质量的。实际上，质量是指向所选定的市场以合适的价格提供合适的产品。对于游客而言，物有所值或物超所值的旅游景区产品才是高质量的产品。所以，产品质量往往是相对于价格而言的质量，价格也是构成衡量旅游景区产品质量的一个方面。

第二节　旅游景区质量管理原则和体系建设

一、服务质量管理体系的概念

ISO 9000：2000 标准认为：质量管理体系是指"在质量方面指挥和控制组织的管理

体系"。所谓管理体系，是指建立方针和目标并实现这些目标的相互关联或相互作用的一组要素。一个旅游景区的管理体系可包括若干个不同的管理体系，如服务质量管理体系、环境管理体系、职业健康安全管理体系、营销管理体系和财务管理体系等。

服务质量管理体系是旅游景区管理体系中一个重要的部分。在建立服务质量管理体系时，首先应制订质量方针和质量目标，然后确定实现这些质量方针和目标所需的过程、活动和资源，以建立一个管理体系并对该管理体系进行管理。服务质量管理体系的主要作用是在服务质量方面能为旅游景区实现持续满足规定要求的产品，提高顾客和其他相关方的满意度。

二、旅游景区质量管理的原则

1. "以顾客为关注焦点"原则

"以顾客为关注焦点"原则指出："组织依赖顾客。因此，组织应当理解顾客当前和未来的需求，满足顾客要求并争取超越顾客期望。"根据"以顾客为关注焦点"原则，旅游景区应建立对市场的快速反应机制，创造竞争优势，增强顾客的满意度。

因此，旅游景区应做到以下几点：①识别并理解顾客的需求和期望；②确保旅游景区的质量目标体现顾客的需求与期望；③确保在整个旅游景区内沟通顾客的需求与期望；④监视、测量顾客满意度并据此采取相应的改进措施。

2. "领导作用"原则

"领导作用"原则指出："领导者确立组织统一的宗旨和方向。他们应当创造并保持使员工能充分参与实现组织目标的内部环境。"

旅游景区的服务质量管理活动主要包括制订质量方针和质量目标，规定职责，建立服务质量管理体系，事先策划、控制和改进等。质量方针和质量目标是旅游景区宗旨的重要部分，而与产品实现有关的活动构成了旅游景区的运作方向。当运作方向与旅游景区的宗旨一致时，才能实现其宗旨。领导者的作用主要体现在使旅游景区的运作方向与其宗旨保持一致，并创造一个全体员工均能充分参与实现旅游景区目标的内部环境。

应用"领导作用"原则，达到员工主动理解并自觉实现旅游景区的目标，领导者应做到以下几点：①识别并理解所有相关方的需求和期望；②清晰描绘旅游景区未来的远景，确定富有挑战性的质量目标；③建立适合于旅游景区、鼓励进取的旅游景区文化；④为员工提供所需的资源和培训。

3. "全员参与"原则

"全员参与"原则指出："各级人员都是组织之本，只有他们的充分参与，才能使他们的才干为组织带来收益。"

旅游景区的服务质量管理是通过旅游景区内各职责、各层次人员参与产品实现过程及支持过程来进行的。过程的有效性取决于各级人员的意识、能力和主动精神。人人充分参与是旅游景区良好运作的必然条件，而全员参与主要是调动全体员工的积极性。当每个员工的才干得到充分发挥并实现创新和持续改进时，旅游景区才会获得最大收益。

应用"全员参与"原则，旅游景区应做到以下几点：①让每个员工了解自身贡献的重要性及其在旅游景区内的角色；②建立促使员工以主人翁态度进行工作的旅游景区文化；③根据员工各自的目标及时评估其业绩。

4. "过程方法"原则

"过程方法"原则指出:"将活动和相关的资源作为过程进行管理,可以更高效地得到期望的结果。"

过程是"一组将输入转化为输出的相互关联或相互作用的活动"。旅游景区的活动包含许多过程,一个过程的输出通常将直接形成下一个或几个过程的输入,一个过程的输入通常又是前一个或几个过程的输出。组织内诸多过程的系统运用,连同这些过程的识别和相互作用及其管理就称为"过程方法"。采用过程方法的好处是具体过程具体考虑其资源投入、测量方式、管理方式和改进活动,系统地识别和管理旅游景区所应用的过程,特别是过程之间的相互作用,可以掌握旅游景区内与产品实现有关的全部过程,清楚过程之间的内在关系及相互联结,获得改进的优先次序。因此,应用过程方法可以高效地实现预期的结果。

应用"过程方法"原则,旅游景区应做到以下几点:①系统地识别旅游景区所有的过程;②明确管理的职责和权限;③具有测量和分析关键过程的能力;④识别并管理过程间的相互作用;⑤注重改进过程的资源、方法等因素;⑥应用过程方法建立服务质量管理体系,形成以过程为基础的服务质量体系模式。

5. "系统方法"原则

"系统方法"原则指出:"将相互关联的过程作为系统加以识别、理解和管理,有助于组织提高实现目标的有效性和效率。"

服务质量管理体系的构成要素是过程。旅游景区内的所有过程组成一个服务质量管理体系。将构成体系的过程作为系统予以识别、理解并管理,可使过程相互协调,使职责、权限、能力对应,以便最大限度地实现预期的结果。

应用"系统方法"原则,旅游景区应做到以下几点:①建立健全服务质量管理体系;②系统地识别、理解并管理服务质量管理体系内各过程间的相互作用;③确定如何系统地运作服务质量管理体系中的过程;④通过测量和评估,持续改进服务质量管理体系。

过程方法是系统方法的基础。二者的研究对象都与过程有关。二者的目的都是通过关注顾客、识别关键过程、进行持续改进来提高体系的有效性和效率,以提高顾客满意度。二者都可采用 PDCA 方式改进,但二者又有所区别。过程方法侧重于研究单个的过程,即过程的输入、输出、活动及所需的资源,以及该过程和其相关过程的关系;系统方法侧重于研究若干个过程乃至过程网络组成的服务质量管理体系,将相关的若干有效运行的过程构筑成一个有效运行的服务质量管理体系,从而高效地实现旅游景区目标。

三、旅游景区质量管理的程序

查尔斯·戴明提出了质量管理程序的"PDCA 循环",也称为"戴明模式"。他指出,质量管理是按计划(Plan)、实施(Do)、检查(Check)和处理(Action)四个阶段来开展管理工作,这四个阶段组成一个循环,是科学的质量管理工作程序。

1. 计划阶段

此阶段的主要活动是按要求和需要并结合自身条件制订计划和方案。这一阶段是决策与准备阶段,首先要取得最高管理者的承诺和支持,然后成立专门的小组(机构)完成前期策划和设计工作,在管理体系运作的同时会涉及技术改造,需要一定的资金投入和技术，因此，在体系建立之初应保证资金到位和配备技术力量。

2. 实施阶段

此阶段的主要活动是按照制订的计划和方案组织实施。这一阶段是具体的策划与设计阶段，是管理体系建立过程中的一个重要阶段，包括自我评审，质量方针、质量目标和管理方案的制订，规章制度的制定和健全等内容。

通过自我评审，总结、分析现有的管理状况和存在的问题，并编制报告，为制订切实可行的质量方针和目标提供依据。制订质量方针应充分考虑现状，根据现状提出质量目标、指标的总体框架；质量目标应具体，指标应予以量化；为实现质量目标、指标，须制订操作性较强的管理方案，确定方法和措施、进度、执行部门、责任人、资金预算等，以保证目标按期完成。为保证与标准化管理有关的活动在程序规定的条件下运行，应加强和健全制度化建设。

3. 检查阶段

计划实施一段时期以后，需要进行检查，此阶段的主要活动是针对计划和方案的执行情况进行检查，寻找和发现计划执行过程中存在的问题，也就是寻找计划执行过程中的偏差。

4. 处理阶段

此阶段的主要活动是根据体系的实际情况和变化的需要，对体系作综合评价和处理，进而提出改进要求，以便制订新的计划和进入下一轮的 PDCA 循环。

运用 PDCA 循环进行全面质量管理应注意三方面的问题：①PDCA 循环必须按顺序进行，四个阶段既不能少，也不能颠倒。②PDCA 循环必须在各个部门、各个层次同时进行，整个组织是个大的 PDCA 环，各个部门又有各自的 PDCA 环，各班组直至个人都应有PDCA 环。只有当这些大环套小环，并且每个环都按顺序转动前进、互相促进时，才能产生作用。③PDCA 循环不是简单的原地循环，每次循环都要有新的更高的目标，每循环一次必须达到既向前推进了一步，又向上升高了一层的目的。

四、服务质量管理体系的建立

建立服务质量管理体系是旅游景区的一项战略性决策。服务质量管理体系的建立包括准备与策划、文件编制两个阶段。

（一）服务质量管理体系的准备与策划

这一阶段具体包括以下几个步骤：

1. 领导决策

领导层应明确顾客的需求，分析旅游景区的服务质量管理现状，经过讨论研究，作出建立服务质量管理体系并实施认证的决策，并形成决议。

2. 组织安排

（1）成立领导小组（或质量管理委员会）。其职责主要是审批工作计划，确定质量方针和目标，调整管理职能，组织审查体系文件，协调体系运行所需的资源等。

（2）任命管理者代表。负责协调体系的管理工作，落实管理职责。

（3）设立工作机构。主要职责是制订工作计划，组织安排相关的培训，组织开展过程识别、过程分析与确定，组织协调体系文件的编写，组织开展体系的试运作等。

3. 动员发动

颁发正式文件，召开员工大会，表明领导决心，使全体员工了解建立服务质量管理体系并实施认证的目的、意义及有关决定。

4. 制订工作计划

在明确建立服务质量管理体系的基本步骤后，工作机构在管理者代表的领导下制订具体的工作计划，明确目标，落实责任，突出重点，控制进度。

5. 培训骨干

组织中层以上人员及有关管理人员学习 ISO 9001 标准，理解服务质量管理体系的要求，认清自身的差别，明确努力的方向，提高对服务质量管理认证体系的认识。

6. 制定质量方针和质量目标

质量方针是由旅游景区的最高管理者正式发布的该旅游景区总的质量宗旨和方向。质量方针应与旅游景区的总方针保持一致，并为制定旅游景区的质量目标提供框架。质量方针的制定要结合旅游景区产品、过程和体系，突出本旅游景区的特点。

7. 过程识别

服务质量管理体系包含管理职责、资源管理、产品实现，以及测量、分析和改进四大过程，每一过程又包含若干个子过程，这些过程不是彼此孤立而是相互联系的。

（二）服务质量管理体系的文件编制

1. 组建文件编制小组

按照旅游景区的质量方针和质量目标，依据文件编制的多方参与原则，尽量使参与文件编制小组的成员跨部门参与、游客参与、行业组织人员参与等。多方参与实现服务质量管理体系编制的集思广益、博采众长，以达到景区服务质量管理体系科学、合理、全面、规范的目的。

2. 编写文件

服务质量管理体系的文件编写是整个服务质量管理体系制定的结果阶段。景区质量管理的方针、目标与原则，以及各种规范细则等都应详细地体现在成果文件上。文件编写时讲究方针、方向明了，表述准确无歧义，结构完整，内容全面，内涵丰富，观点科学、规范。

3. 文件体系的审核、评价

文件编写完成之后、实施之前对文件体系进行专家审核并给予评价，以逐步完善文件文本。

4. 文件的实施

文件要有可实施性，在旅游景区高层的指示下，各个部门、各个岗位根据职责和要求严格按照文件体系实施。

5. 文件的反馈与修订

文件实施后必须要有反馈，体现在文件体系中就是不断弘扬优点，不断改进弊端，以实现旅游景区质量管理体系在旅游景区的完全吻合与和谐发展。

第三节 旅游景区质量标准化管理

一、旅游景区质量标准概述

ISO 9000 是指由国际标准化组织（International Organization for Standardization）所属的质量管理和质量保证技术委员会 ISO/TCl 76 工作委员会制定并颁发的关于质量管理体系的族标准的统称。ISO 9000 不是指一个标准，而是一族标准的统称。该标准由国际标准化组织（ISO）于 1987 年首次发布，并于 1994 年进行修订，2000 年对 1994 版 ISO 9000 标准再次进行修订，目前为 2000 版 ISO 9000 标准。

近年来，全国各地大量旅游景区、景点的开发，在增加旅游产品供给、满足游客需求等方面发挥了巨大作用。但是，由于归口不一、行业管理滞后、经营管理、服务质量、设施要求没有统一的标准等原因，一些旅游景区存在着管理水平低下、环境秩序混乱、服务质量低劣、旅游资源保护不力等问题。为了解决这些问题，强化管理，推进我国景区质量的提升，在国家旅游行业管理部门的强力推进下，我国旅游标准化管理工作近年来得到快速发展，国内大部分旅游景区按照国家标准《旅游景区质量等级的划分与评定》（GB/T 17775—2003 代替 GB/T 17775—1999）进行了等级评定，接受相关部门的复核检查后，一些旅游景区还通过了"绿色环球 21"、"ISO 9000、ISO 14000"等国际标准体系的认证，极大地提升了我国旅游景区的质量管理水平和国际知名度。

二、《旅游景区质量等级的划分与评定》

《旅游景区质量等级的划分与评定》（GB/T 17775—2003）从实施之日起，代替《旅游区（点）质量等级的划分与评定》（GB/T 17775—1999）。

《旅游景区质量等级的划分与评定》的制定旨在加强对旅游景区的管理，提高旅游景区的服务质量，维护旅游景区和旅游者的合法权益，促进我国旅游资源的开发、利用和环境保护。该标准在制定过程中，总结了国内旅游景区的管理经验，借鉴了国内外有关资料和技术规程，并直接引用了部分国家标准或标准条文。

《旅游景区质量等级的划分与评定》的内容包括术语和定义、旅游景区质量等级及标志、旅游景区质量等级划分条件、旅游景区质量划分依据与方法四个方面。根据旅游景区质量等级划分条件确定旅游景区质量等级，按照"服务质量与环境质量评分细则"、"景观质量评分细则"的评价得分，并结合"游客意见评分细则"的得分综合进行。对于初步评定的 AAAAA、AAAA、AAA 级旅游景区采取分级公示、征求社会意见的方法。

三、ISO 9000 质量认证体系国际标准

ISO 9000 质量认证体系国际标准是规范企业管理的重要依据，是全面提高企业质量管理的国际性规范文件。旅游景区为了加深潜在游客对景区的印象，给重要的决策者或潜在的投资者留下良好的印象，同时使景区的员工加强职业自豪感，通过与 ISO 9000 的供应商合作，最大限度地减少由供应商提供的劣质产品和服务引发的问题。在 ISO 9000 族中，

与景区关系最为密切的是 1991 年颁布的 ISO 9004—2 质量管理指南和服务质量体系诸要素。

景区是劳动密集型行业，景区的服务质量取决于景区员工提供的服务。ISO 9000 标准的制定，规范了部门职能，变人治为法治。景区的成功不但依赖于景区的硬件设施、景区环境及其营造的氛围，更重要的是取决于景区员工提供的服务。通过实施 ISO 9000 可以规范部门职能，确保每一个环节的服务都能令客户满意，以及产品的质量不会随着人员、地点与时间的不同而改变，并且能提高工作效率，激励员工，从而让员工主动参与景区的管理。

四、GB/T 19000 旅游景区质量认证体系

GB/T 19000 族标准亦即我国等同采用国际标准 ISO 9000 族标准（有关质量和质量保证）的所有国家标准。而 ISO 9000 系列标准是指由国际标准化组织质量管理和质量保证委员会（ISO/TCl 76）在总结各国质量管理和质量保证经验的基础上，经过各国质量管理专家近十年的努力工作，通过广泛协商和征求意见，在 1987 年正式公布，2000 年修订的有关质量管理和质量保证方面的一系列国际标准。

旅游景区推行 ISO 9000 认证体系的好处是多方面的，既包括对旅游景区内部管理的好处，也包括对旅游景区外部的好处。具体而言，内部可强化品质管理，提高经济效益，提高人员素质和企业文化；外部可提升企业形象，取得竞争优势地位，赢得更多的市场份额。

【本章小结】

质量被视为产品或服务能够满足顾客需要和欲望的程度。在质量管理发展历程中，四种质量管理方法——质量控制、质量保证、全面质量控制与全面质量管理相继产生。旅游景区的全面质量管理强调以质量为中心，全员参与质量管理、全方位质量管理、全过程质量管理和多方法地着眼于长远的发展。旅游景区质量包括两个方面："产品"的质量和传递产品的过程质量。旅游景区质量主要包含旅游景区基础产品质量、产品组合质量、服务质量、产品价格等内容。旅游景区目前存在着质量问题。为了解决这些问题，我国推进旅游标准化管理工作，按照国家标准《旅游景区质量等级的划分与评定》（GB/T 17775—2003）进行旅游景区等级评定，一些旅游景区还通过了"绿色环球 21"、"ISO 9000、ISO 14000"等国际标准体系的认证，极大地提升了我国旅游景区的质量管理水平和国际知名度。

【拓展阅读】

旅游景区游客体验价值评价理论和指标要素

目前学术界评价旅游景区的质量往往用游客体验价值来衡量。

Gale（1994）将顾客价值看作质量与成本之差，并在质量与成本下衍生出若干变量，分别对每一变量进行测评，从而对顾客价值进行评价。

阿尔布赖特（1992）提出整体顾客价值的概念，他认为整体顾客价值由七个关键性要件构成，即环

境性、美感性、人际性、提供性、程序性、资讯性、财务性。Woodruff（1997）构建了由属性到结果再到最终目标的顾客价值层级，利用定性的方法对属性、结果和最终目标进行揭示，这个价值层级模型体现了顾客价值认知的心理过程。

豪马贺卡公司在深入调查大量顾客需要的基础上，提出豪马价值星模式。该模式由五个因素，即价格、产品、信实、关系和精力共同构成一个五角星，该模式是在顾客角度实际调查的基础上提出的。

基于前面的理论总结，我们可以建立旅游景区游客体验价值评价体系。

实际上，游客体验价值评价体系中各因素对游客的相对重要性是不同的。根据游客对体验价值要素态度的不同，可以将游客体验价值要素分成两类。

第一类是基础性要素，指旅游景区在游客游览时必须具备的价值要素，是游客认为最重要的因素。包括环境性、美感性两个要素。对旅游景区管理者而言，加强对基础性要素的管理是不可忽视的。人们去旅游景区旅游，首先考虑的是要有一个良好的环境，其次才是可看的景观，环境是旅游景区得以存在和发展不可或缺的前提。如广东省肇庆市的鼎湖山以目前国内"负氧离子含量最高"著称，每一位登上鼎湖山的游客都能产生沁人心脾的感受。

景观的美感性是影响游客体验价值很重要的因素之一。旅游景区的景观包括自然景观、人文景观和人造景观，必须具有一定的观赏性或愉悦性，才能唤起游客的审美或愉悦的体验感受。

第二类是竞争性要素，指旅游景区区别于其他景区的价值要素，是游客认为重要的要素。主要包括有形性、敏感性、娱乐性、可信性四个要素。景区只有建立自己独特的优于对手的竞争性价值要素，才能形成长久的竞争优势，从而为游客提供更多的价值。

景区必须识别出游客体验价值中的基础性要素和竞争性要素，在不忽视基础性要素的基础上提供竞争性要素，为游客提供完美的体验，从而提高他们的体验价值。由于游客体验价值的动态性特征，随着情景的改变，两类价值要素可能会相互转换。对此，旅游景区管理人员需要时刻关注游客的喜好变化，在保持自己竞争优势要素的同时，也不能忽视对基础性要素的管理和创新。

资料来源：张成杰. 旅游景区游客体验价值评价研究. 暨南大学硕士学位论文，2006

问题：

1. 如何评价顾客价值？

2. 旅游景区游客体验价值评价要素有哪些？

【思考与练习】

1. 试述旅游景区质量管理基本概念体系。

2. 简述旅游景区质量管理原则及体系构建内容。

3. 简述旅游景区质量管理标准。

第十二章　旅游景区财务管理

【学习目的】

通过本章的学习，了解和掌握旅游景区财务管理的相关概念及其内容，并能够对旅游景区的财务作初步分析。

【学习要点】

1. 旅游景区财务管理的内容和方法
2. 旅游景区筹资管理
3. 旅游景区投资管理
4. 旅游景区资产管理
5. 旅游景区成本费用管理
6. 旅游景区收入、利润和利润分配管理
7. 旅游景区财务分析

【关键词】

旅游景区　财务管理　利润　效益

随着战略管理和经营管理"分化趋势"的日益发展，财务管理在旅游景区的各种管理工作中逐步上升到了战略核心地位。面对日益激烈的国内外竞争市场，旅游景区要想在激烈竞争中成功突围就必须高度重视各个环节的塑造，其中，旅游景区财务管理必然不能忽视。

第一节　旅游景区财务管理概述

一、旅游景区财务管理的概念

财务是客观存在的一种资金运动，这些资金运动渗透到经营活动的每一个角落，且总在不断运动中，也叫资金的循环与周转。

财务管理指财务经理人员对资金运动的一种运筹帷幄过程，即保证企业有足够的资金维持日常运营，并确保资金的合理使用，使企业达到其相应的财务目标。

旅游景区财务管理与一般企业的财务管理相似，包含旅游景区资金的筹集、运用、回笼、控制及分配等各方面的工作，根据资金运动规律，按照国家有关政策、法令、规章制度，保证旅游景区有足够的资金维持其正常的运营，并能获得一定的财务回报。

旅游景区财务管理与一般财务管理功能的共性在于：

（1）财务计划。即决定如何利用旅游景区的财政资源。

（2）财务控制。保证景区财政资源的有效利用，防止浪费。此外，还包括财务安全问题。

（3）管理会计。提供成本、营业额、资金流动等数据的管理信息系统。

（4）成本会计。包括对旅游景区固定成本和可变成本结构的分析，以及成本在各个成本部门间的合理分配。

（5）财务报告。即旅游景区将一年的财务情况向利益相关者汇报的正式程序，包括资产负债表和盈亏分析表两个主要部分。

二、旅游景区财务管理的目标

随着我国经济体制改革的不断深化，对企业财务管理体制的完善和发展提出了新的要求。目前，企业财务管理目标的观点主要包括利润最大化、股东财富最大化及企业价值最大化三种。旅游景区作为企业的一种，其财务管理的目标主要包含以下几方面：

（1）旅游景区利润最大化。这种观点认为，利润代表了旅游景区新创造的财富，在一定程度上体现了旅游景区的经济效益、股东投资回报、旅游景区对国家的贡献以及员工的利益。同时，利润也是旅游景区补充资本公积、不断更新产品建设的源泉。所以，获取最大利润就成了旅游景区的基本宗旨，也是旅游景区不断发展的重要前提。

（2）旅游景区相关集团利益最大化。旅游景区不是一个独立性很强的企业，它需要债权人、客户、供应商、社会公众、政府等与之密切相关的集团的配合。因此，旅游景区在财务管理的目标中必须考虑相关集团的利益，争取旅游景区相关集团利益最大化，以维持旅游景区健康可持续发展，最终获得丰厚的回报。

（3）旅游景区价值最大化。旅游景区财务管理中的一项重要职能就是衡量价值（如图12-1所示）。财务决策通过影响旅游景区的现金流和风险来影响其股票价格，即确定旅游景区的价值。这种价值是通过市场来考验的，是市场对旅游景区的综合评价。另外，旅游景区价值最大化的观点弥补了旅游景区利润最大化的缺陷，如考虑了收入流的风险、预期了未来现金流量的质量和时机可能会发生变化等。因此，旅游景区价值最大化是旅游景区财务管理最为科学的一种管理目标。

值得注意的是，不同类型的旅游景区，由于经营权的不同，其财务管理目标也存在一定的差异。不同管理体制下的旅游景区，其财务管理的目标也不同。这里引用英国约翰·斯沃布鲁克（2006）对不同类型旅游景区各自财务目标的总结，具体见表12-1。

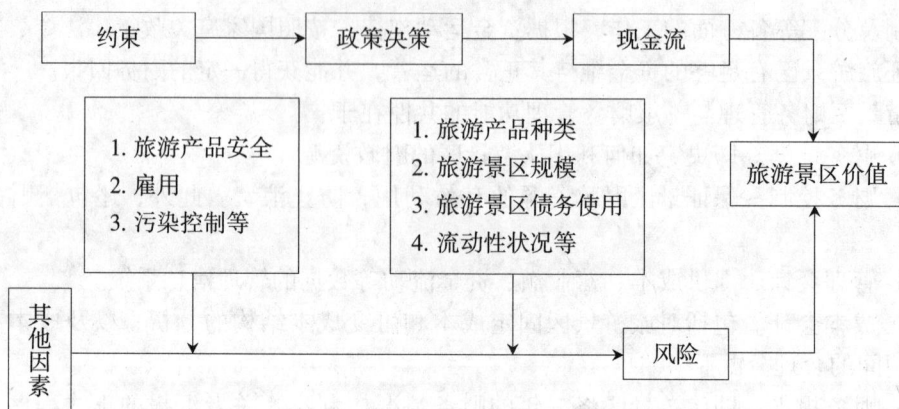

图 12 - 1　财务职能的核心：衡量价值

表 12 - 1　不同类型的旅游景区各自的财务目标

景区类型 具体目标	国有景区	私营景区	志愿性景区
总体目标	资金流畅，即取得足够的收入来支付支出，但如果景区有补贴的话，景区的财务目标可能是尽量使收支相抵	利润，即取得足够的收入以支付成本并有盈余，然后对景区再投资，给利益相关者以回报	资金流畅，并有盈余，能够对景区自然保护和教育等投入资金
价格管理目标	即使低于市场价格水平，也要确定一个从社会和政治的角度都能够接受的价格	尽可能提高价格，实现收入最大化	确定一个能够赚取必要盈余的价格
成本管理目标	通过有效的运营降低成本	尽可能使成本最小化	尽可能使成本最小化
资源管理目标	最大限度地利用有限的资源。如果无法获得所需的额外资源，如员工，那么即使利润丰厚也不得不取消计划	为获得利润而最大限度地利用景区的资源	在不影响景区主要功能的前提下，最大限度地利用资源
财务预算目标	控制在预算之内	实现财务指标	控制在预算之内

资料来源：约翰·斯沃布鲁克. 旅游景区开发与管理（第二版）. 龙江智，李淼译. 北京：旅游教育出版社，2006.248（略有改动）

三、旅游景区财务管理的内容

旅游景区财务管理是对资金运动把握的过程，其主要内容包括从资金筹集、使用到回收、分配的全过程。

（一）资金管理

1. 筹资管理

任何一个企业从事生产经营活动都必须从筹集资金开始，旅游景区也不例外。只有拥有一定数量的资金，旅游景区才能购买劳动资料和劳动对象、支付工资等。旅游景区资金包括自有资金和借入资金两个方面，可以通过内部筹资和外部筹资两种方式获得。例如，借入资金中的长期负债（长期借款、长期债券、融资租赁）和短期负债（应付货款、短期借款、抵押担保借款、商业承兑汇票、票据贴现等）、自有资金中的发行股票、吸收直接投资等都是外部筹资所得，而自有资金中的资本金、内部资本积累等则靠内部筹资获得。

2. 投资管理

旅游景区筹资的目的是为了使用，因为资金只有在使用中才能增值。旅游景区投资包括固定资产投资、流动资产投资等，其主要任务就是通过对投资项目进行财务评估而确定投资金额及规避投资所带来的风险。

3. 资产管理

投资决策决定了资金的走向。旅游景区资金的内部投资形成了旅游景区自身的固定资产、流动资产、无形资产、递延资产及其他资产。这些资产构成了旅游景区日常财务管理的重要内容，其中，旅游景区固定资产和流动资产的管理尤为重要。

（二）成本费用管理

旅游景区成本费用是指旅游景区向旅游者提供旅游产品和劳务过程中发生的各种支出和耗费。作为经营耗费补偿的最低界限，成本费用是制定旅游景区产品价格的依据，同时也是影响旅游景区经营预测和决策的重要因素。其控制与管理是否有效、成功，直接影响到旅游景区的盈亏，决定着旅游景区经营效益的高低，反映出旅游景区经营管理水平。成本费用管理是一项全员、全过程、全方位的综合性管理。优化成本费用管理是提升旅游景区竞争力、增加利润的重要途径。因此，成本费用管理是财务管理的重要内容。

（三）营业收入及利润分配管理

旅游景区营业收入管理主要是对旅游景区营业收入进行内部控制，并根据相关的要求和原则设计出适合旅游景区内部控制的技术方法，如营业收入按照经济核算的原则，首先要补偿旅游景区的经营耗费，缴纳主营产品税金及附加，再加减投资收益和营业外支出，最终形成旅游景区的利润。利润分配管理则是对利润的所有权和占有权进行划分，保证其合理归属和运用的管理过程。

（四）财务分析

旅游景区财务分析是财务管理的一种重要方法，也是财务管理的重要内容之一。主要是通过对旅游景区主营产品的经营活动及其财务状况分析，进行全方位的财务审视，找出旅游景区财务运行现状及其管理中存在的问题，以及与其他旅游景区或行业水平的差距，从而提出有针对性的改进措施。旅游景区财务分析主要着眼于长期的财务发展战略，即对旅游景区的财务结构、资产结构、资产与负债及所有者权益的关系进行深入分析，提出可使旅游景区获得可持续发展的长期财务战略。

四、旅游景区财务管理的方法

旅游景区财务管理方法是其组织财务活动、处理财务关系、执行财务管理原则和实现财务管理目标所运用的技术手段。按照财务管理的基本环节，财务管理的方法可以分为财务预测、财务决策、财务预算、财务控制和财务分析五个方面。

（1）财务预测是财务决策的基础，也是编制财务预算的前提，是在财务活动的历史和现实的资料基础上，对旅游景区未来的财务状况作出有科学依据的预测。预测的内容包括：资金预测，如资金需要量及其来源的预测、资金市场预测、投资收益预测；成本费用预测，如主营产品成本预测、期间费用的预测等；收益预测，如销售预测、盈利预测等。预测的方法一般采用定性预测法和定量预测法两种。定性预测法主要有意见汇集法、专家预测法、"头脑风暴法"；定量预测法包括因果关系法（销售百分比法）、趋势外推法（时间序列预测法，可分为简单平均法、移动平均法、指数平滑法和季节系数法）和统计规律法。在实际工作当中，这两种方法各有优劣，应结合起来运用，既进行定性分析，又进行定量分析。

（2）财务决策是指根据财务目标的要求，从若干个可供选择的方案中，选出最优方案的分析判断过程。财务决策是财务管理的核心，主要包括筹资决策、投资决策、成本费用决策、收益决策等。财务决策程序的流程如图 12-2 所示。

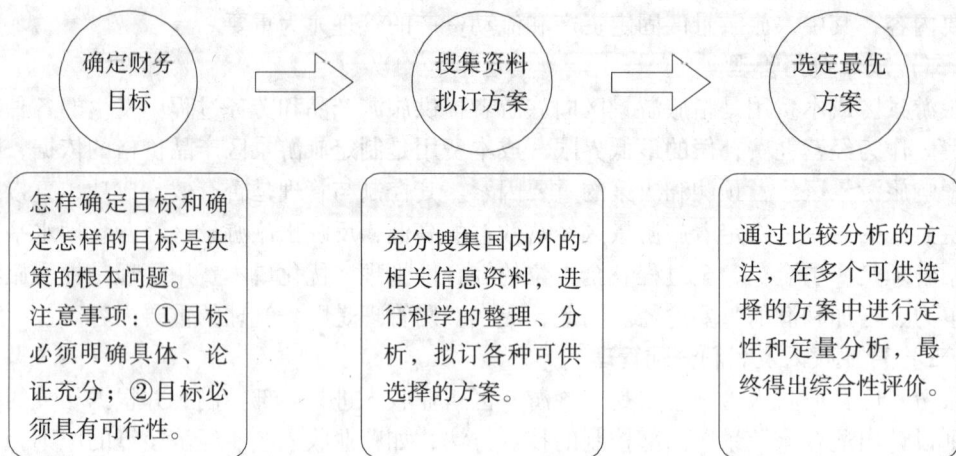

確定財務
目標

搜集資料
擬訂方案

選定最優
方案

怎样确定目标和确定怎样的目标是决策的根本问题。
注意事项：①目标必须明确具体、论证充分；②目标必须具有可行性。

充分搜集国内外的相关信息资料，进行科学的整理、分析，拟订各种可供选择的方案。

通过比较分析的方法，在多个可供选择的方案中进行定性和定量分析，最终得出综合性评价。

图 12-2　财务决策程序流程图

（3）财务预算是落实财务决策的一种行动计划，是将财务预测和财务决策数量化和具体化，主要包括经营性预算、资本性预算、现金收支预算等方法。为使预算编制准确，可以采取平衡法、推算法、比例法、定额法、因素法等计算确定。

（4）财务控制是为了保证旅游景区的财务活动按照既定的计划进行，对整个财务活动过程进行的检查、核算、监督、考核、调节和引导，包括收入控制和成本费用控制两个方面。财务控制的方法主要有三种：防护性控制，又称排除干扰控制；前瞻性控制，又称补偿干扰控制；反馈控制，又称平衡偏差控制。

（5）财务分析是运用财务报表及其他相关信息，通过一定的财务指标进行对比，以评价旅游景区过去的财务状况和经营成果，并揭示其未来财务活动趋势及规律的一种方法。常用的财务分析方法有对比分析法、比率分析法、趋势分析法和因素分析法。

第二节　旅游景区资金管理

2008 年 5 月 12 日，四川省汶川县发生的特大地震给股市的旅游板块带来一定的波动。20 天后，旅游股市开始回暖。桂林旅游宣布，拟公开增发不超过 7 000 万股，募集资金 11. 7 亿元，用以收购控股股东桂林旅游发展总公司所持桂林漓江大瀑布饭店 100% 权益等四个项目。这次增发股票事件实际上就是旅游景区资金管理的一项内容。本节将具体介绍旅游景区资金管理的细节。

一、旅游景区筹资管理

资金筹集是旅游景区根据经营需要，通过金融市场，采用合理的融资方式获得旅游景区所需资金的一种财务活动。筹集适当的资金是旅游景区生存和发展的基础。

（一）旅游景区筹资数额预测

1. 旅游景区筹资数额预测步骤

筹集经营资金的数量，必须以对资金需要量的合理预测为基础。旅游景区有淡旺季之分，这将导致所需资金具有较大的差异性和波动性，因此，资金预测显得尤为重要。预测步骤如下：第一，旅游景区需预测其销售量及其销售收入，根据近年来销售状况及变化趋势作出合理性预测；第二，预测旅游景区的投资数额，主要考虑旅游人数的增加对旅游景区规模扩大产生的影响和旅游景区服务质量提高对旅游景区软硬件设施建设产生的影响；第三，预计成本费用开支，包括固定费用和变动费用；第四，预测利润和留存收益；第五，根据以上四个方面的预测，得出最后的筹资款项预测数额。

2. 旅游景区筹资数额预测方法

（1）现金收支法。

现金收支法是通过预测旅游景区现金的流入量和流出量来预计旅游景区现金的富余或不足，从而确定旅游景区是否需要筹集资金及所筹资金的数额。

（2）调整净损益法。

调整净损益法的步骤如下：第一，以权责发生制原则为基础，计算预测期内旅游景区经营的净收益；第二，以现金收付制原则为基础，调整预测期内和收支无关的现金收入和支出；第三，利用与现金收支无关的现金收入和支出调整旅游景区经营净收益，确定旅游景区现金的富余与不足（如表 12 - 2 所示）。

表 12 - 2　旅游景区资金需要量表　　　　　　　　　单位：元

项　目	月	月
收益总额：		
加：折旧		
提取坏账准备		
预提费用		
账款收回数超过销售数额		
减：销售数额超过账款收回数		
现金收付基础税前净收益		
减：所得税支付额		
现金收付基础税后净收益		
加：存货减少额		
出售有价证券		
出售固定资产		
应付账款增加额		
减：存货增加数		
购进有价证券		
购进固定资产		
应付账款减少数		
偿还长期债务		
现金余额增加数（现金基础净收益）		
加：初期现金余额		
现金余额		
减：需要最低现金		
现金溢余或不足		

（3）销售比率法。

第一，根据旅游景区销售预测、流动资产与销售量的比例关系以及固定资产与旅游景区经营能力的变化关系，合理预计为满足经营能力所需的流动资产与固定资产总额。

第二，根据应付账款和应计费用与销售量的比例关系，预计企业负债总额。

第三，计算留存收益净增加额及预计股东权益：

留存收益净增加额＝预计销售额×销售净利率×（1－股利支付率）

第四，计算旅游景区所需筹资数额：

企业筹资总额＝预计总资产－预计总负债－预计总股东权益

（二）筹资渠道与筹资方式的配合

资金的筹集需要一定的渠道和方式。筹资渠道是指资金的来源和途径，分为内部筹资和外部筹资；筹资方式是指获得资金的具体方法和形式。同一筹集渠道的资金可以采用不同的筹资方式获得，而同一筹资方式又可以筹集到不同渠道的资金。二者之间可以相互配合，如表 12 - 3 所示。

表 12-3 筹资渠道与筹资方式的配合

筹资渠道	筹资方式						
	吸收直接投资	发行股票	发行债券	银行贷款	商业信用	国家租赁	发行融资券
财政资金	◯						
银行信贷资金		◯		◯			
非银行金融机构资金				◯		◯	
其他法人单位资金	◯	◯	◯		◯		◯
民间资金	◯	◯					
旅游景区内部资金	◯	◯					◯
境外资金	◯	◯	◯		◯	◯	

注：每一个椭圆都代表着一种筹资渠道与方式的配合。

　　旅游景区的资金有自有资金和借入资金之分，自有资金是指旅游景区接受投资者投入资本金及内部积累资金，主要包括资本金、发行股票、内部资本积累等；而借入资金则指负债筹资，是旅游景区向债权人借入资金以实现筹资的目的。实际上，资金的种类因资金的筹集渠道差异而有所差别，二者有着密切的联系，如图 12-3 所示。

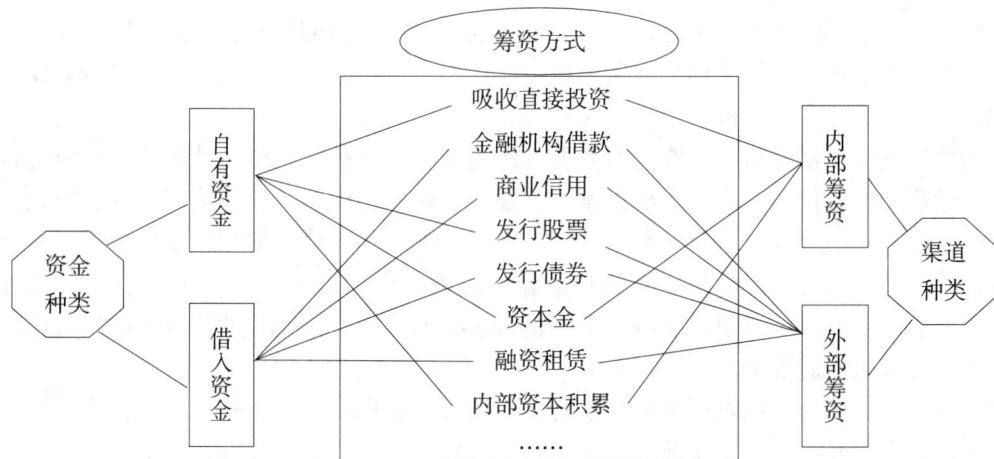

图 12-3 资金种类和筹集资金渠道的关系图

　　无论是自有资金，还是借入资金，无论是通过内部筹资获得，还是通过外部筹资获取，每一种筹资方式都有其特定的方式或准则。

1. 自有资金

（1）资本金。

旅游景区的资本金是指在工商行政管理部门登记的注册资金。按照投资主体的不同，可分为国家资本金、法人资本金、个人资本金及外商资本金（如表 12-4 所示）。

表 12 - 4　旅游景区资本金的种类

资本金分类	投资主体及其特征
国家资本金	有权代表国家的部门或机构以国有资产投入旅游景区而形成
法人资本金	法人单位以其依法可以支配的资产投入旅游景区而形成
个人资本金	社会个人或者本旅游景区内部员工以个人合法财产投入旅游景区而形成
外商资本金	国外投资者及我国港澳台同胞以其资产投入旅游景区而形成

旅游景区可以根据国家法律、法规的规定，采取吸收国家投资、发行股票等方式筹集资本金。采取发行股票方式筹集资本金的，股本按照股票面值计价。投资者可以用现金、实物、无形资产等形式向旅游景区投资，但需按照评估确认，或按合同、协议规定的金额计价。

旅游景区资本金可以一次或分期筹集。一次性筹集的，从营业执照签发之日起6个月内筹足；分期筹集的，第一次筹集的资金不得低于投资者应缴出资额的15%，并且在营业执照签发之日起3个月内缴清。

（2）发行股票。

股票是股份有限公司为筹集自有资金而发行的有价证券，是公司股东持有公司股份的入股凭证。旅游景区通过发行股票的方式筹集资金，是获取大量社会闲散资金的最佳方式，同时能有效提高旅游景区的知名度。

股票按照不同的分类标准可以划分为不同的种类，如按照股东权力的不同分为普通股和优先股；按照投资主体不同分为国家股、法人股、个人股和外商股；按照发行对象和上市地区不同分为A股、B股、H股、N股等。

股票的发行价格是指股票在发行时所使用的价格，也就是投资者认购股票时所支付的价格。股票的发行价格取决于多种因素，如发行与购买的供求关系、公司业绩、股票的预期收益，以及社会资金供求状况和市场利率等。根据发行价格与股票面额的关系，股票发行可以分为平价发行、溢价发行和折价发行。我国《公司法》规定，股票发行价格可以按票面金额，也可以超过票面金额，但不得低于票面金额。因此，我国股票的发行价格可以分为平行发行与溢价发行。

平行发行也称为等额发行或面额发行，是指发行人以票面金额作为发行价格。平价发行方式较为简单易行，但其主要缺陷是发行人筹集资金量较少，多在证券市场不发达的国家和地区采用。我国最初发行股票时就曾采用过，如1987年深圳发展银行发行股票时，每股面额为20元，发行价也为每股20元，即为平价发行。

溢价发行是指发行人按高于面额的价格发行股票。目前我国深、沪证券市场股票发行都是溢价发行。溢价发行可使公司用较少的股份筹集到较多的资金，还可降低筹资成本。溢价发行又可分为时价发行和中间价发行。时价发行也称市价发行，是指以同种或同类股票的流通价格为基准来确定股票发行价格，股票公开发行通常采用这种形式。中间价发行是指以介于面额和时价之间的价格来发行股票。我国股份公司对老股东配股时，基本上采用中间价发行。

2. 借入资金

旅游景区的借入资金是一种负债筹资，而旅游景区负债经营时，利益和风险并存。只有正确运用财务杠杆，权衡利弊，才能取得比较好的经济效益。借入资金的种类和筹集方式可以通过图 12 - 4 来表示。

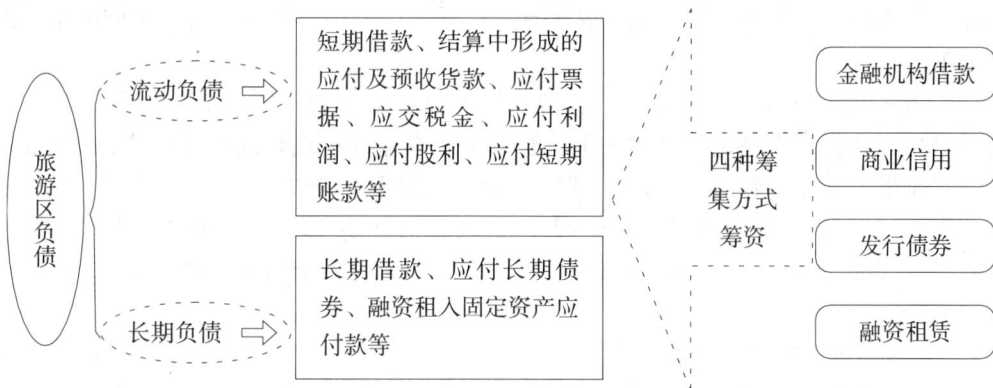

图 12 - 4　借入资金的种类和筹资方式关系图

（三）资金成本

资金成本是企业为筹集资金和使用资金而付出的代价，是支付给资金投入者的一种报酬。旅游景区要根据资金成本来进行筹资决策，不同来源的资金成本是不一样的，其表现形式也不同。通过外部渠道筹集资金，成本为支付利息、股息，表现为货币成本；通过内部渠道筹集资金，其成本表现为机会成本，无须支付货币成本。此外，在筹集资金的过程中发生的委托金融机构代理发行股票、债券的手续费、管理费、注册费等，均被称为筹资费，虽然不属于资金成本，但在计算成本时应予以考虑。

在财务管理学上，绝对数和相对数均可以用来表示资金成本，不同筹资方式的资金成本的计算方法也不一样。通常把资金成本额与所提供的资金之间的比率称为资金成本率。其计算公式为：

$$资金成本率 = \frac{利息额 \times (1 - 所得税税额)}{筹资总额 \times (1 - 筹资费率)}$$

二、旅游景区投资管理

投资是指以收回投入资金并取得收益为目的的资金流出。旅游景区每一项资产都是旅游景区资金的占用，也就是"投资"，即期望投入一定数量资金后取得回报的活动。

（一）旅游景区投资的特点

从投资的概念可以得知，旅游景区和一般企业的投资行为具有共通性，即目的是获得相应的资产回报。但是，旅游行业的特殊性决定了旅游景区投资具备自身行业的特点。

（1）投资金额大。旅游景区的筹备、开发、推广及日常营运维护等各个环节都需要大量的资金作为基础。即使旅游景区规模不大，若要成功地推出旅游产品，也需要一大笔资金进行相关的基础设施建设、旅游产品营销和正常的运营维护。这就决定了旅游景区的财务状况和现金流量在财务报表中直观地表现出旅游景区投资金额大的特点。

（2）投资回收期长。一个旅游景区的投资分布在众多项目中，如基础建设项目、旅游产品的开发项目、旅游产品的推广项目等。项目的不同导致旅游景区的投资回收期也不一样。在一般的经营状况下，旅游景区投入游憩类项目的回收需要 5～10 年的时间，而像旅游景区基础建设等固定资产的投资回收则需要数十年，且投资人为了旅游景区长远的发展，需源源不断地追加资金，这无疑又增加了旅游景区总的投资额，延长了旅游景区投资的回收期。

（3）投资的变现效益不明显。从旅游景区的投资额及回收期来看，旅游景区的投资变现效益存在太多的不确定性。如一个旅游景区是否能推出比较成功或成熟的旅游产品，能否吸引足够多的旅游者等。此外，旅游景区较大的固定资产投资金额也让投资人对投资变现能力有所怀疑。还有外界的影响因素，如 2008 年的冰灾、地震等自然灾害也会导致旅游景区的投资收益大打折扣。可以看出，旅游景区的投资具有较高的风险性和不确定性。

（二）旅游景区投资的分类

根据不同的投资分类方法，旅游景区投资可以分为不同的类型。常见的分类方法如图 12-5 所示。

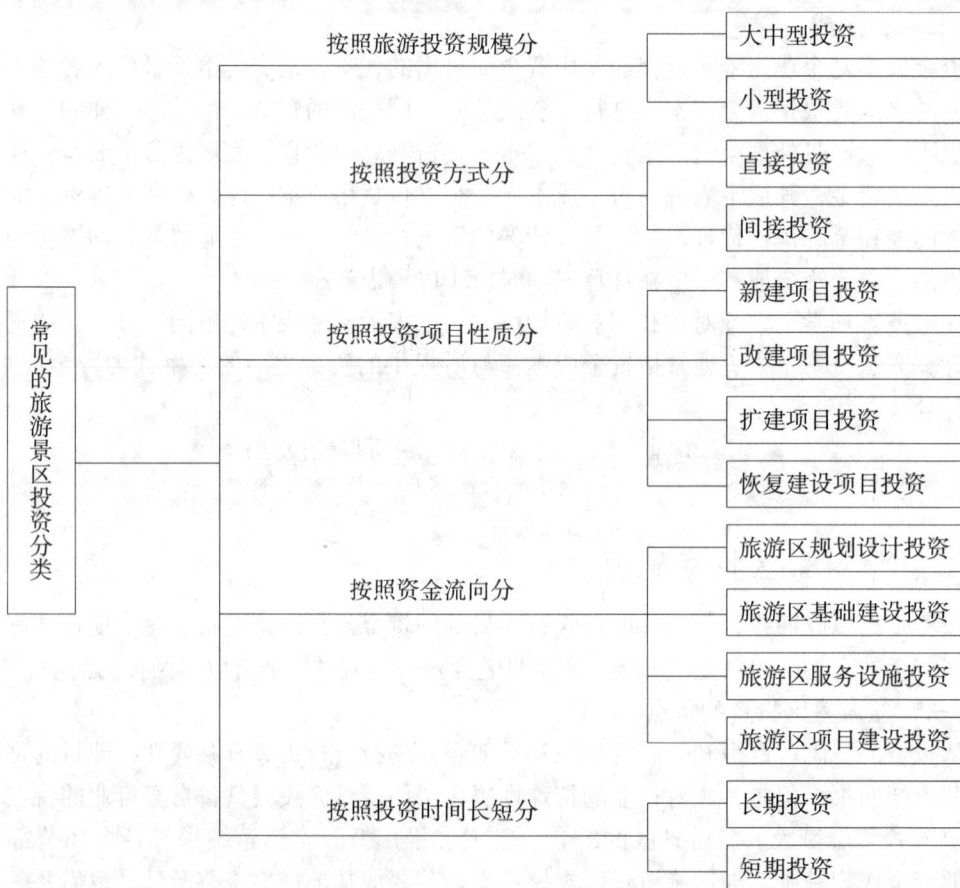

图 12-5　常见的旅游景区投资分类方法

资料来源：董观志．景区经营管理．广州：中山大学出版社，2007.101

（三）旅游景区投资的基本流程

投资的目的是为了获得回报，而任何回报都需要以一定的风险为代价，因此，投资的过程需要谨慎而行。一般而言，旅游景区的投资可以按照以下流程进行（如图 12 - 6 所示）。

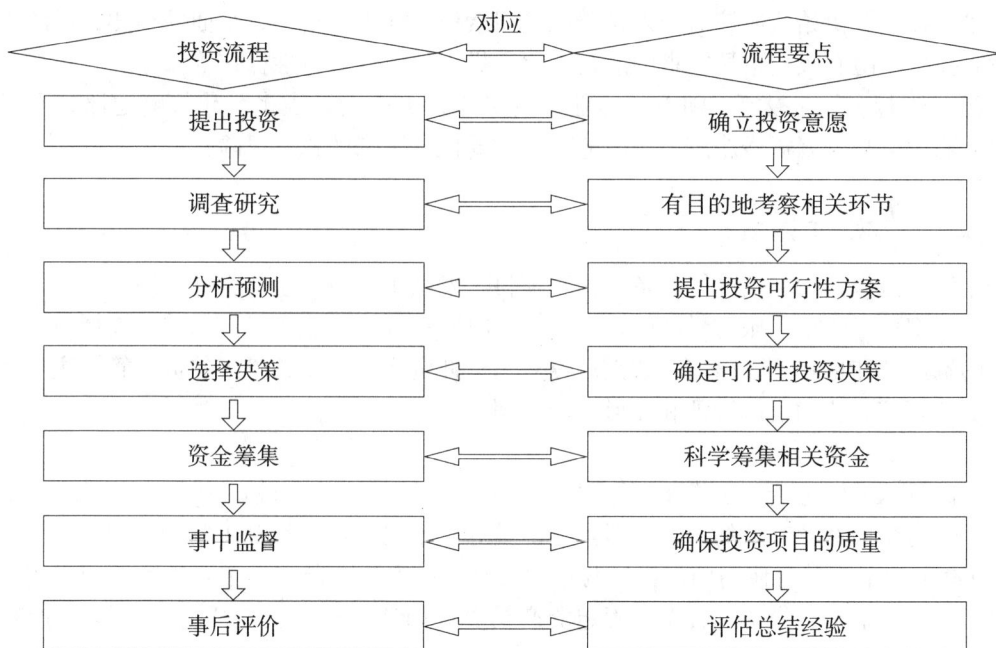

图 12 - 6　旅游景区投资的基本流程

（四）旅游景区投资的风险与规避

风险是客观存在的，每个旅游景区在期望投资获得丰厚回报的同时也必须正视未来风险发生的潜在性与不确定性，这些与旅游景区投资的规模、内容等内部因素以及政治环境等外部因素有相当大的关联。一般而言，旅游景区投资主要存在以下风险：

1. 外部风险

旅游景区投资项目，从投资伊始到整个项目正式对外开放期间，外界环境的任何变化都可能给旅游景区投资带来风险，最常见的几种风险有国际政治风险、金融危机风险、资金汇兑风险、特殊事件风险、国家政策和体制法规变化风险、市场风险等。例如，2008年美国雷曼兄弟公司的破产开始引起的全球金融风暴致使消费者的消费能力、心理意愿等各方面都发生变化，因此，旅游景区投资开放后未来的消费者必然会受到金融危机的影响，从而影响旅游景区经营收益状况。

2. 内部风险

旅游景区在对投资项目进行评估的过程中，还必须面对企业本身的变化给旅游景区的正常建设与营运带来的负面影响和风险。常见的风险有内部员工的人员道德风险、投资商企业的财务风险等。

风险虽是不可预知的，但可以提前防范，因风险的情况而异。普遍采取的风险规避方法有：

（1）选择良好的投资环境。好的开始是成功的一半，因此，投资环境的选择直接关系到旅游景区项目投资风险的大小。投资环境的因素主要有国家或地区的政治、经济、文化形式，投资地的政府工作效率等。

（2）做好投资预测。外部环境因素对投资的决策影响有着太多的不确定性，因此，旅游景区在投资伊始就应该对未来投资风险因素作出详细、科学、全面的预测，以防患于未然。投资风险有投资市场需求的潜在变化、投资环境的可行性操作等。

（3）进行多元化投资。随着主体业务的确立，可以尝试走多元化战略道路，开发多元化的旅游产品，以规避旅游市场敏感性、脆弱性所带来的投资风险。

三、旅游景区资产管理

旅游景区拟建后，从前期准备工作到项目开发结束后所发生的全部费用和所需流动资金的总和都可以概括为旅游景区的资产。随着时间的推延，旅游景区品牌逐渐形成，旅游景区的资产总和也在不断增加，如无形资产、延伸资产等。旅游景区的资产管理主要包括固定资产管理、流动资产管理和无形资产管理。

（一）固定资产管理

旅游景区的固定资产是指使用年限在一年以上的房屋、建筑物、机器、器械、运输工具和其他与生产经营有关的设备、器具、工具等。不属于生产经营主要设备的物品，单价在2 000元以上，并且使用期限超过两年的，也应视为固定资产。旅游景区的固定资产主要包括工程运输费、设备购置费、固定资产投资方向调节税、土地征用费、其他建设费、建设期投资贷款利息、不可预知费等。

固定资产的价值并不是一成不变的，如何正确计量固定资产的价值是固定资产管理中重要的一环，即固定资产折旧。所谓固定资产折旧，是指固定资产在使用过程中，由于损耗而转移到营业费用中去的那部分价值。折旧是固定资金运动的一种方式。旅游景区固定资产在使用过程中，其价值会随着固定资产的损耗逐渐地转移到商品和服务中去，以折旧费的形式作为成本费用的一部分。固定资产原始价值、固定资产预计净残值和固定资产预计使用年限是影响固定资产折旧的主要因素。一般情况下，固定资产折旧可以采取的方法有平均年限法、工作量法、双倍余额递减法和年数总和法。

同时，固定资产的日常管理也是旅游景区行政管理部门不容忽视的内容，因为固定资产的日常管理可以起到保证固定资产的安全完整、提高固定资产的利用效率的作用。固定资产日常管理的主要内容如下：

（1）建立健全固定资产管理责任制度，实行归口分级管理。旅游景区固定资产的管理必须在总经理或财务总监的统一领导下，实行归口分级管理。将旅游景区全部固定资产归口列入有关部门，同时根据"谁用谁管"的原则，将固定资产管理的权限和责任下放到各使用部门并落实到班组和个人，实行责任制挂钩制度。

（2）根据旅游景区业务经营状况，合理进行固定资产配置。旅游景区在增加新的固定资产前，应进行充分的可行性研究，分析其是否符合旅游景区业务经营需要，购入能否带来良好的回报。

（3）做好固定资产的维修保养，提高固定资产的完好率和利用率。为了保证旅游景区业务经营活动的顺利开展，使固定资产处于良好的运转状态，固定资产的使用保管部门要负责固定资产的维修保养工作，定期进行固定资产的大修和全面检查，以防止意外事故发生，给旅游景区造成不良影响以及带来不必要的损失。

（4）建立定期盘点清查制度。由于旅游景区的固定资产种类繁多，占用资金数额较大，且分布在各个管理部门，因此，在"谁用谁管"的前提下，定期对固定资产进行清查，以摸清旅游景区固定资产的使用现状。

（二）流动资产管理

流动资产是指旅游景区能够在一年内或超过一年的一个经营周期内变现或耗费的资产，是旅游景区正常经营和运转的必备条件。旅游景区先付款后服务的操作方式也决定了旅游景区流动资产管理中货币资产占有主要的位置，因此，旅游景区流动资产的管理主要是对旅游景区货币资产的管理。此外，旅游景区流动资产还包括存货。一般而言，流动资产管理主要包括现金、银行存款和存货三部分。

1. 现金管理

现金是流动性比较大的一种货币资金，是可以立即投入到流通领域的交换媒介。我国会计上所讲的现金，是指企业的库存现金，主要用于企业的日常零星开支。而旅游景区所提供的各种服务基本上是以实时现金支付的形式进行的，所以旅游景区的现金管理要求既要保证交易所需现金的流量，降低风险，又不能占用太多的闲散资金。

现金管理主要包括：编制现金的收支计划；在现金的日常管理中要严格限制现金的使用范围，一切按照国务院颁布的《现金管理暂行条例》的相关规定执行；确定最佳的现金余额，一般以 3～5 天的零星开支为限。

2. 银行存款的管理

旅游景区银行存款管理的主要内容有：库存限额以下的所有货币资金必须列入银行的结算账户，旅游景区不得出借、出租银行户头，不得坐支手续费；除现金外的其他所有货币资金的收付必须通过银行结算；根据不同结算方式规定的适用范围、凭证手续、结算时间办理结算，不得签发空头支票、远期支票；采购员携带转账支票外出采购时，禁止携带没有填写限额的支票。

3. 存货的管理

旅游景区的存货是指为销售或耗用而储存的各种资产，由于经常处于不断销售、重置或耗用、重置中，具有鲜明的流动性，包括各种原材料、燃料、物料用品、低值易耗品等。存货一般按实际成本计价，如购入的原材料、燃料、物料用品、低值易耗品等都按原始进价和企业可直接认定的运输费等计价；自制的存货，以制造过程中各项实际支出计价。一旦计价方法确定，就不能擅自更改。旅游景区在存货的日常管理中，还应采取明确的存货责任管理制度，实行定额控制，改进物资的进货方式，尽量节约采购成本和仓储成本，定期对存货进行盘查和处理。

（三）无形资产管理

无形资产是指企业长期使用而没有实物形态的资产，包括专利权、商标权、著作权、土地使用权、非专利技术、商誉等。旅游景区的无形资产主要是商誉和商标权，还可以延伸到其他方面。无形资产虽然没有实质性物体存在，却有相当高的经济价值，它也有一定的不确定性和非稳定性，因此，对无形资产进行正确的评估，以价值形式对无形资产进行管理就显得尤为重要。一般情况下，无形资产的计价按照实际成本计价，同时考虑相关因素对无形资产的影响，如使用无形资产给旅游景区带来的经济效益、社会效益、环境效益等。

无形资产的计价方法主要是成本计价法。投资者作为资本或合作条件转入的无形资产，按评估确认或按合同、协议确定的金额计价；外购的无形资产，应以实际支付的买入价、手续费及其他资本性支出作为入账价值；自行开发的依据法律认可的无形资产，以开发过程中的实际支出计价；接受捐赠的固定资产，应按所付单据的金额入账或参照同类无形资产的市场价计价；投资者投入的无形资产，应按协议规定的金额计价。但上述无形资产在计价时，须具备相关的详细资料，包括所有证书的复印件、计价的依据和标准等，其中，非专利技术和商誉的计价应由法定评估机构确认。

无形资产在计价入账后，应从开始之日起，在有效期限内采用平均方式摊销，计入管理费中。无形资产在摊销时应充分考虑各种因素，使其价值适时、合理地从营业收入中得到补偿，且应遵循无形资产摊销期限的相关规定：法律、合同和企业有关申请书中分别规定了有效期限和受益年限的，按法定有效期限与合同规定的受益年限孰短原则确定；法律未规定有效期限，但合同规定了受益年限的，那么按照合同规定的受益年限确定；法律和合同既没有有效期限，也没有受益年限的，按照不少于10年的期限摊销。

第三节　旅游景区成本费用管理

旅游景区在一定时期内的业务经营活动中所发生的一切人力、财力、物力耗费的货币表现，形成了旅游景区的成本费用。成本费用是经营耗费的最低界限，是制定价格的基础，也是管理者进行经营决策的重要依据，所以，成本费用管理是财务管理的重要组成部分，其对节约开支、提高效益、增加税收等方面有较大的促进作用。

一、旅游景区成本费用的内涵

旅游景区的成本费用是指旅游景区在向旅游者提供服务的业务经营过程中发生的各项直接支出和耗费。成本是指购进商品和雇用劳动者时发生的支出；而费用是指某个时期获取收入时的耗费。旅游景区常见的各种支出项目有工资、培训、招聘、经营成本，如雇主支付的保险金、出差与补助、商品进货、设施设备新建和维护、服装、擦玻璃、洗衣等服务、运输、广告促销、维修、汽油、照明、供热、供水、供气、清扫、行政管理、电话与邮资、网络、租金、营业执照、偿还债务与贷款、税款、保险、折旧、专业费用等。旅游景区的成本费用将上述支出项目分为营业成本、营业费用、管理费用和财务费用四部分。

（一）营业成本
旅游景区在经营过程中发生的各项直接支出称为营业成本，主要包括下列内容：

（1）原材料耗用成本。旅游景区投资直接耗用的原材料、调料、配料、辅料、燃料等。旅游景区餐馆或饭店耗用的原材料、调料等；餐馆、浴室等耗费的燃料成本等都属于此类。

（2）采购成本。分为国内采购商品进价成本和国外采购商品进价成本。国内采购商品进价成本是指购进商品原价；国外采购商品进价成本是指购进过程中发生的实际成本，如进价、进口税金、购进外汇差价、支付委托外贸管理部门代理进口的手续费等。

（3）其他方面需支出的成本。如出售无形资产（不包括商品）的实际成本。

（二）营业费用

营业费用是旅游景区各营业部门在经营过程中发生的各项费用，包括运输费、装卸费、包装费、保管费、保险费、燃料费、水电费、展览费、广告宣传费、邮电费、差旅费、洗涤费、清洁卫生费、低值易耗品摊销、物料消耗、经营人员的工资（含奖金、津贴和补贴）、员工福利费、工作餐费、服装费及其他经营费用。

（三）管理费用

管理费用是指旅游景区为组织和管理经营活动而发生的费用以及由旅游景区统一负担的费用，包括企业经费、工会经费、员工教育经费、劳动保险费、待业保险费、劳动保护费、董事会费、外事费、租赁费、咨询费、审计费、诉讼费、排污费、绿化费、土地使用费、土地损失补偿费、技术转让费、研究开发费、税金、燃料费、水电费、折旧费、修理费、无形资产摊销、低值易耗品摊销、开办费摊销、交际应酬费、坏账损失、库存商品盘亏、上级管理费及其他管理费用。

（1）企业经费包括各级行政管理部门的人员工资、培训费、员工福利费、工作餐费、办公费、会议费、差旅费、物料消耗及其他行政经费。

（2）劳动保护费是指退休员工的退休金、价格补贴、医疗费、异地安家补助费、员工退职金、员工死亡丧葬补助费、抚恤金、按规定支付给离退休人员的各项经费，以及实行社会统筹办法的企业按规定提取的退休统筹基金。

（3）待业保险费是指企业按照国家规定缴纳的待业保险基金。

（4）董事会费是指企业最高权力机关（如董事会）及其成员为执行职能而发生的各项费用，如差旅费、会议费等。

（5）咨询费是指企业为聘请经济技术顾问、法律顾问等而支付的费用。

（6）审计费是指企业聘请中国注册会计师进行查账、验收及资产评估等发生的各项费用。

（7）诉讼费是指企业因诉讼或者应诉而发生的各项费用。

（8）排污费是指企业按规定缴纳的排污费用。

（9）税金是指企业按规定支付的房产税、营业收入所得税、土地使用税、车船使用税等。

（10）土地使用费是指企业为使用土地而支付的费用。

（11）土地损失补偿费是指企业在征地过程中破坏国家不征用的土地而弥补其损失而支付的费用。

（12）技术转让费是指旅游景区为获得更为先进的管理技术或其他方面的技术而向其他公司购买的非专利技术而支付的费用。

（13）上级管理费是指旅游景区上交上级集团或者管理公司的费用。

（四）财务费用

财务费用是指企业经营期间发生的利息净支出、汇兑净损失、金融机构手续费、加息，以及筹资过程发生的费用。

二、旅游景区成本费用的预算

成本费用预算是以货币形式预先确定企业在预算期内成本费用开支标准和降低成本费用的任务。旅游景区具有高度季节性、时间性等市场特征，其成本费用预算可以清楚地从现金流量表中了解到何时"资金充裕"、何时"资金不足"，并相应地制定出应对策略。

旅游景区成本费用预算的步骤如下：第一，评估旅游景区现有的预算；第二，根据以往经验和未来规划需要，在部门内和部门间讨论对预算可能要作的修改；第三，依据目前的主要限制，如投资者要求的投资回报率、政策控制、地方预算而需要进行的预算削减等，检查预算草案；第四，批准预算；第五，通过预算控制实施预算；第六，监测预算执行情况，确认变化因素，采取补救措施。

但是，旅游景区成本费用预算并不如想象中容易，而是一项比较艰巨的工程。在成本费用预算的过程中常会遇到一些问题，如常会依据过去的经验和先例进行预算，但未来并不是过去的重复，所以经验主义未必能成为可靠的依据来源。在一个不稳定的旅游市场中，很难预测未来，这对以门票所得作为主要收入来源的旅游景区来说无疑加大了经营的难度。另外，影响预算的许多因素不是旅游景区所能控制的，如2008年发生的不可预知的冰灾、地震等自然灾害等都是旅游景区成本费用预算过程中无法预料的因素。

三、旅游景区成本费用的控制

旅游景区要搞好成本费用的管理，就必须实施有效的成本费用控制。成本费用控制是指在成本费用形成的过程中，按照国家成本费用制度的有关规定和成本费用预算的要求，通过经常性监督及及时纠正偏差，把各项费用的发生和成本的形成控制在成本预算之内，以实现成本费用不断降低的一种管理方法。

旅游景区成本费用控制可以从以下三个方面入手：

1. 人员配置方面，降低劳动力成本

旅游景区对人员可以从绝对数量和相对数量两个方面进行控制，即全盘提高员工的效率和减少员工的人数。旅游景区采取一些激励手段刺激员工认真工作，提升员工对工作的热情，也可以多聘用"一专多能"的员工，以达到减少员工总数的目的。

旅游景区降低劳动力成本常用的方法有：仅雇用较少的员工；雇用临时工；减少培训支出；降低员工工资；将某些工作对向承包。但执行上述方法可能会带来一定的风险，打击员工的积极性，有可能导致物极必反的后果。

2. 进货方面，降低采购成本

降低采购成本方面，旅游景区主要是采取控制或减少零售店和餐饮店进货的成本。例如，大批量购进周转速度快的商品以得到最低的购入价；利用供应商之间的竞争获取最优的价格；只要可能，旅游景区应该采用代销的方式采购商品，因为即使商品销售情况不尽如人意，旅游景区也仅仅损失退回商品的费用和隐形的存货成本；采用"即需即送"的采购方式，以降低旅游景区的仓储成本；尽量推迟所采购商品的交款日期，在保证旅游景区商誉的前提下有助于现金的流动；加强安全措施，尽可能降低因丢失而带来的损耗；做好计划，尽可能减少食品浪费。

3. 其他方面，控制和削减日常费用

如降低电话费、邮资、网络等费用；削减水、电、煤气等的使用费；调整总能源成本；出售无用的资产，减轻景区负担；若租用比购买划算，那就租用设备；将一些服务项目承包给最优惠价格的供应商；利用实物赞助为赞助商做宣传；重新安排偿还贷款的时间表；在淡季缩短开放时间或减少开放景区内的设施。

旅游景区在实施成本费用控制的过程中应注意以下问题：第一，削减成本可能会影响服务的质量，进而导致未来游客数量下降；第二，大多数旅游景区的固定成本相对较高，大大限制了削减成本的可能；第三，旅游景区的许多成本不是旅游景区经营者所能控制的，如税金、折旧费；第四，削减成本费用必须有成本效益。

第四节　旅游景区营业收入、利润及利润分配管理

一、旅游景区营业收入管理

旅游景区的营业收入是旅游景区给旅游者提供相关游览服务及销售相关产品等而获得的收入，如门票、旅游景区内景点和游乐设施的收入、食品和饮料销售、纪念品和其他商品销售、出租会议室、导游、房屋租金、特许经营权和租地经营权、拨款、赞助、设施使用费、咨询服务、特殊活动等。根据不同服务内容和服务项目，旅游景区的营业收入可以分为：

（1）门票收入，即旅游者为参观旅游景区所购买的凭证所获得的收入，是旅游景区营业收入中所占比例最大的收入来源。

（2）商品销售收入，即旅游景区的特色购物中心、小卖部等向旅游者出售纪念品、玩具等商品获得的收入，是旅游景区开发经营中值得潜心钻研的收入来源。

（3）餐饮收入，即旅游景区向旅游者提供餐饮服务所得收入。

（4）导游收入，即旅游景区向旅游者提供导游词讲解所得收入。

（5）娱乐项目收入，即旅游景区向旅游者提供娱乐服务取得的收入。

（6）其他项目收入，即旅游景区提供的不属于以上各项的其他各种收入，如照相、出租会议室、房屋出租等方面的收入。

按照《旅游、饮食服务行业财务制度》的规定，只要同时满足旅游景区劳务已提供或者商品已发出，以及已经收讫价款或取得收取价款权利证据这两个条件，就可以确定旅游景区营业收入的获得。

旅游景区在成本费用控制过程中会遇到一定的困难，因此，如何增加旅游景区的经营收入是旅游景区经营运转过程中的重要环节。主要的创收渠道有：

（1）吸引更多的游客。通过增加促销活动、改进促销手段、开发新产品、组合产品、安排有特殊主题的活动等各种营销策略以吸引更多旅游者的目光，从而增加旅游景区的营业收入。

（2）制定不同的价格以吸引更多的游客。例如，淡季降低门票的价格，向低收入者如学生让利推出低价位团体票，打折促销如买一送一、家庭票，减少游园的总消费如采取免费停车、套票等各种方式吸引游客。

（3）增加游客消费。从商店、餐饮店、导游服务、企业用户等多个角度增加游客的消费额。常用的吸引企业用户的做法有出租房屋与场地、为企业举办招待活动、利用景点作为企业新产品的"场景"、吸引企业来旅游景区举办各种会议等。

（4）通过其他渠道获得收入。如房屋租金、特许经营权与租地营业权、信息服务、咨询服务、获得拨款、赞助费等。

此外，最大限度地使用人力、场地和财政资源、商业综合化和赊销控制也能使旅游景区获得一部分营业收入。

二、旅游景区利润管理

旅游景区的利润是旅游景区在一定时期内全部收入减去全部支出后的余额，是旅游景区在这个时期内经营活动的财务成果。利润的大小取决于收入的多少和成本费用的高低，因此，它作为一项综合指标也是考核旅游景区投资决策、经营决策和经营管理水平的重要依据。

旅游景区利润的构成可以用以下几个公式来划分：

主营业务利润 = 主营业务收入 – 主营业务成本 – 主营业务税金及附加

营业利润 = 主营业务利润 + 其他业务利润 – 营业费用 – 管理费用 – 财务费用

利润总额 = 营业利润 + 投资收益 + 营业外收入 – 营业外支出

净利润 = 利润总额 – 所得税

其中，投资收益是指旅游景区对外投资分得的利润、股票和利息等扣除投资损失后的净额；营业外收入是指旅游景区发生的与经营业务无直接关系的各项收入，包括固定资产盘盈、处理固定资产净收益、处置无形资产净收益、罚款净收入、礼品折价收入等；营业外支出是指旅游景区发生的与经营业务无直接关系的各项支出，包括固定资产盘亏、债务重组损失、赔偿金、违约金、罚息、非常损失等。

除了上述反映利润的构成指标外，还有一些公司用利润率来反映。如：

主营业务利润率 = 利润总额/营业收入净值 × 100%

资金利润率 = 利润总额/资金总额 × 100%

成本利润率 = 利润总额/成本费用总额 × 100%

其中，主营业务利润率是衡量营业收入盈利的主要指标；资金利润率用以考核资金使用的效果；成本利润率则反映成本费用与利润的关系。

旅游景区加强利润管理可以采取三种具体措施，分别是：

（1）开展利润预测。根据财务预算和对客观情况的分析，预先对可能会影响旅游景区财务的各项指标进行预测。在利润预测的基础上，选择最优方案，编制利润预算，以此作为经营的目标。一旦客观条件发生变化，需立即修改原来的利润预测，以符合实际情况。

（2）实行利润分级管理。旅游景区把利润分解到各部门实行分级管理，以主营业务经营利润各项指标的分级标准作为基础。

（3）进行保本分析。对旅游景区各部门都进行全面的保本分析、预测，以此衡量最终的利润效果。

三、旅游景区利润分配管理

利润分配是企业再生产过程的重要环节，是生产关系的一个方面，关系着国家、投资者、企业和员工四方面的切身利益，因此必须兼顾各方面的关系实施利润分配管理。

（一）利润分配的原则

1. 合法性原则

旅游景区应该严格遵守国家有关政策法规，按时足额缴纳各种税金和应缴款项，杜绝无故加大成本、增加开支，或虚报和少报利润情况的发生。

2. 四兼顾原则

旅游景区在利润分配时，要充分考虑国家、投资者、企业和员工四者的利益，不能出现偏袒某一方的利润分配操作手段。

3. 抵补亏损原则

为了保护投资者的利益，如果旅游景区在本年度或以前年度发生亏损，应用以前年度或本年度提取的有关基金及时抵补，不能挪作他用。

（二）利润分配的顺序

缴纳所得税后的利润按照以下顺序分配：支付被没收财产损失和各项税收的滞纳金、罚款；弥补亏损；提取法定盈余公积金，比例为当年税后利润的10%，当盈余公积金已达注册资金的50%时可不再提取；提取公益金，主要用于员工集体福利、设施建设支出；提取任意盈余公积金；向投资者分配利润。旅游景区当年没有利润时，不得向投资者分配利润，分配应严格按照以上顺序进行，在前一步尚未完成时，不能进入下一步的利润分配。

第五节　旅游景区财务分析

财务分析是指以会计报表和其他资料为依据和起点，采用专门方法，系统介绍和评价企业过去和现在的经营成果、财务状况及其变动，目的是了解过去、评价现在、预测未来，帮助利益关系集团作出准确决策。

一、旅游景区财务分析的内容

旅游景区财务分析以旅游景区的财务核算资料（主要是财务报表）为主要依据，主要内容包括：

（1）分析旅游景区资产状况与负债的结构情况，用以评价其偿债能力。

（2）分析旅游景区资产的分布和周转情况，用以评价其资产的运营能力。

（3）分析旅游景区利润目标实现及不同时期内获利水平的变动情况，用以评价其获利情况。

（4）分析旅游景区资金实力的变动情况，用以评价其整个财务状况。

二、旅游景区财务分析的方法

若要对旅游景区的会计报表进行比较全面、深入的分析，以获得客观、有效的相关信息，就必须掌握相关的专业知识，选择合理的分析方法。常见的分析方法有比较分析法、比率分析法、趋势分析法和因素分析法。

1. 比较分析法

比较分析法是通过对指标数值变化进行对比，找出差异，以评价企业财务状况、经营成果及现金流转等情况的一种分析方法。在运用比较分析法时，要注意指标的可比性。一般采用的比较形式有：

（1）实际指标与预算指标的比较，用来考核预算的完成情况。

（2）实际指标与上年同期指标或者历史最高水平指标的比较，用来了解旅游景区经营活动的发展趋势。

（3）旅游景区的各类指标与同行业相关指标的比较，用来评价本景区在整个行业中的地位，并制定相应的经营对策。

2. 比率分析法

比率分析法是利用指标间的相互关系，通过计算比率进行对比和分析，用以评价企业财务状况和经营成果的一种分析方法。比率是相对数，根据分析的内容和要求的不同，比率分析法又可分为相关比率分析和构成比率分析。

（1）相关比率分析是指根据旅游景区在整个经济活动过程中客观存在的相互依存、相互联系的关系，将性质不同但相互关联的指标进行对比，从而得出相应的数据。

（2）构成比率分析是指通过计算某项经济指标各个组成部分占总体的比重，以了解旅游景区经营的变化趋势。

3. 趋势分析法

趋势分析法是将旅游景区连续数期会计报表的有关项目进行比较，以揭示财务状况和经营成果的变动趋势的一种分析方法。

4. 因素分析法

因素分析法是将一项综合性的指标分解成各个构成要素，按照一定的顺序用各个因素的实际数替换基期数，以计算各因素的变动对综合性指标影响程度的一种分析方法。此分析法的目的在于找出问题的症结，为企业经营决策提供依据。

三、旅游景区财务指标

（一）旅游景区偿债能力分析

1. 流动比率

流动比率是流动资产对流动负债的比率，用来衡量企业流动资产在短期债务到期以前，可以变为现金用于偿还负债的能力，表示企业每承担一元流动负债，可有多少元流动资产用于担保偿付。从债权人的角度而言，流动比率越大，债权的安全程度越高；从债务人的角度而言，流动比率越大，企业偿债能力越强。但过高的流动比率往往说明企业资产的利用效率低。其计算公式为：

$$流动比率 = 流动资产/流动负债 \times 100\%$$

2. 速动比率

速动比率是指速动资产对流动负债的比率。它是衡量企业流动资产中可以立即变现用于偿还流动负债的能力，说明企业每承担一元流动负债，可有多少元速动资产用于担保偿付。速动比率的高低能直接反映企业短期偿债能力的强弱，它是对流动比率的补充，并且比流动比率更加直观可信。通常认为，速动比率为 1 的情况比较理想，这样，每一元流动负债都有一元速动资产用于偿付。其计算公式为：

$$速动比率 = （流动资产 - 存货 - 待摊费用）/流动负债 \times 100\%$$

3. 负债比率

负债比率也称为资产负债率，是将企业全部负债和全部资产相比的结果，表示企业通过负债方式所筹集到的资产占全部资产的比重。其计算公式为：

$$负债比率 = 负债总额/资产总额 \times 100\%$$

（二）旅游景区资产运营能力分析

1. 应收账款周转率

应收账款周转率也称应收账款周转次数，表明在一定时期内应收账款变现的次数。其计算公式为：

$$应收账款周转率 = 销售净额/平均应收账款总额 \times 100\%$$

$$应收账款周转天数 = 360/应收账款周转率$$

$$= 平均应收账款总额 \times 360/销售净额$$

$$平均应收账款总额 = （期初应收账款余额 + 期末应收账款余额）/2$$

应收账款周转率越高，应收账款周转天数越小，说明应收账款回收速度越快；反之，越慢。

2. 存货周转率

其计算公式为：

$$存货周转率 = 营业成本/存货平均余额 \times 100\%$$

$$存货平均余额 = （期初存货 + 期末存货）/2$$

3. 固定资产周转率

固定资产周转率是衡量固定资产利用效率的指标。一般而言，固定资产周转率越高，企业固定资产利用越充分，那么，从一定程度上也反映出该企业的固定资产投资的结构较为合理。其计算公式为：

$$固定资产周转率 = 销售收入净额/固定资产平均净额 \times 100\%$$

（三）旅游景区获利能力分析

1. 主营业务利润率

主营业务利润率反映出企业每一百元主营业务收入所能带来的利润的大小，是反映企业基本获利能力的指标。其计算公式为：

$$主营业务利润率 = 主营业务利润总额/主营业务净收入 \times 100\%$$

2. 资本金利润率

资本金利润率是投资者用于考核其所投入资金的获利能力的重要指标。资本金利润率的高低直接影响投资者的信心。其计算公式为：

$$资本金利润率 = 利润总额 / 资本金平均余额 \times 100\%$$

3. 成本利润率

成本利润率用于反映成本费用与利润的关系。其计算公式为：

$$成本利润率 = 利润总额 / 成本费用总额 \times 100\%$$

【本章小结】

旅游景区财务管理与一般企业的财务管理相似，包含旅游景区资金的筹集、运用、回笼、控制及分配等各方面的工作，根据资金运动的规律，按照国家的有关政策、法令、规章制度，保证旅游景区有足够的资金维持其正常的运营，并能获得一定的财务回报。旅游景区财务管理的目标是实现旅游景区利润最大化、旅游景区相关集团利益最大化与旅游景区价值最大化。旅游景区投资具有投资金额大、投资回收期长和投资的变现效益不明显三个特征，要采取一定的措施规避投资所带来的风险。要加强旅游景区资产管理、成本费用管理、营业收入和利益管理与财务分析，努力增加收入，降低支出。

【拓展阅读】

转型度假旅游，一台戏带动了张家界的经济效益

耳熟能详的湖南民歌夜间时分回荡在张家界天门山山谷间。一对白衣飘飘的痴情男女正在山谷间深情起舞。天门山景区联合相关合作方花1.2亿元斥资打造了上述山水实景演出《天门狐仙·新刘海砍樵》。制作班底包括《印象·刘三姐》的总制作人梅帅元、知名音乐人谭盾等。这是张家界天门山最新的"营销武器"，张家界希望通过这台戏，拉动当地酒店、商业、旅游衍生品等多方面的经济效益，并借此转型度假旅游。从张艺谋的印象系列开始，实景演出成为中国旅游景区一项新的营销渠道。不过，若没有管理变革，景区增收与产业升级或许只是奢望。

"狐仙"经济后的亿元消费

一只美丽的白狐爱上了憨厚的樵夫，谱写了一曲穿越千年的爱恋。张家界天门山旅游股份有限公司市场总监谢渤很是骄傲地说："我们是全国第一个有完整剧情的山水实景演出。"梅帅元在广西有一个制作公司，与天门山各出资50%成立了"狐仙"演出的项目公司。这两家公司在天门山打造了山水剧场，该剧场有2798个座位，除去天气不好不能演出的时间，一年可演出220多场。从2009年9月试演至今，每场观众为1000多人。以满座计算，258元/人的票价，门票年收入可达1.5亿元。票房仅是"狐仙"拉动经济的第一环。整个链条上被寄予厚望的环节有很多。例如，由于实景演出都在夜间，可拉动大量的当地夜游客源。这一点在桂林、丽江、西湖等地区已有成功经验，由于印象系列，这些区域的夜游客源大量增长。而天门山也希望通过"狐仙"至少增加20%～30%的夜游客源，并拉动住宿需求。

目前，张家界景区酒店众多，但大多是每晚不超过500元的中低档酒店，仅在宝峰湖边上有一家五星级标准的盛美达度假酒店。现在，由于看好"狐仙"经济，已有五家五星级酒店动工建设，预计未来会有更多资本流入张家界高端酒店业。同时，"狐仙"演出也带动了旅游和演艺人才发展。全剧共530多位演员，除了广西和成都艺校专业演员外，还聘用了当地100多人作为群众演员，增加了当地人收入。"狐仙"采取的是主要演员多劳多得制，以激发演出热情。另一项被看重的是衍生商业，包括未来音像制品的开发、与景区套票的设计甚至是配套商业区域的规划等。在这个看似完善的"狐仙"产业链计划背后，其实是张家界旅游的转型。张家界每年接待200多万游客，但其中90%是团队客，这类游客的消费能力较低，且容易造成市场混乱，这也是张家界长年缺乏高端酒店的一大原因。张家界地区近期

重新做过整体发展规划，希望通过"狐仙"、新型旅游营销等拉动高端客源市场。为了实现向高端度假旅游的转型，张家界正计划扩建机场，并谋划开发高尔夫球场等项目。

管理短板

华美首席知识专家赵焕焱一针见血地指出："中国大多旅游景区都存在的通病是仅依靠旅游门票收入，没有其他收益渠道，但演出或酒店的扩建仅是表面文章，最关键的是长期的体制和管理的提升。"不少业内人士指出，要转型高端度假旅游，首先要打开自助游客源，因为团队游客不可能支付过高的价格。

根据部分业内景区门票分销商反映，由于张家界属强势景区，所以长期以来各类分销网络基本上无法事先预订景区和演出门票，假如去旅行社则一定要参团，这就在一定程度上限制了自由行客源的增长。此外，导游管理体系也是张家界面临的另一大瓶颈。张家界各个景区导游归属于景区管理公司，而地接社导游则不属于管理公司。据了解，当地有大量的导游是挂靠中小旅行社的地接导游，其收入的大部依靠购物或其他渠道取得。在这种情况下，地接导游缺乏接待热情，甚至会减少行程。有游客反映，在张家界游玩期间，游客希望从另一条方向不同但长度相等的道路上下山，却引发导游的不满。"这很简单，导游设计的线路是自己最省力且可以顺道看到购物点或其他收费项目的，一经更改，导游的额外收入就没有了。"戴政指出，要真正提升当地旅游产业，转型度假，一定要对导游管理进行改革。如将地接导游归属到各个景区管理公司，如此一来，不仅导游的收入有了保障，也可制约导游的不规范行为。

资料来源：百度百科，http：//news.163.com/10/0701/07/6AG6K6JF000146BD.html

问题：
从这篇文章可得到什么启发？

【思考与练习】

1. 简述旅游景区财务管理的内容及目标。
2. 简述旅游景区资产管理的内容。
3. 试述旅游景区成本费用的管理方法。
4. 如何提高旅游景区的经济效益？

参考文献

［1］C. R. 戈尔德耐等．旅游业教程——旅游业原理、方法和实践（第八版）．贾秀海译．大连：大连理工大学出版社，2003

［2］唐·约翰逊．旅游业人力资源管理．朱虹译．北京：电子工业出版社，2004

［3］约翰·斯沃布鲁克．旅游景区开发与管理（第二版）．龙江智，李森译．北京：旅游教育出版社，2006

［4］陈瑛．旅游风景区管理．西安：陕西旅游出版社，1997

［5］董观志．景区经营管理．广州：中山大学出版社，2007

［6］董观志，苏影．主题公园营运力管理．北京：中国旅游出版社，2005

［7］冯淑华．景区运营管理．广州：华南理工大学出版社，2004

［8］姜若愚．旅游景区服务与管理．大连：东北财经大学出版社，2003

［9］李洪波．旅游景区管理．北京：机械工业出版社，2004

［10］李树民．旅游企业管理理论与实践．北京：经济科学出版社，2004

［11］李维冰．景区（点）管理与经营．北京：中国商业出版社，2004

［12］李岫，田克勤．旅游企业人力资源管理．北京：经济科学出版社，2004

［13］马勇，李玺．旅游景区管理．北京：中国旅游出版社，2006

［14］马勇，李玺，李娟文．旅游规划与开发．北京：科学出版社，2004

［15］彭德成．中国旅游景区治理模式．北京：中国旅游出版社，2003

［16］宋玉蓉，姜锐．景区管理与实务．北京：中国人民大学出版社，2006

［17］王昆欣．旅游景区管理．大连：东北财经大学出版社，2003

［18］魏卫．旅游企业管理．北京：清华大学出版社，2006

［19］魏卫，袁继荣．旅游人力资源开发与管理．北京：高等教育出版社，2004

［20］谢彦君．旅游体验研究：一种现象学的视角．天津：南开大学出版社，2005

［21］依绍华．私营资本开发旅游景区的理论与实证研究．北京：旅游教育出版社，2004

［22］杨桂华．旅游景区管理．北京：科学出版社，2006

［23］杨正泰．旅游景点景区开发与管理．福州：福建人民出版社，2000

［24］余昌国．旅游人力资源开发．北京：中国旅游出版社，2003

［25］岳怀仁．风景旅游区经营与管理．昆明：云南大学出版社，1998

［26］张帆．旅游景区管理．福州：福建人民出版社，2006

［27］张红，席岳婷等．旅游业管理．北京：科学出版社，2006

［28］张凌云．旅游景区管理．北京：旅游教育出版社，2009

［29］章平，李晓光．旅游景区管理．北京：科学出版社，2006

［30］赵黎明，黄安民，张立明．旅游景区管理学．天津：南开大学出版社，2002

［31］赵西萍．旅游企业人力资源管理．天津：南开大学出版社，2001

［32］周国忠．旅游景区服务与管理实务．南京：东南大学出版社，2007

［33］周玲强等．旅游景区经营管理．杭州：浙江大学出版社，2006

［34］钟永德．旅游景区管理．长沙：湖南大学出版社，2005

［35］邹统钎．中国旅游景区管理模式研究．天津：南开大学出版社，2006

［36］邹统钎．旅游景区开发与管理．北京：清华大学出版社，2004

［37］陈萌．我国旅游景区品牌发展研究．首都经济贸易大学硕士学位论文，2005

［38］梅燕．产品导向型旅游景区规划实例研究——以彝海旅游景区为例．成都理工大学硕士学位论文，2004

［39］宋立本．旅游景区管理教育内容整合研究．辽宁师范大学硕士学位论文，2008